Lo que nos está pasando

Lo que nos está pasando

121 ideas para escudriñar el siglo XXI

MOISÉS NAÍM

DEBATE

Penguin
Random House
Grupo Editorial

Primera edición: marzo, 2024
Primera impresión en Colombia: febrero, 2024

© 2024, Moisés Naím
© 2020, Francisco Toro, por la coautoría de «El problema de Venezuela no es el socialismo»
(pp. 184-192), y Sandra Caula, por la traducción
© 2024, Penguin Random House Grupo Editorial, S. A. U.
Travessera de Gràcia, 47-49. 08021 Barcelona
© 2024, Penguin Random House Grupo Editorial, S. A. S.
Carrera 7ª No.75-51. Piso 7, Bogotá, D. C., Colombia
PBX: (57-1) 743-0700

Impreso en Colombia-*Printed in Colombia*

ISBN: 978-628-7669-17-8

Para Rubina Abravanel y Clemente Naím, mis padres

Índice

2019

2018

2016

Prólogo

¿Qué nos está pasando?

Mientras respiramos aliviados por haber sobrevivido a una pandemia, nos hundimos en otra: la de la salud mental. Una cuarta parte de los adultos del planeta sufre algún trastorno, y solo uno de cada tres recibe los tratamientos debidos. Una persona se suicida cada cuarenta segundos. Trescientos millones hoy padecen trastornos de ansiedad. Y esta ansiedad globalizada se ha convertido en una sigilosa pandemia.

Una de las fuerzas que la nutre es la percepción de que vienen grandes cambios, que esos cambios nos afectarán a todos, y que no sabemos cómo, dónde ni cuándo viviremos las consecuencias de las nuevas realidades que se nos avecinan. Sabemos que serán importantes, y que se van a manifestar en todas partes y en todos los ámbitos sociales. Algunos de ellos serán bienvenidos y otros maldecidos.

Ya comenzamos a tener los primeros indicios de algunos de los más serios: la crisis climática, la feroz polarización reflejada en el aumento de la conflictividad social, los enfrentamientos entre las superpotencias, la corrupción que ha penetrado en muchas sociedades y la revolución digital y, concretamente, la inteligencia artificial y su amplio menú de impactos sobre la forma en que hemos vivido hasta ahora.

La lista de amenazas que dificultará mantener nuestra vida es variada y se manifiesta de diferentes maneras en distintas partes del mundo. Pero en todas partes se traduce en un boom de la ansiedad que no respeta fronteras y que afecta a nuestras conductas, aspiraciones, trabajo, educación y comunidad; en fin, a cada uno de nosotros.

¿De dónde viene tanta ansiedad? De no saber bien qué es lo que nos está pasando.

En los años treinta del siglo pasado, el respetado pensador español José Ortega y Gasset, preocupado por la situación de conflictividad que se vivía en Europa, escribió en uno de sus libros: «No sabemos lo que nos pasa, y eso es precisamente lo que nos pasa, el hecho de no saber lo que nos pasa... Esa es siempre la sensación vital que asedia al hombre en periodos de crisis históricas».

No hay duda de que muchos de los elementos que detectó Ortega y Gasset en el siglo pasado se encuentran hoy con nosotros, y están cargados de amenazas. Es por lo tanto urgente entender qué es lo que nos está pasando, y qué hacer al respecto.

Esta no pretende ser mi propuesta de soluciones a los grandes problemas de estos tiempos. Mi meta es menos ambiciosa: identificar los elementos soterrados que crean las amenazas a las que nos enfrentamos, nombrarlos y arrojar luz sobre ellos. No es más que un primer intento de descifrar los cambios que se avecinan y sus posibles consecuencias.

Así pues, este libro representa mi intento de comprender qué es lo que nos está pasando como países, sociedades e individuos. He tenido el enorme privilegio de poder desarrollar estas reflexiones en público, a través de un artículo semanal que aparece en un buen número de publicaciones alrededor del mundo. En sus manos está el resultado de ese ejercicio: una colección de columnas escritas entre 2016 y 2023. Se reproducen aquí tal como fueron publicadas.

Se trata de la segunda entrega luego de *Repensar el mundo. 111 sorpresas del siglo XXI,* publicado en 2016. En estas columnas voy deshilachando, semana tras semana, los eventos que siembran tanta ansiedad en nuestros tiempos.

Mi trabajo como analista y escritor también me llevó a publicar varios libros que, a mi juicio, ayudan a entender facetas importantes de lo que nos está pasando. En *Ilícito. Cómo traficantes, contrabandistas y piratas están cambiando el mundo* explico que la criminalidad ya no es lo que un día fue: ahora es global, cibernética y, sobre todo, política. En los comienzos del siglo XXI, esta se ha apoderado de países enteros y se ha convertido en una fuerza transnacional. El crimen organizado ha tomado gobiernos y se ha atrincherado en ellos, afectando las relaciones internacionales de maneras que no habíamos visto antes. Y aquellos gobiernos que no han sido tomados por grupos criminales están haciendo lo que pueden para contener su asalto con muy poco éxito.

¿Por qué no lo logran?

Esa es la pregunta que me animó a escribir *El fin del poder*. *Empresas que se hunden, militares derrotados, papas que renuncian y gobiernos impotentes: cómo el poder ya no es lo que era.* El mensaje central de ese libro es que el debilitamiento del poder es un fenómeno mundial y generalizado, y lo encontramos tanto en el Pentágono como en el Vaticano, así como en gobiernos, empresas, sindicatos, en el mundo de la educación, la ciencia y la cultura, en bancos de inversión y organizaciones no gubernamentales, entre tantas otras esferas. En todas ellas, el poder se ha hecho más fácil de obtener, más difícil de usar y más fácil de perder.

Pero ese debilitamiento no ha sido unidireccional. Quienes aspiran a ejercer el poder sin límites se han adaptado a las nuevas condiciones del siglo XXI. Así como existen fuerzas centrífugas que dispersan el poder, hay otras centrípetas que lo concentran. Estas se manifiestan en nuevas tácticas y estrategias que han sido explotadas por los autócratas y quienes aspiran a serlo. Por eso, en *La revancha de los poderosos* explico cómo el populismo, la polarización y la posverdad —las 3P— se han convertido en las herramientas preferidas de una nueva camada de autócratas que amenazan a la democracia en el mundo. Imitan a los demócratas, pero son autócratas en sus actuaciones.

En cada uno de estos libros he querido revelar nuevas tendencias y realidades que cambiarán al mundo. Pero procuro no olvidar nunca la célebre frase de Rose Bertin, modista de María Antonieta y pionera de la alta costura francesa del siglo XVIII: «De nuevo no hay sino lo que hemos olvidado». Sé, como Bertin, que el mundo está lleno de lo que parece nuevo mas no lo es, así como de cosas olvidadas por viejas que de un momento a otro recobran vida y sacuden a la sociedad.

Sortear ese juego de espejismos entre lo nuevo, lo viejo, lo olvidado y lo mal recordado es la esencia del quehacer del columnista.

¿Por qué? Porque todos los días aparecen noticias e interpretaciones sobre eventos que, según se nos dice, cambiarán la trayectoria de la humanidad. Pocas veces resulta cierto. Tal como decía el renombrado cantante de salsa Héctor Lavoe en su canción «Periódico de ayer», la trayectoria natural de la noticia pasa de ser

Sensacional cuando salió en la madrugada,
a mediodía ya noticia confirmada
y en la tarde materia olvidada.

También es verdad que algunas veces —pocas— aparecen noticias que tocan temas que lucen transitorios, pero en pocos años terminan provocando cambios profundos e inusitados. El trabajo remoto o la educación a distancia son buenos ejemplos de actividades humanas fundamentales cuyos cambios parecían transitorios pero que —ahora lo sabemos— son mucho más permanentes de lo que suponíamos. Y lo curioso es que esos datos pasan casi desapercibidos. Nos llegan enterrados en las páginas interiores, a menudo colocados hacia el final de un artículo que muy pocos leerán.

Basta pensar en la declaración que emitieron los jefes de Estado y de Gobierno de la OTAN al concluir una lejanísima cumbre en Bucarest, Rumanía, en los primeros días de abril de 2008. Un lector hubiese tenido que llegar al párrafo veintitrés de aquel texto denso y burocrático firmado por George W. Bush, Nicolas Sarkozy, Angela Merkel y José Luis Rodríguez Zapatero, entre otros, para enterarse del detalle que acabaría llevando a Europa a su peor guerra en ocho décadas: la declaración oficial que abría las negociaciones con Ucrania para que se uniera a la alianza. Pocos medios se detuvieron en ese hecho en su momento, y ninguno lo interpretó correctamente. Al contrario: una nota de Reuters sobre la cumbre llevaba como título, sencillamente, «Putin a la OTAN: "Seamos amigos"».

Lo nuevo en aquel momento era lo olvidado: que desde hacía más de mil años los rusos consideraban a Ucrania una pieza fundamental de su imperio y, por ende, aquel recóndito párrafo veintitrés habría de convulsionar la historia.

Siempre recuerdo esto cuando reflexiono sobre lo que debo escribir en la columna del próximo domingo. Tengo la convicción de que en alguna parte del mundo se produce un párrafo veintitrés de algún tipo casi todos los días. El reto es identificarlo.

Lamentablemente, en el mundo de los medios de comunicación sociales es común redundar sobre lo ya sabido. Mientras la esfera pública se dedica a cubrir unos pocos hechos vistosos, las fuerzas reales de la historia siguen adelante su camino sin que nadie repare mucho en ellas. Es así como cada sociedad se va formando sus puntos ciegos, que la dejan luego indefensa ante los vaivenes del mundo.

Las columnas que aquí se compaginan son el resultado de mi insatisfacción con esta situación. Responden a mi convicción de que ante el estruendo de la primera página lo que perdemos es lo más importante: la sensibilidad ante las señales débiles que indican la inminencia de un cambio telúrico.

Estas páginas presentan aspectos significativos de una historia alternativa de los últimos años. Mi meta es ir al encuentro del detalle fugaz que acabará por poner al mundo de cabeza, la tendencia soterrada que gradualmente invierte las certidumbres, el pie de página olvidado que al final nos transforma la vida a todos. O reinterpretar lo ya sabido para hacer visibles sus implicaciones en ámbitos aparentemente inconexos.

A veces, los detalles pueden parecer banales. Por ejemplo, la escasez mundial de bicicletas que se manifestó unos meses después de declarada la pandemia de covid-19 luce como un dato aislado y sin importancia. El daño cognitivo que sufrieron los italianos que crecieron viendo los programas de televisión chatarra producidos por Mediaset —la empresa de medios de Silvio Berlusconi— puede ser interpretado como un problema meramente italiano. La creciente disposición de los dictadores a organizar simulacros de elecciones es tratada como una práctica común.

No lo son. Si estos son los datos y las circunstancias a los que regresa una y otra vez mi análisis es porque intuyo que llevan dentro el germen de grandes transformaciones. Demuestran, en un momento incipiente, las temáticas que dominarán nuestro futuro: nuevas tecnologías —desde la inteligencia artificial hasta la manipulación de genes—, el conflicto dentro de una sociedad o entre países, el deterioro de la esfera pública y el auge de nuevas formas de autoritarismo disimulado.

Por supuesto, los cambios telúricos no son fáciles de avistar: en eso precisamente consiste que sean telúricos. La corteza terrestre se desplaza solo una vez que las fuerzas soterradas que la impulsan llegan a un nivel crítico, suficiente para vencer la resistencia que genera la inercia. Pero las fuerzas que la ponen en movimiento están ahí en todo momento, acumulándose sigilosamente hasta que un día una catástrofe las revela en toda su potencia. Son fuerzas que pasan de invisibles a inocultables en un instante. Por ello, no es sorprendente que los geólogos se obsesionen con la búsqueda del menor indicio que las delate antes de que causen un terremoto.

Lo mismo me pasa a mí. Ando siempre a la búsqueda —con cuánto éxito, deberá juzgarlo usted— de la señal leve que apenas se percibe, del detalle que lleva a lo olvidado a convertirse en lo nuevo. Y los busco porque creo que son la llave que abre el cerrojo de lo que nos está pasando.

No es poca cosa. Entender qué es lo que nos está pasando es una labor vital, el primer paso en un plan profiláctico contra la ansiedad paralizante que define a nuestra era.

MOISÉS NAÍM
Washington, D. C.

2023

Un mundo sin precedentes

Esto es nuevo. Nunca había pasado algo así. Después del espanto, el dolor y la indignación, esta fue la reacción instintiva —y correcta— que muchos tuvimos ante la barbarie desplegada por Hamás.

A pesar de las incontables tragedias que ha sufrido Israel en sus setenta y cinco años de historia, de ataques sorpresa y atentados terroristas, nunca había vivido un asalto de corte militar en contra de su población civil a esta escala.

Las escenas que muestran terroristas deambulando tranquilos por las calles y asesinando o secuestrando indiscriminadamente a sus víctimas son tanto crueles como inéditas. Nunca antes el terrorismo había golpeado tan ferozmente al corazón de la sociedad israelí.

El horror que nos produce la barbarie de Hamás no debe, sin embargo, nublar la visión de otras situaciones inéditas que se están dando en la política israelí. Ya antes del ataque, el país estaba enfrascado en una crisis política sin precedentes. La polarización en Israel es tan profunda que, para formar gobierno, el primer ministro, Benjamin Netanyahu, ha estado dispuesto a aceptar las radicales condiciones exigidas por minúsculos grupos políticos.

Nunca se había incluido en un gobierno israelí a los políticos más virulentos de la ultraderecha de ese país o a los religiosos ultraortodoxos. Estas minorías logran imponer políticas extremistas que afectan al resto de la población. Hasta ahora Israel no había tenido que ir a la guerra con una sociedad tan dividida.

Pero no es solo en Oriente Próximo donde reina el «nunca antes». Lo mismo está sucediendo en Estados Unidos. Un minúsculo grupo de congresistas republicanos de extrema derecha allí también logró sacar de su escaño al jefe de la bancada republicana, Kevin Mc-Carthy, a mitad de su periodo; cosa que tampoco había sucedido antes. En España, y en otras democracias, la tiranía de las minorías genera regularmente situaciones nuevas.

Las situaciones sin precedentes no solo tienen que ver con la política, la guerra o la economía. La más importante que hoy vive el mundo es el cambio climático. Nunca antes la temperatura del planeta había aumentado al ritmo que lo hace hoy. Los científicos están tocando todas las alarmas ante el avance del fenómeno, que nos lleva a escenarios absolutamente novedosos.

Tampoco habíamos visto una crisis migratoria de la envergadura de la que se está viendo en la frontera sur de Estados Unidos o en la cuenca mediterránea de Europa. Y apenas empezamos a descubrir el modo en que la depredación ambiental fomenta flujos migratorios nunca vistos.

No obstante, en el terreno de lo inédito no todo es malo. Nunca antes las personas —al menos las privilegiadas por el acceso a la tecnología— habían podido trabajar desde su casa. Los números de quienes ahora trabajan de manera remota son enormes y sus consecuencias del todo nuevas. La cantidad de oficinas vacías en Londres o Estados Unidos ha alcanzado su punto más alto en veinte años. Lo mismo está sucediendo con la educación a distancia o la prestación de servicios de salud. Nunca antes la distancia física había sido tan intrascendente para la vida de tanta gente.

Y, en el campo científico, los «nunca antes» se multiplican cada vez más vertiginosamente. Nunca antes la humanidad había tenido la capacidad de editar con precisión el código genético de los organismos, tal y como lo permiten innovadoras tecnologías como CRISPR/Cas9, que permite alterar el ADN de cualquier organismo.

Por otro lado, nunca antes nuestra capacidad para alterar el código genético había sido lo suficientemente sutil para permitir la manipulación del ARN mensajero con fines terapéuticos. Esto lo logró Katalin Karikó, la ganadora del Premio Nobel de Medicina de 2023, por las investigaciones que permitieron desarrollar las vacunas modernas contra la covid-19. Y ya comienza a entenderse que la inteligencia artificial no es tan solo un software más, sino que constituye en sí un histórico «nunca antes» que puede acabar con la civilización tal como la hemos conocido.

En este mundo sin precedentes ocurre más de todo, y más rápido. Una geopolítica fragmentada y un ecosistema global vapuleado dan pie a riesgos existenciales para el género humano, al tiempo que los avances de la ciencia y la tecnología nos empoderan de maneras inimaginables. Esto tendemos a celebrarlo, pero tiene su lado oscuro: Hamás, por ejemplo, cometió sus crímenes combinando tácticas medievales con tecnologías actuales.

Y para quienes nos toca vivir estos tiempos, todo ello hace mucho más difícil pensar a futuro. Porque, como seres humanos, nuestra tendencia es siempre tratar de predecir lo que viene con base en lo que ya ha sucedido. Pero cuando tantas cosas que pasan son nuevas, esa táctica suele fallar.

Mientras nos quedamos viendo por el espejo retrovisor, el futuro se nos escapa.

15 de octubre de 2023

La recesión encubierta

Mucho se ha dicho que el mundo vive una «recesión democrática», con la democracia retrocediendo en muchas partes. Pero hay otra recesión soterrada, que va de la mano de la primera, pero la rebasa: la del Estado de derecho a escala global.

¿Qué es el Estado de derecho? Una serie de instituciones que garantizan que la sociedad funciona con base en normas explícitas que se hacen cumplir imparcialmente. Este concepto abarca muchas cuestiones: los límites al poder gubernamental; el control de la corrupción; la transparencia en las decisiones del Gobierno; la protección de los derechos civiles fundamentales, el orden público y la seguridad ciudadana; el cumplimiento de normas y reglamentos y, en general, el buen funcionamiento de la justicia.

La democracia sin Estado de derecho es hueca. Uno puede vivir en un país donde el Gobierno se escoge en unas elecciones, pero si ese Gobierno viola una y otra vez los límites a su poder, es corrupto, opaco y transgrede derechos fundamentales del individuo, difícilmente se puede decir que uno vive en libertad. Donde no hay orden, los reglamentos no se cumplen y los tribunales están amañados, de poco sirve celebrar unos comicios cada tantos años.

De ahí lo grave del enorme estudio que acaba de publicarse y que se resume en el «Índice del Estado de derecho» del World Justice Project (WJP), en el que se recogen las percepciones y experiencias en 142 países, basándose en encuestas a unos 149.000 hogares y a más de 3.400 expertos.

Lo que descubren es preocupante. El Estado de derecho está en retroceso. «Nuestros datos muestran que, en el último año, el Estado de derecho ha empeorado en 82 países, o 59 por ciento de los incluidos en el índice», dice Daniela Barba, investigadora del WJP. «En América Latina y el Caribe, vemos que 18 de los 32 países de la región vivieron una degradación de este», añade. Y estos no son datos aislados. Dicha degradación es un fenómeno mundial. Por sexto año consecutivo, hay más países empeorando que mejorando su puntuación.

A nadie le sorprenderá que los países del mundo donde el Estado de derecho es más fuerte son los que brindan una excelente calidad de vida a sus ciudadanos: sobresalen los escandinavos, con Dinamarca, Noruega, Finlandia y Suecia en los cuatro primeros puestos, y con naciones como Alemania, Nueva Zelanda, Países Bajos e Irlanda también en los diez primeros.

Del otro extremo encontramos una serie de países devastados por el conflicto y la corrupción. Entre los diez con peor puntuación están Camerún, Egipto, Nicaragua, Haití y Camboya, pero todos ellos superan a mi querida y malograda Venezuela, que aparece en el último lugar del ranking mundial, pues el poder del Gobierno no tiene límites y sus tribunales no funcionan en lo más mínimo.

Uruguay, Costa Rica y Chile encabezan el índice en América Latina, todos ellos colocándose por encima del 60 por ciento de la puntuación ideal (Dinamarca llega al 90 por ciento). Pero en casi toda la región las cifras muestran un descenso: en Nicaragua, El Salvador, Ecuador y México se han producido fuertes caídas este año en la fortaleza del Estado de derecho. Honduras muestra la mayor mejora en la región, aunque con una puntuación que asciende al 41 por ciento.

No obstante, Estado de derecho no es lo mismo que democracia, y no hay que confundirlos. Hay países, como Singapur, donde es casi imposible cambiar el Gobierno a través del voto, pero donde sí hay Estado de derecho. Efectivamente, Singapur queda en el puesto 17 del índice global, por delante incluso de democracias consolidadas como Francia, España e incluso Estados Unidos.

Pero es la excepción. Mucho más comunes son los casos donde poco a poco va menguando el Estado de derecho y luego se derrumba la democracia, que ya no tiene cómo defenderse. Es por ello que resulta tan preocupante la tendencia sostenida en el tiempo que constata el World Justice Project. Porque a medida que el primero va perdiendo vigencia en más y más países, la segunda se va haciendo cada vez más endeble y vulnerable.

Casos como el de Argentina, que pasó de ocupar el puesto 46 en 2019 al 63 este año, son muy preocupantes. Esto también es válido para Colombia, que bajó del puesto 71 al 94 en siete años; Perú, que descendió del 60 al 88, y de México, que bajó del puesto 79 al 116. En todos estos países la erosión de las bases institucionales de la democracia ha sido gradual e imperceptible. Pero sus consecuencias a largo plazo son inestimables.

Y quizá es debido a esto que los casos de países en vías de democratización se han vuelto tan excepcionales últimamente. Porque transitar el camino a la democracia donde el Estado de derecho no tiene vigencia es mucho más difícil que hacerlo donde cumplir las normas es ya un hábito establecido.

29 de octubre de 2023

Modi: de primer ministro a rey de Bharat

Un rey se baña tranquilamente en uno de sus ríos cuando se acerca una cierva malherida que está a punto de dar a luz. Sobrecogido por la compasión, el rey adopta al venadito que nace de ella. Lo convierte en su mascota y se apega a él con tal pasión que, muchos años después, al momento de su muerte, su última sensación es el ilimitado afecto que siente por el animal. Por eso, el legendario rey Bharata, el primer soberano que logró unir a toda la India bajo su mando, habría de reencarnarse en venado. Estamos aquí en el mundo del mito y de la leyenda. También de la realidad. Bharata, el nombre de este rey, deriva de Bharat, el nombre de la India en Sánscrito, que significa «las tierras del rey Bharata».

Bharat es el nombre que el primer ministro de la India, Narendra Modi, le quisiera dar a su país. Hay muchas formas de practicar el populismo y una de ellas es esta. Sirve para demostrar poder, para nutrir las narrativas que demonizan el pasado reciente de la nación y conmemorar el siempre glorioso pasado lejano. También sirve para crear debates que distraen a la opinión pública de los fracasos cotidianos que suelen sufrir los gobiernos. Así, Persia se convirtió en Irán, Birmania en Myanmar, Venezuela en República Bolivariana de Venezuela y pare usted de contar.

Cabe notar que el nombre del partido político de Modi es Bharatiya Janata (BJP), el Partido del Pueblo de Bharat, o, lo que es lo mismo, el Partido Popular Indio. Y es que toda esta familia de palabras —Bharata, Bharat, Bharatiya— tiene un mismo origen religioso: sale de las escrituras sagradas del hinduismo, empezando por el

29

Mahabharata, algo así como el Antiguo Testamento de esa religión, que no es otra cosa que la épica del reino de Bharat.

Y he aquí el problema: la India de hoy, el país más poblado del mundo, es una nación mucho más diversa de lo que lo fue en los tiempos de la leyenda. Contiene el impresionante número de 950 millones de hinduistas que constituyen la base de apoyo al nacionalismo hinduista de Modi. Pero también es el hogar de 170 millones de musulmanes —más que los que hay en Irán y Arabia Saudí juntos—, así como 28 millones de cristianos, 20 millones de sijs, 8 millones de budistas y múltiples grupos más pequeños. Tratar de imponer un término meramente religioso como Bharat para designar al país entero es un agresivo acto de populismo chovinista. Ignorar la identidad nacional de más de 200 millones de ciudadanos de la India que no son hindúes es una peligrosa provocación.

Y no es de extrañarse, porque el chovinismo religioso ha sido moneda de curso para Modi desde que empezó su carrera. En 2002, cuando una serie de disturbios entre comunidades religiosas sacudió al estado de Gujarat, el entonces gobernador Modi se quedó de brazos cruzados mientras más de mil musulmanes eran asesinados por hordas de hindúes enardecidos. El aprendizaje que extrajo Modi de esta tragedia se manifestó en su conducta política: mientras más cruel se mostrase ante la minoría musulmana, mayores victorias electorales cosecharía.

El Gobierno del BJP que lidera Modi nunca ha dejado de inflamar las tensiones religiosas como método de aferrarse al poder. A través de una gigantesca maquinaria de redes sociales, el BJP y sus organizaciones afines se dedican a azuzar la animadversión entre comunidades cada vez que se avecina un periodo de elecciones. En cadenas de WhatsApp corren rumores explosivos sobre abusos sexuales perpetrados por pederastas musulmanes contra niñas hindúes, y por supuesto subrayan el voraz apetito de los musulmanes hacia la vaca, considerada sagrada por el hinduismo.

El revanchismo hinduista no solo ataca al islam. En junio, agentes secretos de la India asesinaron a plena luz del día a Hardeep Singh Nijjar, un reconocido líder de la comunidad sij, en un apacible suburbio de Vancouver, en Canadá. Las acusaciones del Gobierno canadiense ante este ultraje crearon un incidente diplomático global, lo que provocó unas tensiones sin precedentes entre la India y países occidentales que poco tiempo atrás eran amigos.

Modi ha perfeccionado las técnicas del populismo, la polarización y la posverdad, y continúa utilizándolas para aferrarse al poder. Pretender cambiar el nombre a la India por un término meramente hinduista como Bharat encaja perfectamente en este patrón de comportamiento que está poniendo en peligro el legado democrático que dejó Gandhi. Y todo esto a nombre del rey Bharata, que solo quería cuidar a un venadito.

30 de septiembre de 2023

Dictadores sin salida

Uno de los grandes debates de nuestro tiempo es cómo tratar a los dictadores. En decenas de países hay un choque frontal entre quienes solo aceptan la salida incondicional y el eventual enjuiciamiento y condena del dictador y sus secuaces y quienes están dispuestos a aceptar horribles concesiones con tal de establecer una democracia.

Es un tema cuya urgencia se ha hecho imposible de ignorar desde la criminal invasión que lanzó el dictador ruso contra el vecino democrático en su frontera. Pero no es solo un problema ruso: desde los campos de concentración que mantiene el Gobierno chino en Xinjiang hasta el férreo control sobre la disidencia que mantiene desde 1979 Teodoro Obiang en Guinea Ecuatorial, en el mundo hoy gobiernan no menos de 39 dictadores (sin contar los ocho reyes, emires y sultanes que gobiernan unipersonalmente).

De esos 39 dictadores hoy en el poder, 20 de ellos ejercen su poder sin límites en África, 14 más en Asia, 3 en América Latina y 2 en Europa. Tres dictadores comandan arsenales nucleares —Vladímir Putin, Xi Jinping y Kim Jong-un—. Otros tiranizan países de gran peso geoestratégico como Egipto, Cuba y Vietnam. Y entre ellos se encuentran los jefes de muchos de los países más pobres del mundo: Burundi, Laos, Nicaragua y otros tantos más cuya miseria se deriva en muchos casos del liderazgo incompetente y corrupto del dictador.

Salir hoy de un dictador es mucho más difícil de lo que era hace un par de generaciones. La solución clásica era el exilio. Figuras como Idi Amin, en Uganda, o Baby Doc Duvalier en Haití supieron que, llegado el momento, podían eximirse de sus responsabilidades abordando con discreción un avión con maletas llenas de dinero y jubilándose en una lujosa mansión, preferiblemente en el sur de Francia. Esas cosas ya no pasan.

El 10 de octubre de 1998, el general Augusto Pinochet fue arrestado en nombre de la jurisdicción universal durante una estadía en Londres, ante cargos de genocidio y tortura durante su régimen (1973-1990). Aunque finalmente fue liberado por razones de salud y regresó a Chile, su arresto marcó el principio del fin del exilio como solución para sacar a dictadores atrincherados en el poder. Años después, en 2006, el expresidente yugoslavo Slobodan Milosevic moría en una celda en La Haya mientras esperaba el veredicto en su juicio internacional por crímenes contra la humanidad, genocidio y crímenes de guerra.

Las intenciones sin duda fueron muy buenas, pero las consecuencias de estas decisiones siguen reverberando hasta el sol de hoy. Al aumentar de manera sustancial el costo para un dictador de entregar su poder, estos casos paradójicamente entorpecieron todos los intentos posteriores para remover a uno de ellos.

Cuando la alternativa al poder absoluto es morir en la cárcel y perder el acceso a las enormes fortunas que los dictadores, sus familiares y testaferros acumularon, no debe sorprender que los tiranos se aferren al poder como sea. En parte por esto, el proceso que se dio en algunos países en los que los dictadores dejaban el poder en manos de líderes democráticos ahora ocurre muy poco.

De los últimos cinco países en deshacerse de sus dictadores, solo uno —Armenia— parece haber tenido cierto éxito transitando el camino a la democracia. Los demás han visto su proceso de democratización retroceder (Túnez), o colapsar (Myanmar, Egipto) o degenerar en una guerra civil (Sudán). En este último caso hay una guerra abierta entre facciones militares que se lleva a cabo mientras el exdictador, Omar al Bashir, se encuentra en prisión esperando un juicio que lo podría llevar a la pena de muerte.

Son contados los casos en los cuales las protestas callejeras combinadas con el apoyo de las fuerzas armadas y partes de la comunidad internacional logran desalojar al dictador. Y esto pasa cada vez con menor frecuencia. Mucho más común es la experiencia de países como Bielorrusia, Camerún, Cuba, Hong Kong, Irán, Tailandia o Nicaragua, en los que amplios movimientos de protesta han sido derrotados por sus dictadores, en la mayoría de los casos brutalmente, a través de la violencia y la represión.

El mundo ha perdido la capacidad de erradicar a sus dictadores. La falta de opciones atractivas y riesgos tolerables que resultan de la pérdida del poder los ha llevado a redoblar sus esfuerzos para repeler los intentos de sacarlos. Así, los dictadores de hoy son derrocados con menos frecuencia que los de ayer y, cuando se van, dejan un caos difícil de gobernar.

El mundo tiene que volver a aprender el arte y la ciencia de salir de un dictador. O prepararse para que el tipo más común de gobierno en el mundo actual sea la dictadura o la anarquía.

10 de junio de 2023

El otro boom: la conquista del espacio

Mientras el mundo anda preocupado por las guerras, el cambio climático y la inteligencia artificial, otro fenómeno profundamente transformador está en pleno apogeo: la exploración del espacio. Hay aspectos de esta exploración con una larga historia. En 1957, el programa espacial de la Unión Soviética lanzó al espacio un cohete que transportaba una esfera de metal pulido de 58 centímetros de diámetro, 84 kilos de peso y tres antenas. Este primer satélite artificial, el Sputnik, disparó una feroz competencia entre Estados Unidos y la Unión Soviética por alcanzar el dominio tecnológico en el espacio. Pero desde entonces mucho ha cambiado.

Solo durante la semana pasada, por ejemplo, SpaceX, la firma aeroespacial de Elon Musk, llevó a cuatro pasajeros en uno de sus cohetes a pasar unos días en la Estación Espacial Internacional. Al mismo tiempo que esto sucedía, Blue Origin, la empresa de Jeff Bezos, concretaba con la NASA un contrato de 3.400 millones de dólares para desarrollar una nave espacial capaz de transportar pasajeros a la luna. Y Virgin Galactic, de Richard Branson, mandó un cohete con una tripulación de seis empleados de la empresa.

Estos son solo tres de los audaces, costosos y continuos esfuerzos por alcanzar roles definitorios en la exploración del espacio. Antes, los principales contrincantes en la carrera espacial eran las dos superpotencias, Estados Unidos y la Unión Soviética. Ahora son una multitud de empresas privadas. Además de la privatización y comercialización, la carrera por el espacio también está influida por la militarización, la contaminación causada por los miles de satélites inoperativos que flotan sin control y la pasión innata del ser humano por la exploración.

Las empresas privadas están tomando la delantera en la exploración espacial y el desarrollo de las nuevas tecnologías necesarias para conquistar ese mercado. El negocio espacial ascendió a 469.000 millones de dólares en 2021. SpaceX y Blue Origin son los principales competidores. Pero estos gigantes no están solos: se apoyan en un vasto ecosistema compuesto por unas diez mil empresas pequeñas y medianas en lo que se conoce como el sector del *New Space*. Esta constelación abarca desde la producción de componentes para satélites y sistemas de control terrestre hasta el diseño y la fabricación de cohetes, así como la naciente promesa del turismo espacial.

Otra importante tendencia es la militarización del espacio. Las grandes potencias mundiales están desarrollando sistemas militares espaciales y, al mismo tiempo, sistemas de defensa contra ese tipo de ataque. Las armas antisatélite y los sistemas de vigilancia son solo algunos ejemplos de cómo el espacio se está convirtiendo en un teatro de conflictos geopolíticos. De manera incipiente, algo de esto ya está ocurriendo.

El sorprendente éxito de la resistencia ucrania ante la invasión rusa le debe mucho a su acceso a tecnologías satelitales para dominar el campo de batalla, apuntar sus armamentos con precisión milimétrica, y atacar las líneas de abastecimiento del enemigo. Y aunque aún no hemos presenciado el primer conflicto bélico a gran escala donde se ataca directamente la infraestructura orbital del adversario, es inevitable que ese día llegue. Y cuando lo haga, el sistema internacional podría verse seriamente desestabilizado.

Un tercer elemento de este boom espacial es la creciente contaminación por la chatarra espacial. Estos son los desechos de lanzamientos previos de satélites que ya no cumplen función alguna, pero siguen orbitando sin control en el espacio. Esto ha creado una tupida capa de escombros que nadie sabe cómo retirar. Es un problema creciente, porque muchas de las nuevas tecnologías para funcionar requieren de una gran cantidad de satélites. Propuestas como la de la empresa OneWeb, dirigida por el emprendedor Greg Weiler, que tiene planes de lanzar cien mil satélites al espacio antes de 2030, dan pie a grandes preocupaciones. Como la misma OneWeb ha reconocido, hay ya casi un millón de pedazos de chatarra orbital transitando a 27.000 kilómetros por hora alrededor de la Tierra, y las tecnologías para recoger escombros están en pañales. Aunque estos satélites son pequeños, sus cantidades son enormes, y cuando salgan de servicio seguirán en órbita, poniendo en riesgo a sistemas que vendrán después.

¿Por qué está ocurriendo todo esto? Dos motivos: el lucro y la curiosidad. Muchas tecnologías, como los sistemas de posicionamiento global por satélite (GPS) y proyectos como el Starlink de Elon Musk, solo pueden comercializarse con una vasta presencia espacial.

En Silicon Valley, todos intuyen que hay grandes fortunas que se ganarán en el cosmos, y eso está alimentando esta nueva fiebre del oro. Por otro lado, el ser humano es curioso por naturaleza. El espacio representa un horizonte desconocido, un desafío irresistible para nuestra especie. Nuestro deseo de descubrir, de explorar fronteras desconocidas, continuará impulsando el interés en el espacio como mercado y como campo de batalla.

Cuentan que cuando se le preguntó al gran explorador británico George Mallory por qué quería escalar el Everest, respondió: «Porque está ahí». Suena tonto, pero el desafío de lo que está ahí y que aún no hemos logrado conquistar siempre tendrá un encanto especial para los humanos. La sed por ser el primero en superar un reto nos define como especie. Y el espacio… está ahí.

27 de mayo de 2023

Malas palabras

Los nuevos tiempos les dan renovada presencia a algunas palabras mientras que marginan a otras o les cambian el significado. «Plataforma» es un buen ejemplo de esto. Antes, esta palabra se utilizaba primordialmente para referir —según el *Diccionario de la lengua española*— a «una superficie horizontal, descubierta y elevada sobre el suelo donde se colocan personas o cosas». Ya no. Ahora Twitter, Instagram, YouTube o Facebook (que se cambió de nombre a Meta) son llamadas «plataformas». También lo son los miles de nuevos emprendedores que, invariablemente, describen su empresa como una «plataforma».

Así es, las «plataformas» están *in* y las empresas están un poco *out*. Pero resulta que las plataformas son empresas que prefieren maquillar —o borrar— su descripción como tales. La realidad es que detrás de la gran mayoría de las plataformas hay una empresa con fines de lucro.

Una de las razones por las cuales esta palabra es tan popular es que, con frecuencia, las plataformas hacen dinero alterando drásticamente su forma de trabajar, modificando los productos que venden, introduciendo otros nuevos o haciendo más eficiente la forma de producirlos. Los teléfonos móviles e inteligentes son un ejemplo de esta innovación disruptiva, ya que alteraron drásticamente la industria de la telefonía y muchos otros «espacios adyacentes». Claro que, por cada éxito de esta envergadura, hay cientos de miles de plataformas basadas en alguna presunta o real innovación disruptiva que fracasan.

Pero, sin duda, es un concepto exitoso que se ha hecho muy popular. Hoy en día, la «innovación disruptiva» es una expresión que no puede faltar en cualquier presentación que busque promover una inversión, reformar una organización, adoptar una nueva tecnología, despedir empleados o lanzar un nuevo producto —que, claro, ya no se llama producto sino «solución»—. Estas soluciones son preferiblemente «verdes» y «sostenibles», y operan dentro de un «espacio» (antes conocido como «mercado»).

El éxito de empresas que a través de una «transformación digital» repotencian su competitividad es explicado como el resultado de un crecimiento «orgánico». Esto suele significar el aumento de las ventas o la disminución de costos que se originan desde dentro de la organización. Todo ello, por supuesto, ocurre gracias al «equipo», el grupo de personas que antes se conocía como «los empleados». Las noticias sobre cómo van las cosas en la plataforma —tanto las buenas como las malas— suelen ser comunicadas en nombre del «equipo». En principio, el rol del jefe ya no es mandar sino evangelizar, educar, persuadir, e incentivar al equipo para que sus integrantes estén «alineados» con la plataforma. De hecho, hay directivos que reemplazan el nombre de su cargo para referirse a sí mismos como «Evangelista en Jefe». Según indeed.com, una empresa que a través de internet busca conectar a empleados con empleadores, los evangelistas en Jefe «son activos embajadores de un negocio, producto o servicio. Divulgan un mensaje positivo acerca de una marca y buscan estimular a otros para que usen ese servicio o producto. […] Si bien los clientes pueden ser efectivos evangelistas de una marca, contratar a alguien para que haga este trabajo a tiempo completo puede generar más ventas. Por eso es mejor que las marcas empleen a evangelistas dedicados a promover sus productos».

Toda esta actividad debe «generar sinergia», «catalizar cambios» y «alinear» el tamaño y la cultura de la organización a su misión y a las realidades financieras de la plataforma. También debe fomentar la *resiliencia* de la plataforma y de quienes trabajan en ella. La resiliencia es la capacidad de recuperarse de una desgracia y de ajustarse a la nueva situación. Algunos árboles que sobreviven fuertes ráfagas de viento son un buen ejemplo. Se doblan, pero no se rompen. De un tiempo a esta parte ha proliferado el uso de la resiliencia para referirse a la capacidad tanto de las organizaciones como de los seres humanos para recuperarse de eventos negativos.

Todo lo anterior está fuertemente imbuido por el culto al cambio. Así, el cambio que inspira y justifica todas las palabras anteriores debe ser inédito, o promovido como tal. Sabemos sin embargo que, con frecuencia, los cambios que no tienen precedentes son poco frecuentes. Rose Bertin, la costurera de la reina María Antonieta, explicó en la década de 1770 que «no hay nada nuevo, excepto lo que se nos ha olvidado».

Nuestro lenguaje sigue evolucionando, como siempre lo ha hecho, y esto sirve para expresar nuevos valores a través de otras frases y textos. Esto, por supuesto, no tiene nada de novedoso. Hoy vemos que la alergia a la autoridad y a la jerarquía nos lleva a esconder relaciones de poder detrás de una serie de eufemismos que oscurecen más de lo que iluminan. Y seguirá siendo así, ¡hasta que nos salve alguna nueva plataforma disruptiva en el espacio lingüístico catalizada por un equipo resiliente que logre obtener sinergias orgánicas!

14 de mayo de 2023

Esta vez sí es distinto

Los descubrimientos científicos y las innovaciones tecnológicas con frecuencia se presentan como avances inéditos o como la fuente de enormes cambios. Pocas, sin embargo, cumplen su promesa. Son desbordadas por nuevos conocimientos o tecnologías que superan lo que se había anunciado como un indeleble aporte histórico.

Lo aconsejable es ser escéptico con respecto a nuevas tecnologías que «lo cambiarán todo». Por lo general, la hipérbole y la exageración no dejan más que un montón de promesas incumplidas. Algunas veces —muy pocas— aparece una nueva tecnología que provoca cambios profundos y permanentes en la vida de miles de millones de personas. Hoy la humanidad se encuentra frente a esta circunstancia. Y esta vez el impacto del cambio tecnológico sí es distinto.

Las recientes innovaciones en el campo de la inteligencia artificial (IA) no son una moda transitoria cuyas consecuencias se están exagerando. Son tecnologías transformadoras con las que la humanidad va a convivir por mucho tiempo. Esta ola de innovación cambiará al mundo, afectará a ricos y pobres, demócratas y autócratas, políticos y empresarios, científicos y analfabetos, así como a cantantes escritores y periodistas, y a todo tipo de actividades, profesiones y estilos de vida.

Los llamados *Large Language Models* —que no se limitan al célebre ChatGPT de la empresa OpenAI— son un tipo de inteligencia artificial que se utiliza para entender y generar lenguaje humano, así como para automatizar funciones que hasta ahora han requerido de la supervisión y el manejo por parte de seres humanos. Otros tipos de IA aprenden a identificar y convertir enormes volúmenes de textos, imágenes, sonidos, voces y videos en imitaciones perfectas. Pueden producir oraciones completas, respuestas a cualquier tipo de preguntas, así como reproducir a la perfección versiones que resultan imposibles de detectar como imitaciones. También son capaces de aprender la voz de una persona y usarla en una conversación con otro individuo que no sabe que está hablando con un agente informático creado con IA.

Estos modelos tienen una infinidad de aplicaciones prácticas. La lucha contra el cambio climático, el diagnóstico y el tratamiento de graves problemas de salud, están siendo atacados más eficazmente gracias al uso de IA.

Todo esto está pasando muy rápido. Un informe del banco UBS reporta que ChatGPT llegó a tener más de cien millones de usuarios activos solo dos meses después de su lanzamiento. TikTok tardó nueve meses en alcanzar esa cifra, mientras que a Instagram le costó dos años y medio. El ChatGPT es la tecnología de más rápida adopción en la historia.

Como todas las nuevas tecnologías, la IA es un arma de doble filo: tiene un ángulo positivo y otro negativo. Toda tecnología es dual: la imprenta de Gutenberg se usó para imprimir tanto la Biblia como *Mi lucha*, el panfleto que hizo célebre a Hitler.

En muy poco tiempo, dictadores, terroristas, timadores y criminales estarán usando toda su creatividad para explotar la IA con consecuencias nefastas para la humanidad. Contenerlos no va a ser fácil.

Quienes prueban estas tecnologías quedan fascinados con sus inmensas posibilidades. Pero aquellos que las conocen de cerca y entienden los riesgos que conllevan ven con claridad el caos mundial que podrían engendrar. Los científicos, los empresarios y las agencias de seguridad que están íntimamente involucradas en el uso de la IA no esconden su alarma ante la diseminación de las tecnologías basadas en esta innovación. En una reciente entrevista que hizo Alan Murray, de *Fortune*, a Tom Siebel, jefe de uno de los principales grupos de IA, este calificó repetidamente el riesgo asociado a estas tecnologías como «aterrador». Elon Musk ha dicho que la IA puede llevarnos a la «destrucción de la civilización».

La historia nos muestra que los esfuerzos por contener la diseminación y mala utilización de nuevas tecnologías no tienen éxito. Las armas nucleares, por ejemplo, siguen regándose por el mundo a pesar de los enormes esfuerzos que se han hecho para limitar su proliferación.

Una vez que una nueva tecnología tan poderosa entra en la caja de herramientas de nuestra especie, no hay manera de librarse de ella. La iniciativa reciente de un muy notable grupo de expertos que propuso imponer una moratoria en la investigación y desarrollo de la inteligencia artificial demuestra que incluso los mayores expertos comparten la intuición que muchos tienen: no estamos listos.

Ciertamente, nuestras sociedades no están listas para lo que se nos viene encima como resultado de las aplicaciones de la inteligencia artificial. Más vale que aprendamos rápido, porque estas innovaciones no tienen marcha atrás.

29 de abril de 2023

Superpotencias sin gente

¿Puede una superpotencia militar mantener su influencia global, aunque su población esté disminuyendo? ¿O esté envejeciendo? Estas no son situaciones hipotéticas; ya están ocurriendo. Rusia se está despoblando y los chinos están envejeciendo. Y esos no son los únicos males demográficos que debilitan a estas dos potencias nucleares.

Entre 1994 y 2021 la población rusa disminuyó en 6 millones de personas (de 149 a 143 millones). Según la ONU, de seguir las actuales tendencias demográficas, para 2050 la población de Rusia se habrá reducido a 120 millones de personas.

Algo parecido está pasando en China. En 2022 allí también disminuyó el número de habitantes. Es la primera vez que esto sucede desde 1961. Pero además, la población china es, en promedio, más vieja. Esto hace que un porcentaje relativamente pequeño de su gente deba trabajar para mantener a la inmensa proporción de chinos ya jubilados.

La tendencia al envejecimiento y achicamiento poblacional de China y Rusia plantea retos inéditos. El declive demográfico no solo amenaza la estabilidad de las superpotencias militares, sino que también provoca desabastecimiento laboral y disrupciones en el mercado de trabajo. La disminución de la población económicamente activa reduce los ingresos que el Gobierno obtiene por los impuestos, lo que reduce su capacidad para financiar pensiones y servicios sociales esenciales.

Así, la demografía puede ser una fuente de inestabilidad interna tan fuerte como lo pueden ser los shocks externos que con frecuencia sacuden a estos países. El aumento poblacional acelerado es tan desestabilizante como lo es su disminución.

En este sentido, la revista británica *The Economist* alerta que «una tragedia demográfica se está desenvolviendo en Rusia. En los últimos tres años el país ha perdido dos millones de habitantes más de los que ordinariamente hubiese perdido a causa de la guerra, las enfermedades y el éxodo. La expectativa de años de vida en Rusia está al nivel de Haití».

Naturalmente, la situación demográfica de Rusia, que ya era mala, ahora ha empeorado por la guerra con Ucrania. Según las agencias de seguridad de Estados Unidos y Europa, entre 175.000 y 250.000 soldados rusos fallecieron o fueron heridos en 2022. Y entre quinientos mil y un millón de rusos (principalmente jóvenes y con buenos niveles de educación) se exiliaron en otro país. La guerra y la fuga de capital humano se añaden a problemas crónicos como los del envejecimiento, bajas tasas de natalidad y fertilidad, alta mortalidad infantil, baja calidad del sistema de salud y letales niveles de adicción al tabaco, el alcohol y las drogas. Las tasas de mortalidad empeoraron en 2020 y 2023 debido a la pandemia que, de acuerdo con *The Economist*, en Rusia cobró la vida de entre 1,2 y 1,6 millones de personas. Rusia ha sufrido la tasa de muertes por covid-19 más alta del mundo, después de China.

Independientemente de la pandemia, China ha venido enfrentando un sostenido declive demográfico. En 2022 solo hubo la mitad de los nacimientos con respecto a seis años antes. Esto se debe, en parte, al éxito de la política de «un hijo por familia» que el Gobierno de Pekín impuso en 1980 para limitar el aumento de la población. En 2015 el Gobierno abandonó esta política, ya que ahora a los líderes chinos no les preocupa el aumento de la natalidad sino su declive. La población en edad de trabajar ha venido disminuyendo desde hace ocho años y la preocupación por esta tendencia se ve exacerbada por la anémica economía china. El año 2022 fue el peor para el crecimiento de China desde 1970.

El Gobierno de Pekín ve el aumento de los habitantes y el rejuvenecimiento de la población como fuentes de estímulo a la economía. Para ello ha creado todo tipo de incentivos para fomentar los nacimientos: pagos en efectivo, reducción de impuestos, prolongados periodos de permiso remunerado tanto para la madre como para el padre, entre otros estímulos.

Lamentablemente, la experiencia internacional demuestra que aumentar la natalidad por la vía de los incentivos gubernamentales no produce los resultados deseados. Hay otras fuerzas culturales, sociales y económicas que reducen el interés de los chinos en casarse y tener hijos. En 2022 el número de matrimonios cayó a su nivel más bajo desde 1985, mientras que la tasa de nacimientos también se redujo. Tal como lo demuestra la experiencia de Suecia, Italia, o Australia, las subvenciones del Gobierno tienen efectos limitados que resultan insuficientes para revertir la tendencia.

Las razones para casarse y tener hijos ciertamente incluyen cálculos materiales, pero también las determinan factores culturales y expectativas acerca del futuro del país y su capacidad para darle oportunidades a su población.

El optimismo acerca del futuro importa tanto o más que el subsidio monetario que le llega a cada mujer que tiene un hijo. Y los datos sobre matrimonios y partos evidencian que un número creciente de chinos no parece estar dispuesto a apostar por su país.

Por múltiples razones, este pesimismo también es común entre los rusos.

16 de abril de 2023

Bibi, AMLO y la libertad

Bibi, el primer ministro de Israel, y AMLO, el presidente de México, no podrían ser más diferentes como personas. Sin embargo, en estos tiempos su conducta política no podría ser más parecida. Ambos están intentando cambiar la política de su país de manera profunda y ambos lo están haciendo de una manera ciertamente antidemocrática.

También cabe enfatizar que Benjamin Netanyahu (Bibi) y Andrés Manuel López Obrador (AMLO) lideran países muy distintos. El territorio de México es 94 veces más grande que el de Israel y su población es 14 veces mayor. El ingreso per cápita de Israel está hoy al mismo nivel que el de Francia o Alemania, mientras que México sufre de una crónica anemia económica. Desde los años setenta la economía de Israel ha venido creciendo aceleradamente y la de México muy lentamente. Mientras que Bibi se jacta del boom en empresas de tecnología avanzada que ha ocurrido durante su mandato, AMLO está construyendo con dinero público un tren y una refinería de petróleo.

Para Bibi, es indispensable que el Gobierno responda ferozmente a los ataques de enemigos internos y externos como Hamás, Hezbolá o los militantes palestinos. En cambio, AMLO será recordado por enfrentar los carteles criminales que operan en México con una estrategia que él llamó «abrazos y no balazos». (No, no funcionó).

La sorpresa es que, a pesar de sus muchas diferencias, Bibi y AMLO han adoptado exactamente la misma estrategia política: el ataque frontal a la democracia. Este ataque no es con tanques y soldados sino con abogados, periodistas y activistas políticos que apoyan al líder. Bibi está intentando imponer reformas al sistema judicial que diluyen las leyes e instituciones diseñadas para impedir que el primer ministro y sus aliados concentren el poder. Mientras Bibi ataca al poder judicial, AMLO arremete contra el sistema electoral. El presidente mexicano está atacando al Instituto Nacional Electoral (INE), el ente público encargado de organizar las elecciones en México e impedir fraudes y trampas. El INE es reconocido mundialmente como un modelo a seguir por países cuya democracia es real y no simplemente una pieza más de la escenografía que usan los autócratas para parecer demócratas. Al igual que Donald Trump y Jair Bolsonaro, AMLO ha criticado continuamente al INE, calificándolo de «podrido», «tramposo» y parcializado. Su más reciente intento consiste en reducirle drásticamente el presupuesto. Lorenzo Córdova, el presidente del instituto, le dijo a la periodista Anne Applebaum que las reformas obligarían a despedir al 85 por ciento del personal, lo cual limitaría severamente la capacidad del INE para operar. Pero el ataque no es solo al sistema electoral. AMLO también ha estado atacando a los medios de comunicación y a periodistas específicos que lo critican o que han revelado sus frecuentes mentiras. Un estudio de la consultora SPIN encontró que AMLO ha hecho cincuenta y seis mil afirmaciones falsas o engañosas en las mañaneras, su programa matutino que es televisado a diario. Otro frente de ataque del presidente mexicano ha sido el poder judicial. Recientemente arremetió contra Norma Piña, la juez que preside la Corte Suprema y a quien AMLO acusó de promover dictámenes favorables a personas acusadas de cometer actos criminales.

Tanto el Departamento de Estado de Estados Unidos como periodistas, académicos, políticos y una amplia gama de organizaciones de la sociedad civil han declarado su firme oposición a las decisiones de AMLO y su manera de imponerlas. También se han activado decenas de miles de manifestantes que llenaron el Zócalo y las avenidas de Ciudad de México y las de otras ciudades para protestar contra AMLO.

Al mismo tiempo que esto sucedía en México, lo mismo ocurría en Israel. Más de cien mil israelíes tomaron las calles de las principales ciudades en repudio a Bibi y su coalición de partidos y líderes radicales. Así, dos países que no podían ser más diferentes resultaron ser idénticos en su defensa de la democracia.

Isaac Herzog, el presidente de Israel, declaró que «ya no estamos en un debate político, sino al borde de un colapso constitucional y social». Los veteranos de la unidad 8200, el grupo de élite de la inteligencia militar israelí, se han sumado a quienes han denunciado públicamente el intento de Bibi de concentrar el poder. En su carta pública dicen: «No vamos a ofrecernos como voluntarios en un país que cambió unilateralmente el contrato social básico con sus ciudadanos».

Lo que está sucediendo en las calles de México e Israel va más allá de rechazar reformas legales antidemocráticas, la reducción del presupuesto de entes públicos como el INE o el ataque contra periodistas o jueces.

Es una reacción a la inminente pérdida de la libertad.

5 de marzo de 2023

¿Cuál es la otra pandemia que nos está matando?

Los gobiernos del mundo le están dedicando gran atención e ingentes recursos a contener la covid-19 y sus mutaciones. Afortunadamente, están teniendo éxito. Pero, lamentablemente, están descuidando otra pandemia que lleva tiempo cobrándose millones de vidas cada año y discapacitando a millares de personas: los trastornos mentales.

Las pandemias se caracterizan por esparcirse rápidamente y atacar a un gran número de habitantes. Este es el caso de los problemas de salud mental.

Según la OMS cerca de mil millones de personas sufren de depresión, trastorno bipolar, ansiedad, miedo, aislamiento, demencia, consumo de estupefacientes y alcohol, esquizofrenia y desórdenes alimenticios (anorexia y bulimia), entre otros. El 14,3 por ciento de las muertes que ocurren en el mundo cada año, aproximadamente ocho millones de personas, son atribuibles a trastornos mentales.

La depresión, por ejemplo, es el principal motivo de discapacidad. Y el suicidio ocupa el cuarto lugar en la lista de las causas de muerte de personas entre los quince y los veintinueve años.

Según el Project Hope (Proyecto Esperanza), una ONG que se especializa en estos temas, en el mundo se suicida una persona cada cuarenta segundos. Los hombres se quitan la vida con el doble de la frecuencia con la que lo hacen las mujeres. A su vez, los casos de depresión en las mujeres duplica a los de los hombres. Si bien el suicidio es una realidad global, su mayor incidencia se da en países de menores ingresos. En 2019, por ejemplo, el 77 por ciento de los suicidios en el mundo ocurrieron en países con ingresos bajos o medianos.

La covid-19 produjo un aumento del 25 por ciento del número de personas que sufren ansiedad y depresión.

Pero la crisis de la salud mental era ya una realidad preexistente. Jonathan Haidt, un prestigioso psicólogo social, mantiene que el aumento de los trastornos mentales en adolescentes en Estados Unidos comenzó en 2012. Según él, «esta crisis está relacionada en gran medida con la transición hacia una infancia y adolescencia basadas en teléfonos y, con especial énfasis, en redes sociales».

La evidencia de la crisis en Estados Unidos es abrumadora. Entre 2004 y 2020 los adolescentes de ese país que sufren depresión mayor aumentaron en 145 por ciento para las niñas y 161 por ciento para los niños. Desde 2010, el número de estudiantes universitarios que sufren de ansiedad aumentó en 134 por ciento y el de los que padecen trastorno bipolar en 57 por ciento. Entre 2010 y 2020 los suicidios de niñas adolescentes aumentaron un 82 por ciento. El Centro para el Control de Enfermedades (CDC) de Estados Unidos reportó que entre 2011 y 2021 el número de mujeres jóvenes que se sienten persistentemente desesperanzadas y tristes aumentó un 60 por ciento.

Cerca del 15 por ciento de las adolescentes entrevistadas por el CDC revelaron haber sido forzadas a tener relaciones sexuales, un aumento del 27 por ciento en dos años. La Academia Estadounidense de Pediatría, la Asociación de Hospitales de Niños y otras instituciones médicas de Estados Unidos han declarado un «estado de emergencia nacional» con respecto a la salud mental de los niños.

Por otro lado, el mal uso y el abuso enfermizo de las tecnologías digitales no son hábitos exclusivos de los jóvenes. Hombres y mujeres de mediana edad y ancianos también evidencian el impacto negativo de las redes sociales en sus vidas cuando estas tecnologías son usadas de manera abusiva o tóxica.

Esta es una crisis mundial. Las estadísticas y los estudios en otros países muestran las mismas tendencias generales. El *Estado mental del mundo* es un informe de 2022 basado en encuestas a más de 220.000 personas en 34 países. El estudio muestra un deterioro en la salud mental de todos los grupos etarios y de género. También encontró que los países de habla inglesa experimentan los menores niveles de bienestar mental y que, en términos de edad, el grupo de dieciocho a veinticuatro años tiene la peor salud mental de entre todos los demás grupos encuestados.

Lamentablemente, la escasez de psiquiatras, psicólogos y otros profesionales de la salud mental es la norma mundial. Según Project Hope, dos tercios de quienes necesitan ayuda no la reciben, aunque existen tratamientos eficaces para tratar su dolencia. Muchos países de menores ingresos cuentan con menos de un especialista en salud mental por cada cien mil habitantes.

Factores culturales e institucionales dificultan la atención al paciente. En muchos países y culturas los problemas de salud mental son una vergüenza que es mejor esconder. Sufrir un trastorno de esta clase puede hacer que se pierda el trabajo, la pareja o las amistades. Desde el punto de vista institucional está la dificultad de acceder al seguro de salud, especialmente cuando es privado y para muchos prohibitivamente costoso.

Afortunadamente, las cosas están cambiando. La inteligencia artificial y el tratamiento remoto vía internet permitirá el acceso al sistema de salud a pacientes que ahora no lo tienen. Hay prometedores avances en medicinas y tratamientos. En muchos países la vergüenza está siendo reemplazada por el activismo que busca dar visibilidad y recursos a este asunto.

Ningún problema puede ser resuelto si antes no ha sido reconocido, estudiado y debatido. El deterioro de la salud mental es una crisis pandémica que requiere de más visibilidad y debate.

9 de febrero de 2023

Años que definen épocas

Basta mencionar 1789 (la Revolución francesa), 1945 (el fin de la Segunda Guerra Mundial) o 1989 (la caída del muro de Berlín) para denotar profundas transformaciones. Así las cosas, cabe preguntarse: ¿cuál será el primer año icónico de nuestro accidentado siglo XXI? Hasta hace poco, 2016 era el candidato más claro: el año del Brexit (el 23 de junio) y la elección de Donald Trump (8 de noviembre) fue el punto de partida de una nueva ola global de populismo, polarización y posverdad que amenaza con acabar con la democracia en muchos países. Pero también ocupa un lugar importante en la lista de fechas históricas aquel fatídico 13 de marzo de 2020 en que el Centro de Control de Enfermedades de Estados Unidos declaró oficialmente que estábamos siendo atacados por la covid-19. ¿Ha sido esta pandemia la precursora de muchas otras? ¿Ha sido el comienzo de un planeta permanentemente sacudido por pandemias de distinta clase? Puede ser.

Otra fecha que simboliza los revolucionarios cambios que se nos vienen es el 7 de noviembre de 2020, cuando el Premio Nobel de Química fue otorgado a Emmanuelle Charpentier y Jennifer Doudna por haber desarrollado la tecnología de modificación del genoma llamada CRISPR-Cas9. La manipulación de nuestros genes utilizando esta tecnología promete enormes progresos en la curación de enfermedades hasta ahora letales, pero también crea graves amenazas. El CRISPR-Cas9 en malas manos es una amenaza para la humanidad.

Como también lo es el desarrollo y la diseminación de las nuevas tecnologías de inteligencia artificial. El 30 de noviembre de 2022, la empresa OpenAI desveló su ChatGPT, una aplicación que finalmente pasó la prueba de Turing: un robot que replica el idioma natural con tal fluidez que sus respuestas son indistinguibles de las de un ser humano. Esto es lo que el fundador de la computación moderna, Alan Turing, había definido como «inteligencia artificial» en un lejano ensayo publicado en 1950. A partir de 2022, esa alocada elucubración es una ineluctable realidad. Porque el ChatGPT no es un *software* o una plataforma más de esas que regularmente nos anuncian los magos de las industrias digitales. La inteligencia artificial va a tener un impacto sobre las industrias del conocimiento tan transformador como el que tuvo la introducción de máquinas durante la revolución industrial. O quizá más.

Pero el siglo XXI no solo ha traído importantes cambios tecnológicos, también guerras que se parecen a las del siglo pasado o al anterior. El 24 de febrero de 2022, Vladímir Putin ordenó invadir Ucrania. A esta sorpresa le siguieron otras: en vez de durar pocos días, la guerra de Putin está por cumplir un año. Europa descubre que puede actuar unificadamente y que esa recién descubierta capacidad hace que, en vez de limitarse a discursos y exhortaciones, puede actuar como una potencia militar de primer orden. Los feroces ataques cibernéticos que se esperaban de Rusia no se han materializado o han sido neutralizados. La ineptitud de los militares rusos es solo superada por el salvajismo medieval con el cual actúan. Los cotidianos ataques contra la población civil de Ucrania y la infraestructura del país parecen ser la única respuesta que tiene el Kremlin.

Esto hace que en septiembre de 2022 Putin haya vuelto a introducir una opción que se pensaba superada: el uso de armas nucleares. «Si la integridad territorial de nuestro país se ve amenazada, sin duda, usaremos todos los medios disponibles para proteger a Rusia y a nuestra gente», dijo el presidente ruso. Esto es lo que debe decir todo mandatario que vea la soberanía de su país en peligro. Aquí, el detalle importante es que el líder que dice lo obvio tiene a su disposición el mayor arsenal nuclear del mundo. «Esto no es un bluf», alertó Putin. Claramente, lo que está en juego en Ucrania no solo afecta a ese país, sino que tiene ramificaciones geopolíticas de todo tipo, muchas de ellas insospechadas.

Otro de los cambios importantes en la política mundial ocurrió el pasado 23 de octubre, cuando Xi Jinping, el líder chino, logró romper con la norma que lo hubiese obligado a dejar el poder al término de su periodo, tal como lo habían hecho sus predecesores posteriores a Mao. Ese día, Xi fue reelegido presidente de China y secretario general del Partido Comunista por tercera vez, despejando todos los obstáculos para convertirse en el primer dictador vitalicio de China desde la muerte de Mao.

Por último, en lo que va de este siglo, el cambio climático se ha manifestado ferozmente. La frecuencia, intensidad, daños materiales y el masivo sufrimiento humano que han ocurrido en este siglo por dicho fenómeno están alterando profunda y rápidamente nuestro planeta. No hay una fecha simbólica de esto: las catástrofes climáticas se han hecho normales.

2022

Gaslighting

A final de cada año, desde 2003, el diccionario estadounidense *Merriam-Webster* anuncia su selección de la palabra del año en inglés. Según la respetada publicación fundada en 1831, *gaslighting* fue la palabra más buscada en internet en 2022. Peter Sokolowski, el editor del diccionario, declaró a la agencia de noticias Associated Press que este año las búsquedas de esa palabra aumentaron un 1.742 por ciento respecto al año anterior. Estuvo todos los días entre las cincuenta palabras más buscadas, señaló.

Gaslighting es una forma coloquial de referirse a las tácticas y trucos que se usan para que una persona dude de su realidad y cuestione lo que siente, cree y hace. El propósito es debilitar psicológicamente a la víctima para así influir sobre sus percepciones, su conducta y sus decisiones. Esta idea fue originalmente usada en una obra de teatro estrenada en 1938 en Londres y Nueva York y que después fue llevada a la gran pantalla en 1940 y 1944. La película, titulada *Gaslight* («Luz de gas»), cuenta la historia de una pareja en la cual, para quitarle dinero, el marido manipula a su esposa hasta el punto de que esta siente que se está volviendo loca. Entre otros trucos, él había instalado un sistema para que las luces de gas de la casa se prendieran y apagaran cuando ella estaba allí sola.

Las constantes mentiras, contradicciones y confusiones; el escepticismo sobre la validez de verdades antes incuestionables y su reemplazo por narrativas falsas; el ataque a la autoestima de la víctima y el fomento de sus inseguridades; el ocultamiento de información y el constante uso de falsedades son solo algunas de las tácticas que utilizan los manipuladores.

La palabra había caído en desuso y hasta mediados de los años noventa no volvió a ser utilizada con alguna frecuencia por psicólogos y psiquiatras. Pero el explosivo aumento de la frecuencia con la cual es ahora buscada en internet no viene de estos ámbitos, sino de la política, donde se están usando cada vez más las tácticas del *gaslighting* para moldear lo que toda una sociedad cree. De hecho, *gaslight* se relaciona de cerca con otra palabra que en 2016 fue seleccionada por el diccionario de Cambridge como la palabra del año: posverdad, es decir, la propensión a aceptar una idea como cierta basándose en las emociones más que en los hechos. En los últimos años, hemos visto cómo, en muy diversos países, la opinión pública es influida por líderes y grupos que desdeñan datos, evidencias y hasta la lógica. Un dramático ejemplo de *gaslighting* y posverdad es el Brexit. Sus promotores hicieron un uso intensivo de los trucos del *gaslighting* y lograron crear una matriz de opinión pública dominada por la posverdad. Cuando al ministro Michael Gove, uno de los líderes del Brexit, se le pidió su reacción a un estudio elaborado por respetados expertos que mostraban lo calamitoso que sería para Reino Unido romper lazos con Europa, dijo: «Creo que la gente en este país está harta de los expertos».

Los intentos de influir sobre las opiniones y conductas de una sociedad o parte de ella son, por supuesto, muy antiguos y la propaganda siempre ha sido un instrumento indispensable en las contiendas políticas. En estos tiempos, sin embargo, la propaganda, la posverdad, la divulgación a gran escala de mentiras y el *gaslighting* han adquirido una potencia y toxicidad inusitadas. Las nuevas tecnologías de información permiten a individuos y grupos tener un protagonismo que antes estaba solo al alcance de gobiernos, partidos o corporaciones.

Ya hemos visto las manifestaciones más nefastas del uso de las redes sociales para profundizar las divisiones, diseminar mentiras y fomentar el caos.

Proteger a las sociedades del uso malsano de estas nuevas plataformas es urgente.

Para lograrlo, es prioritario imponer costos y consecuencias, tanto a los agresores digitales como a quienes les facilitan sus inaceptables conductas. Es esperanzador, por ejemplo, ver que los tribunales estadounidenses han impuesto penas milmillonarias a una figura monstruosa como Alex Jones, condenado por difamación contra las familias de los niños asesinados en la masacre de la escuela de Sandy Hook. Igualmente, procede un litigio importantísimo iniciado por Dominion Voting Systems contra Fox News, que, según Dominion, se dedicó día tras día a mentir sobre la fiabilidad de sus sistemas de votación, lo que repercutió en unos daños y perjuicios elevadísimos para la empresa. Incluso el mismo Donald Trump empieza a pagar por primera vez costos políticos por *gaslightear* a la sociedad entera con sus mentiras sobre el fraude electoral, que lo han llevado incluso a pedir la suspensión de la Constitución. Solo imponiendo altos costos monetarios, legales y de reputación podrá defenderse la sociedad ante el *gaslighting* colectivo.

11 de diciembre de 2022

Cuando hacer lo obvio es imposible

¿Por qué las sociedades y sus gobiernos toleran pasivamente las malas ideas? ¿Por qué hay tantas políticas públicas obviamente fracasadas que resultan imposibles de erradicar?

La lista de países cuyos gobiernos no pueden o no se atreven a enfrentar sus tabúes es larga, longeva y variada. Un buen ejemplo de esto es la política con respecto al tráfico y el consumo de drogas.

El 18 de junio de 1971, el entonces presidente Richard Nixon declaró la guerra a las drogas. Son «el enemigo público número uno», dijo. Según la Alianza contra la Política Antidroga, una organización no gubernamental que se opone a las políticas prevalentes en este campo, Estados Unidos gasta 51.000 millones de dólares al año en la guerra contra el tráfico y el consumo de drogas. En 2015, la Comisión Global sobre Política de Drogas, formada por un respetado grupo de ex jefes de Estado, estudió a fondo el tema y concluyó que «la guerra global contra las drogas ha fracasado y tiene devastadoras consecuencias para individuos y sociedades alrededor del mundo».

Es obvio que enfrentar este grave problema principalmente a través de la interdicción, la erradicación y el encarcelamiento no funciona. Si bien ha habido cambios y la legalización de la marihuana, por ejemplo, ya es una realidad en muchos sitios, la guerra contra las drogas tal como la formuló Nixon hace más de medio siglo sigue siendo la norma.

La defensa automática del régimen actual cierra la posibilidad de explorar otras alternativas. Sabemos que nunca habrá una que sea perfecta, pero muchas serían más deseables que la que ahora prevalece.

El subsidio a los combustibles es otro ejemplo de que hacer lo obvio es imposible. Al mismo tiempo que el mundo se embarca en un esfuerzo sin precedentes para «descarbonizarse» reduciendo el consumo de petróleo, gas y carbón, los gobiernos dedican cifras inimaginables de dinero para reducir el precio de la gasolina y la electricidad. Según el Fondo Monetario Internacional, un monto equivalente a más del 6 por ciento del volumen total de la economía mundial se dedica anualmente subsidiar el consumo de los combustibles fósiles. Se estima que esta cifra superará el 7 por ciento en 2025. Así, con un pie los gobiernos pisan el acelerador del consumo de combustibles fósiles y con el otro intentan frenarlo.

O veamos el embargo económico de Estados Unidos a Cuba, en pie desde 1962. El propósito original de Estados Unidos fue, y sigue siendo, el cambio de régimen en Cuba. Según esa idea, el embargo debilitaría la economía cubana hasta producir un cambio de gobierno que abriría el camino hacia el establecimiento de un régimen democrático. Obviamente, esto no ha pasado y Cuba sigue siendo la dictadura más antigua de América Latina. Desde 1992, la Asamblea General de las Naciones Unidas adopta en su reunión anual una resolución exigiendo que Estados Unidos levante el embargo. Así, más que debilitar a la dictadura de los Castro, el embargo ha servido como excusa del Gobierno de La Habana para justificar su fracaso económico.

Y hay más ejemplos. La política hacia los inmigrantes, la política agrícola común de Europa, las políticas laborales que inhiben la creación de nuevos puestos de trabajo, el libre y fácil acceso a las armas de fuego en Estados Unidos, las políticas educativas, la gobernanza de la ONU y el gasto militar de Estados Unidos están plagados de malas ideas imposibles de eliminar.

Detrás de cada mala idea se esconde un interés político, económico, cultural o religioso. Por ejemplo, sabemos que la política energética está fuertemente influida por las grandes corporaciones. Un dato reciente y revelador en este sentido es el número de los cabilderos que representan los intereses de las empresas de energía fósil que participan en la cumbre de la ONU sobre el medio ambiente (la COP27). Este año hay un 25 por ciento más de «cabilderos fósiles» (como los llama la ONG Testigo Global) de los que estuvieron el año pasado en la COP26 en Glasgow. Solo un país (Emiratos Árabes Unidos) tiene una delegación más numerosa que la que forman los cabilderos.

La guerra contra las drogas ha creado una enorme y muy bien financiada burocracia que después de más de medio siglo ha aprendido a neutralizar los esfuerzos que buscan encontrar alternativas más eficaces y humanas de atacar este problema. El embargo económico a Cuba es defendido por los políticos estadounidenses que buscan los votos de los cubanos en Florida.

Los que se benefician de estas políticas son pocos, pero están bien organizados. Los perjudicados somos muchos más, pero no logramos hacer valer nuestra ventaja numérica. Sin embargo, en estos tiempos el mundo nos depara sorpresas a diario. Es probable que en un futuro próximo hacer lo obvio no sea tan imposible y que algunas de estas malas ideas sean finalmente enterradas.

13 de noviembre de 2022

Cuando el crimen organizado es el Gobierno

Tanto Mohamed bin Salmán, el príncipe heredero de Arabia Saudí, como Xi Jinping, el presidente de China, o el zar Vladímir Putin han lanzado feroces campañas contra la corrupción. Lo mismo han hecho dictadores en todo el mundo. Un buen número de acusados de corrupción han sido condenados a muerte y la mayoría, a largas penas de prisión.

No hay evidencias de que la corrupción en el mundo haya disminuido. Más bien, todo indica que estas campañas anticorrupción son la excusa preferida por los gobiernos autócratas para atacar a sus opositores. Pero mientras que los ejemplos de éxito en la lucha contra la corrupción son escasos, sus mutaciones son cada vez más impactantes. A la corrupción «normal» ahora le debemos añadir la cleptocracia y, a esta, los estados mafiosos.

La corrupción «normal» es transaccional. Ocurre cuando una persona u organización privada soborna a funcionarios públicos para hacer que una determinada transacción genere beneficios indebidos para los involucrados. Es el policía de tránsito que a cambio de un pago no pone la multa por conducir con exceso de velocidad o el promotor inmobiliario que le hace un pago secreto al funcionario municipal para que autorice unos pisos de más en el edificio en construcción o el contratista que le promete al ministro el 10 por ciento del monto del contrato si su oferta es seleccionada. Esta es la corrupción clásica, versión 1.0, que se ve en mayor o menor grado en casi todas partes del mundo, desde Austria hasta Zimbabue.

La corrupción clásica hace daño, claro, y tiene que ser mantenida a raya. Es una enfermedad crónica que debilita a la sociedad.

Lamentablemente, en muchos estados la corrupción va mucho más allá. Se trata de aquellos gobernados por cleptócratas (del griego *clepto*, que se traduce por «robo», y *cracia*, «gobierno»). Es un sistema en el que el presidente, primer ministro o monarca utiliza los fondos y recursos de la nación como si fuesen propios y los distribuye entre sus familiares, testaferros y socios, aliados políticos y altos oficiales militares.

Cleptocracias hemos visto en los cinco continentes: desde el Haití de Baby Doc Duvalier hasta el Kazajistán de Nursultan Nazarbayev. Muchos de estos cleptócratas mantienen a su pueblo en la indigencia mientras ellos se roban los activos de la nación. Pero no todos. El contraste clásico es entre Mobutu Sese Seko, el sanguinario cleptócrata del entonces Zaire (hoy República Democrática del Congo) entre 1965 y 1997, y Suharto, el dictador de Indonesia entre 1967 y 1998. Ambos estuvieron en el poder durante casi el mismo tiempo, y cada uno era más ladrón que el otro. Pero Suharto permitió que Indonesia se desarrollara bajo su mandato, y Mobutu no. Así, el ingreso real per cápita de los indonesios aumentó veinte veces durante el mandato de Suharto, mientras que el de los congoleses se redujo un 25 por ciento en esos mismos treinta años.

Por dramática que nos pueda parecer la cleptocracia, no es la principal amenaza de la corrupción a gran escala. Ciertos países van más allá y se convierten en estados mafiosos. En ellos la corrupción pasa de ser una fuente de enriquecimiento ilícito para los gobernantes a ser usada como un potente instrumento político. En la Rusia de Putin, la Venezuela de Maduro y el Egipto de El Sisi, los gobernantes utilizan la corrupción como una herramienta para aumentar su poder dentro del país y en sus relaciones internacionales. Los estados mafiosos son la expresión máxima de la corrupción 3.0. Ya no se trata de grupos criminales que influyen sobre el Gobierno desde afuera, sino que la sede de la corrupción es el Gobierno mismo.

Vladímir Putin, por ejemplo, utiliza a personajes como Yevgeni Prigozhin, jefe del Grupo Wagner, un ejército de mercenarios, para hacer el trabajo sucio del Kremlin en todas partes del mundo. Desde sus humildes inicios como cocinero del Kremlin —o, bueno, jefe de la empresa de cátering que se encargaba de esa labor—, Prigozhin fue creciendo en poderío y riqueza junto con el líder ruso hasta convertirse en un cómplice clave. El tenebroso prontuario de violaciones a los derechos humanos perpetradas por el Grupo Wagner no le deja al cocinero de Putin más opción que la de seguir apoyándolo a perpetuidad.

Cuando hablamos de corrupción, entonces, es importante precisar a cuál de estos tres niveles nos referimos. Porque los tres son nocivos, pero el segundo lo es mucho más que el primero, y el tercero aún más que el segundo.

La corrupción que opera a escala global y que es gestionada por gobiernos autócratas en apoyo de sus estrategias geopolíticas es una amenaza para la cual el mundo no tiene respuestas efectivas. Hay que reconocer que la corrupción 3.0 no es solo un problema para jueces, fiscales y policías. Es una amenaza para la democracia y para la seguridad internacional.

30 de octubre de 2022

¿Cuál es el mayor boom económico del mundo?

¿Qué economía va a crecer más rápido en los próximos años? Trate de adivinar. Tal vez esté pensando en Vietnam, que ha venido llevándose la cuota de mercado de una China venida a menos por su mala respuesta a la crisis de la covid-19. O en el campeón africano del crecimiento, Ruanda, cuya economía se ha quintuplicado desde 1995. O en Bangladés, cuyo sector exportador es el catalizador del mayor boom de Asia.

No es ninguno de ellos. El campeón del crecimiento económico mundial en los próximos años será Guyana. Esta diminuta franja de selva tropical, en la costa norte de Sudamérica de la que apenas se oye hablar, está en medio de un boom petrolero de proporciones difícilmente imaginables.

Desde 2015, Guyana ha liderado el mundo en descubrimientos de petróleo en alta mar, con 11.200 millones de barriles descubiertos, casi un tercio de todos los nuevos descubrimientos de petróleo en el mundo. Los investigadores de la consultora Nexus Group prevén que Guyana se convierta en pocos años en uno de los cinco principales productores de petróleo en alta mar del mundo, dejando atrás a países como Estados Unidos, México y Noruega.

Para mediados de la próxima década, se estima que Guyana producirá más petróleo per cápita que cualquier otro país del mundo. Los ingresos petroleros del Gobierno podrían ascender a 21.000 dólares por habitante, casi el doble del PIB per cápita de hoy.

Este año la economía de Guyana podría crecer 58 por ciento, una cifra exorbitante. El PIB petrolero podría crecer un 30 por ciento al año entre 2023 y 2026. El que fue hasta hace poco uno de los países más pobres de América ya sobrepasó el promedio mundial de ingreso per cápita y el boom apenas comienza.

Lo que es una buena noticia para Guyana podría parecer una mala noticia para el clima, pero no es así. La intensidad de emisión de carbono del país —es decir, la cantidad liberada por barril de petróleo producido— es solo la mitad de la media mundial, y sigue disminuyendo. Si el petróleo guyanés desplaza al de sus competidores, podría representar un boom petrolero que hace caer las emisiones de carbono.

Pero ¿esta bonanza ayudará realmente al pueblo guyanés? No necesariamente. El país se está enriqueciendo, pero muchos de sus habitantes siguen siendo pobres. Ocupa el puesto 108 de 191 países en el Índice de Desarrollo Humano de la ONU. La Unidad de Inteligencia de *The Economist* la clasifica como una «democracia defectuosa»: las elecciones son competitivas pero no siempre limpias. Un conflicto electoral en 2020 dio lugar a un duro enfrentamiento que duró meses y desencadenó varias olas de violencia entre los partidarios de un bando y de otro.

La tensión étnica ha definido durante mucho tiempo la política en un país dividido demográficamente por el legado del imperio británico: el 40 por ciento de los guyaneses tienen ancestros que vienen de India, el 30 por ciento de África, mientras que el 10 por ciento son indígenas y el 20 por ciento restante es mestizo. Los guyaneses tienden a votar por bloque étnico, cosa que rara vez va de la mano con la estabilidad política. Y la corrupción, por desgracia, está sumamente arraigada.

Por décadas hemos visto cómo los booms petroleros casi siempre terminan mal. Grupos rivales luchan ferozmente por el control de las rentas petroleras en lugar de trabajar juntos por un futuro mejor para todos. El fenómeno es tan común que tiene su propio nombre: la «maldición de los recursos». Vistas sus divisiones étnicas y su historial de corrupción, Guyana marca dos casillas clave en la lista de señales de riesgo de caer en la maldición de los recursos. ¿Será que los guyaneses podrán eludir este destino?

Tal vez sí, porque también cuentan con un par de ases bajo la manga: por muy defectuosa que sea, la de Guyana es una democracia,

y esto ayuda a inocular a los pueblos contra la maldición de los recursos. Y la enorme magnitud de la bonanza petrolera que se avizora
allí, junto con su diminuta población, podrían hacer posible satisfacer
a todos sin tener que entrar en empobrecedores conflictos por el
botín petrolero.

Sin una gestión política sabia y prudente, la riqueza petrolera
puede fácilmente convertirse en una desgracia. Ojalá que los líderes
de Guyana sepan evitar ese triste destino.

16 de octubre de 2022

¿Se acabó la globalización?

La globalización se acabó. El proteccionismo de Trump, el Brexit, los problemas de las cadenas de suministro creadas por la covid-19 y la agresión criminal de Vladímir Putin han puesto fin a la ola de integración global que se disparó con la caída del muro de Berlín en 1989. Estos tiempos de mercados bursátiles a la baja y tipos de interés altos darán la última campanada en el entierro de la globalización.

Esta opinión está de moda, y está errada en casi todo. Principalmente desde el punto de vista de la economía, pero también desde el social y cultural. De hecho, la sorpresa de los dos últimos años ha sido lo resiliente que ha resultado ser la globalización. En un periodo excepcionalmente turbulento, la integración económica y social del mundo —la conexión entre países— nos ha sorprendido más por su resistencia que por su fragilidad. De hecho, los datos sugieren que la crisis financiera mundial de 2008-2009 y la gran recesión que esta desencadenó impactaron más negativamente a la economía y la política mundial que los demás eventos de importancia global que ocurrieron en la década pasada.

El volumen del comercio internacional creció mucho durante el periodo de hiperglobalización (1985-2008), pasando de alrededor del 18 por ciento al 31 por ciento del valor total de la economía mundial. Con la crisis de 2008, esa cifra cayó situándose cerca del 28 por ciento. Y ahí se ha mantenido más o menos desde entonces: permaneciendo estable a pesar de todos los shocks económicos y convulsiones políticas de los últimos años.

El proteccionismo de Trump redujo la integración de Estados Unidos al resto del mundo. El comercio cayó del 28 por ciento del PIB en 2015 al 23 por ciento en 2020. Las exportaciones de Reino Unido a la Unión Europea cayeron un fuerte 14 por ciento en el año siguiente al Brexit. Pero estas oscilaciones, por grandes que sean, fueron compensadas con una mayor integración económica en Asia Oriental y África, donde las conexiones e interdependencia entre países siguen profundizándose y ampliándose.

La integración económica parece tener una inercia propia que resiste incluso a embates tan fuertes como las guerras comerciales que inició Trump o el voto de los ingleses a favor del Brexit. Uri Dadush, un reconocido experto en economía internacional, ha encontrado que las barreras proteccionistas que se han erigido estos últimos años han tenido un efecto insignificante en el comercio global. Por supuesto, las cadenas de suministro se han visto sometidas a tensiones e interrupciones que estimularon a las empresas a mudar algunas de sus fábricas más cerca de los mercados finales. Europa está experimentando ahora, sin duda, las dolorosas consecuencias económicas de su dependencia energética de Rusia. Pero, según los datos disponibles, el efecto global neto, incluso considerando estos cambios trascendentales, no ha sido una reducción de la integración económica.

Recordemos también que la globalización va mucho más allá del comercio. Se basa en la difusión global de ideas, actitudes, filosofías y personas tanto como en el comercio de mercancías. Y en este sentido más amplio, la globalización parece acelerarse, no ralentizarse. TikTok tiene 1.400 millones de usuarios repartidos en 150 países, por ejemplo.

Otra muestra de globalización activa y acelerada es la ciencia. Científicos del mundo entero compiten con sus colegas en otros países. Es normal. Lo que no es normal fue la velocidad con la que pudieron actuar y, en ciertos casos, coordinarse para crear las vacunas contra la covid-19, producirlas a gran escala y distribuirlas por el planeta en tiempo récord, salvando así millones de vidas. Si este exitoso ejemplo de globalización se pudo hacer realidad una vez, se puede repetir muchas más.

Naturalmente, la globalización no es invulnerable y no todas sus consecuencias son positivas. Por ejemplo, los niveles de desigualdad que coexisten con ella son inaceptables. Si la guerra en Ucrania se prolonga mucho más o —trágicamente— se torna nuclear, podría cortar los suministros clave de energía, alimentos y fertilizantes que constituyen la columna vertebral de la globalización económica. Peor aún, un asalto militar chino contra Taiwán podría acabar con gran parte de la capacidad de fabricación de microchips, discapacitando a un mundo que depende cada vez más de las tecnologías digitales. En un futuro cercano la criptografía cuántica podría dejar obsoleta toda la encriptación que actualmente existe en la red. Esto causaría una severa crisis de ciberseguridad que limitaría la globalización digital.

Estas amenazas existen. Son reales y graves. Pero se conjugan en tiempo futuro. Hoy, el mundo está más profundamente integrado que hace una década. A pesar de sus costos, problemas y accidentes, la integración entre países no ha muerto. El reto es cómo protegernos de sus defectos y aprovechar al máximo las puertas que nos abre.

3 de octubre de 2022

América Latina, *quo vadis?*

Colombia acaba de elegir presidente, Gustavo Petro, quien a pesar de su larga trayectoria política se presenta como un *outsider* que va a desalojar del poder a las élites que siempre han gobernado el país. Eso mismo han prometido Andrés Manuel López Obrador en México, Gabriel Boric en Chile, Pedro Castillo en Perú, Alberto Fernández en Argentina y varios otros presidentes latinoamericanos. El próximo 2 de octubre habrá elecciones en Brasil y es casi seguro que compitan el actual presidente Jair Bolsonaro y el expresidente Lula da Silva.

Además de enfrentar agresivamente a sus opositores, todos estos líderes prometen radicales cambios institucionales y reformas económicas. Todos ellos también se han comprometido a disminuir fuertemente la pobreza y la desigualdad.

¿Tendrán éxito?

No.

Desde hace varias décadas, ninguno de la larga lista de predecesores que intentó hacer permanentes e indispensables cambios en su país lo lograron. La excepción a esta tendencia fueron Hugo Chávez y, su sucesor, Nicolas Maduro, quienes sí transformaron drásticamente a Venezuela. La destruyeron.

El nuevo presidente colombiano es el más reciente miembro de este club de líderes políticos que llegan al poder con promesas populistas que no podrán cumplir o las impondrán como sea, sin importarles los costos y otros efectos nefastos. Además, deberán gobernar sociedades con niveles de polarización política y social que con frecuencia hacen imposible lograr acuerdos y compromisos entre grupos políticos o segmentos de la sociedad que rivalizan y no se toleran. Al igual que en muchas otras partes del mundo, en América Latina la toma de importantes decisiones gubernamentales se ve bloqueada por la polarización que se nutre de las identidades grupales: religión, raza, género, región, edad, intereses económicos, ideologías y más. Esta polarización, que siempre ha existido, ahora se ha potenciado por la posverdad: el auge de la desinformación, las noticias falsas, la manipulación y la diseminación de mensajes que crean desconfianza.

Estas son las tres «P» que definen las realidades políticas en estos tiempos: el populismo (divide y vencerás, promete y ganarás), la polarización (el uso y abuso de la discordia) y la posverdad (¿a quién creer?).

Gobernar con éxito en este contexto se hace aún más difícil si se tiene en cuenta la situación económica de América Latina. La salud de las economías de la región depende críticamente de los precios internacionales de las materias primas que constituyen sus principales rubros de exportación. Cuando la demanda y los precios de estos productos en el mercado mundial suben, los gobiernos latinoamericanos obtienen recursos que alimentan el gasto público y así alivian las fricciones políticas y sociales. Si los precios internacionales caen, la conflictividad política y social arrecia. Es un patrón recurrente.

Todo parece indicar que la economía global va a pasar por una fuerte contracción y que América Latina no podrá evitar el impacto de los shocks externos. La inflación, un fenómeno hasta ahora desconocido por la gran mayoría de los jóvenes de la región, volverá a aparecer después de décadas en las que el aumento de precios no era parte de la vida cotidiana. La inflación será una perniciosa fuente de hambre, empobrecimiento, desigualdad, estancamiento económico y conflicto social. Sus efectos políticos se combinan ahora con una terrible condición preexistente: la desilusión con la democracia. Millones de latinoamericanos fuertemente afectados por la pandemia, el desempleo, la pésima calidad de los servicios públicos, la inseguridad alimentaria, la corrupción y la criminalidad han perdido la esperanza de que las elecciones y la democracia traerán las oportunidades que los políticos les han prometido durante largo tiempo.

Este es el contexto en el cual deberá gobernar Colombia el presidente Gustavo Petro.

Tiene tres alternativas: la primera es darle viabilidad política a su ambiciosa agenda de cambios mediante transacciones oportunistas con algunos líderes, partidos de oposición y grupos sociales que se oponen a él, para lo cual tendrá que, inevitablemente, hacer concesiones. Aumentar ese margen de apoyo será indispensable y requerirá tomar muchas decisiones poco virtuosas. La segunda alternativa es que Petro proponga al país un vasto e incluyente acuerdo nacional. Una amplia alianza que permita la toma de importantes decisiones, y que sea sincera y creíble le puede dar el sustento que necesita. De nuevo, esto implica hacer concesiones que quizá no sean fáciles de tragar para el presidente y para quienes lo apoyaron en su conquista de la presidencia. La tercera opción que le queda es comportarse como lo han hecho en otras partes del mundo los presidentes de las 3P: debilitar furtivamente las instituciones, normas, pesos y contrapesos que definen la democracia.

Ojalá que la democracia colombiana sobreviva las 3P.

26 de junio de 2022

Democracias en peligro de extinción

En la década pasada proliferaron los eventos que cambiaron al mundo. Algunos fueron imposibles de ignorar, pero hubo otros, más graduales, que pasaron casi desapercibidos. Entre ellos el más importante: la crisis global de la democracia.

En todos los continentes las democracias se han debilitado y las dictaduras están en auge, albergando al 70 por ciento de la población mundial, es decir cinco mil cuatrocientos millones de personas. Según estudios del Instituto V–Dem de la Universidad de Gotemburgo, una década antes el porcentaje de personas que vivían bajo regímenes dictatoriales era del 49 por ciento. Desde 1978 no había un número tan bajo de países en proceso de democratización.

Hay dos razones por las cuales este retroceso de la democracia ni causó mayores alarmas ni provocó reacciones significativas. La primera es que estaban pasando muchas otras cosas urgentes y concretas que hacían difícil a los defensores de la democracia competir con éxito por la atención de los lideres, los medios de comunicación y de la opinión pública. La pandemia o la crisis financiera mundial son tan solo dos ejemplos de una larga lista de eventos que no dejaron espacio para crisis menos inmediatas. La segunda razón es que la mayoría de los ataques a la democracia fueron deliberadamente opacos, difíciles de percibir y, mucho menos, capaces de activar a la gente.

Consideremos la primera causa de esta desatención mundial a lo que Larry Diamond, un respetado profesor de la Universidad de Stanford, llamó la «recesión democrática». ¿Como movilizar a la población para defender a la democracia cuando la pandemia estaba causando la muerte de millones de personas en todo el mundo? Según la OMS tan solo entre 2020 y 2021 murieron quince millones de personas a causa de la covid-19 y sus variantes.

En la década pasada también arreciaron los efectos del calentamiento global. Se hicieron más frecuentes, letales y costosos los incendios forestales, las olas de calor extremo, las inundaciones, los huracanes, los tifones, el deshielo de los polos y mucho más.

Tampoco faltaron los problemas económicos. Entre 2007 y 2009 se desató una profunda crisis financiera que comenzó en Estados Unidos, causó graves daños a la economía, contagió a otros países y dejo secuelas políticas cuyas consecuencias perduran. Quizá la más importante de estas es la agudización de la desigualdad económica.

Este problema se agravó en la década pasada y sigue siendo la fuente de conflictos políticos e inestabilidad social. Uno de los países en los que más se ha acentuado es China, hoy una de las sociedades más desiguales del mundo. Pero la atención mundial no se fijó en ese país por su creciente desigualdad sino por su rápido crecimiento económico. Entre 2010 y 2020 el gigante asiático más que duplicó el tamaño de su economía y, dependiendo como se calcule, es hoy la primera o la segunda economía más grande del mundo. En ese mismo periodo el régimen chino profundizó su autoritarismo. En 2018, el presidente Xi Jinping, se las arregló para eliminar la norma de la Constitución que, desde 1982, limitaba la presidencia a dos periodos de cinco años. Gracias a esta reforma constitucional, Xi puede ser presidente por tiempo ilimitado.

La década pasada también fue la del Brexit, el inesperado y traumático retiro de Reino Unido de la Comunidad Europea. También fue el periodo en el cual se produjo un explosivo aumento de la influencia económica, política y social de redes sociales como Facebook, YouTube, Instagram, Twitter o TikTok. Y de las múltiples guerras de Putin: los militares rusos combatieron en Georgia, Crimea, Abjasia, Osetia del Sur, Siria y Ucrania. En esos diez años también vimos el ascenso de Donald Trump, su conquista del Partido Republicano y de la presidencia de Estados Unidos.

Muchos de estos eventos fueron moldeados e impulsados por el acelerado aumento de los usuarios de teléfonos inteligentes, los ubicuos smartphones. Hoy más de 6.500 millones de personas (el 84 por ciento de la población mundial) poseen uno.

Mientras todo esto —y mucho más— distraía nuestra atención, un grupo de lideres autoritarios se apropió de un gran número de las democracias del mundo.

Las estadísticas, reportes y evidencias del deterioro de la democracia en el mundo son sorprendentes y preocupantes. Pero más sorprendente aún es la falta de respuestas y la inacción ante los embates de las fuerzas antidemocráticas.

Ocurre porque muchos de los asaltos que ahora soporta están ocurriendo de una manera tan sigilosa que en la práctica son casi invisibles. Un problema que no se ha detectado nunca será solucionado. Las democracias del mundo están enfrentando un peligroso y aun no suficientemente reconocido problema. Necesitamos identificarlo, publicitarlo y enfrentarlo.

15 de mayo de 2022

¿En qué se parecen Putin y Musk?

Esta es una comparación injusta. Antes de discutir semejanzas entre estos dos hombres es indispensable enfatizar la inmensa diferencia que hay entre ellos: Putin es un genocida y Musk es un genial inventor. El líder ruso es el responsable de la muerte de decenas de miles de inocentes, asesinados por los militares que él comanda. Elon Musk es responsable de los coches eléctricos más vendidos del mundo, de innovaciones en baterías que permiten acumular mucha más carga eléctrica, y de PayPal, un sistema de pagos por internet. También de SpaceX, la empresa de cohetes que se pueden recuperar y reutilizar después de haber sido lanzados al espacio. Y de máquinas para cavar con gran eficiencia túneles debajo de las zonas más congestionadas de las ciudades, aliviando así el congestionamiento. También de la asombrosa Neuralink, empresa de neurotecnología cuya misión es desarrollar interfaces inalámbricas que le permitan al cerebro comunicarse con un computador para mejorar importantes funciones neurológicas.

Tanto Putin como Musk quieren cambiar el mundo. Putin destruyendo y Musk construyendo. Ambos tienen el poder y el dinero para financiar sus ambiciones. De acuerdo con la revista *Fortune*, Musk es la persona más rica del mundo. Y de acuerdo con los servicios de inteligencia de varios países, Vladímir Putin es, secretamente, el hombre más rico del planeta. Obviamente, además de su fortuna personal (estimada en más de doscientos mil millones de dólares), Putin también tiene la libertad de usar los fondos del Gobierno ruso para financiar cualquier aventura.

En esto el dictador y el emprendedor se asemejan. Putin quiso a Ucrania y Musk a Twitter. El primero invadió a su país vecino y el segundo se compró la empresa por 44.000 millones de dólares.

En ambos casos, las decisiones las tomó una sola persona. Las instancias, organizaciones y procesos que por norma influyen en la toma de decisiones tan importantes fueron irrelevantes. Naturalmente, la invasión a Ucrania y sus secuelas de muerte y destrucción es muchísimo más grave en proporción que la compra de una empresa muy costosa cuyo funcionamiento tiene múltiples ribetes políticos y sociales. Pero tanto la invasión como la adquisición ocurrieron porque estos dos hombres así lo quisieron. Punto.

Putin justifica la invasión con argumentos del pasado, mientras que Musk explica su interés haciendo referencia al futuro. El dictador ruso mantiene que Ucrania siempre fue parte de Rusia y que debe volver a serlo y que su incursión militar simplemente busca corregir un garrafal error geopolítico que se cometió después del colapso de la Unión Soviética. Según él, Rusia nunca debió permitir la independencia de países que habían estado bajo su control.

Por su parte, Musk piensa que Twitter puede ser el instrumento que mejor va a proteger la libertad de expresión en el mundo: «Mi fuerte intuición es que contar con una plataforma pública que sea ampliamente incluyente y en la cual se tenga plena confianza es muy importante para el futuro de la civilización».

Desde hace años a Musk le ha venido preocupando el futuro del mundo. En una de sus charlas hizo este audaz pronóstico: «El futuro de la humanidad se va a bifurcar y seguirá una de dos direcciones fundamentales: o bien nos transformamos en una especie multiplanetaria y en una civilización que sabe viajar por el espacio o vamos a quedarnos atascados en un solo planeta hasta que, finalmente, ocurra algún evento que nos extinga».

El contraste entre este genial visionario que está pensando en transformar nuestra civilización en una que habita en diversos planetas —y que viaja entre ellos— y el sanguinario dictador que intenta devolver el mundo al siglo XIX no puede ser más aleccionador. La invasión de Ucrania y la compra de Twitter ilustran lo débil que es la rendición de cuentas en regímenes autoritarios y en los gigantes tecnológicos. En ambos casos, los jefes deciden y no parecen estar muy preocupados por incluir las opiniones de sus críticos, tomar en serio la posibilidad de que se hayan equivocado o tener muy presente que no saben que es lo que no saben. Esta última es una de las causas más frecuentes de los fracasos que derriban dictadores o llevan las empresas a la bancarrota.

Ojalá que en esto Musk no se parezca a Putin.

1 de mayo de 2022

Putin: ¿y ahora qué?

¿Se atreverá? ¿Es Vladímir Putin un sociópata nihilista que no valora la vida humana y estaría dispuesto a usar armas nucleares contra sus enemigos? ¿O es, más bien, un hábil negociador que utiliza la amenaza nuclear para obtener concesiones de sus rivales? Estas son las preguntas que por estos días le quitan el sueño a los militares, diplomáticos y espías estadounidenses y a sus aliados. También a la gente común.

Durante décadas, la llamada doctrina de aniquilación mutua asegurada sirvió para disuadir a los lideres del mundo que pudieran verse tentados a usar armas nucleares. Su utilización garantizaba la retaliación con armas similares y, por lo tanto, la muerte de centenares de millones de personas y la devastación de ciudades enteras. No habría vencedores. Pero ahora las cosas parecen haber cambiado.

Hace unos días, Bill Burns, el respetado director de la CIA, reconoció públicamente que a Estados Unidos le preocupa la posibilidad de que Rusia intente usar armas nucleares tácticas en Ucrania. Dijo que «dada la desesperación del presidente Putin y del liderazgo ruso ante los reveses militares que han sufrido, ninguno de nosotros toma a la ligera la amenaza que representa la posibilidad de que Rusia recurra al uso de armas nucleares tácticas o armas nucleares de menor calibre». La CIA «observa esto muy atentamente», dijo Burns, aunque también aclaró que aún no han detectado señal alguna de que Rusia se esté preparando para dar ese paso. Es obviamente preocupante que el futuro de la humanidad dependa de las decisiones de una sola persona. Reconociendo esto, y teniendo en cuenta la inaceptable conducta de Rusia en Ucrania —y su igualmente repudiable desempeño en Chechenia y Siria—, es natural que se esté haciendo un gran esfuerzo para entender la psicología de Vladímir Putin.

Bill Burns, quien también fue embajador de Estados Unidos en Rusia de 2005 a 2008, y que luego ocupó los más altos cargos en el Gobierno de Washington, es el funcionario estadounidense que más interacciones personales ha tenido con Vladímir Putin. En su libro de memorias publicado en 2019, revela que la característica más notable del líder ruso «es su pasión por el control, fundada en una profunda y constante desconfianza hacia todos quienes le rodean, bien sean miembros de la élite rusa o líderes de otros países».

Burns especula que la visión del mundo que hoy define la forma de pensar de Putin se nutrió tanto de su formación como espía de la KGB como por sus experiencias de niño y adolescente en las violentas calles de Leningrado durante los años de la posguerra. El mismo Putin ha dicho que en ese contexto urbano «los débiles reciben palizas». Es probable que de esta percepción le venga su largo interés por el judo.

Andrew Weiss es otro reconocido experto en Rusia que ya en 2014 destacaba que «Putin está mucho más aislado de sus principales contrapartes extranjeras que en cualquier otro momento de su mandato. Después de casi quince años al mando y últimamente en el centro de la atención mundial [por su toma de Crimea], Putin se ve a sí mismo como un gigante entre los débiles que no están a su altura y que no pueden competir con él».

Ocho años después, ¿habrá Putin cambiado esta percepción? Seguramente, sus recientes desventuras militares en Ucrania le habrán abierto los ojos a las debilidades de sus fuerzas armadas y a las sorprendentes fortalezas de los ucranianos y de la coalición de países que lo enfrentan. Pero hay aspectos de la personalidad de Putin que no parecen haber cambiado. Burns, el director de la CIA, dijo hace poco: «A lo largo de los años, he observado cómo Putin se ha venido cebando con una combustible combinación de agravios, ambición e inseguridad».

Es muy difícil saber lo que Putin puede estar planeando. Pero él mismo nos ha explicado cómo piensa. Sabemos, por lo tanto, que su visión del mundo pertenece al siglo XIX: una realidad internacional anárquica en la que lo único que al final importa es el poder militar. Sus enemigos, mientras tanto, vivimos en el siglo XXI. El presidente Zelenski, por ejemplo, luce más a gusto dando un discurso en los premios Grammy que en corbata ante el gabinete. Mientras Zelenski siempre anda con una camiseta militar verde oliva, Putin claramente prefiere ser visto con traje y corbata. Zelenski recibe a sus constantes visitantes con relativa informalidad en sus oficinas fortificadas con sacos de arena, Putin en cambio los obliga a sentarse al otro extremo de su nueva mesa blanca de seis metros de largo.

Es difícil acostumbrarnos a pensar con los mismos criterios geopolíticos que prevalecían en el siglo XIX. La visión según la cual lo único que importa es el poder de fuego de cada bando es antigua y caduca. Preferiríamos no tener que pensar así. Pero parece que Vladímir Putin no nos va a dejar esa opción.

17 de abril de 2022

El dictador en su ratonera

A comienzos de su presidencia, en el año 2000, Putin ofreció una larga entrevista televisada. Habló de su visión sobre el futuro de Rusia, compartió recuerdos de su juventud y reflexionó sobre lo que había vivido y aprendido. Contó, por ejemplo, la lección que le dio una rata. Siendo muy joven, Putin y sus padres vivían en un pequeño apartamento en un precario edificio en Leningrado (hoy San Petersburgo) que, entre otros problemas, sufría de una infestación de ratas. El joven Vladimir las perseguía con un palo: «Allí, recibí una lección rápida y duradera sobre el significado de la palabra "arrinconado" —dijo, y añadió—: Una vez vi una rata enorme y la perseguí por el pasillo hasta que la llevé a una esquina. No tenía adónde correr. De repente se arrojó sobre mí y la esquivé, pero ahora era la rata la que me perseguía a mí. Afortunadamente, fui un poco más rápido y logré cerrar la puerta de golpe».

Así, desde muy joven, Putin entendió que una rata acorralada puede volverse peligrosamente agresiva. Es una lección que no debemos olvidar. Pero ¿qué pasa si en vez de ser atacada, queda atrapada en una ratonera?

La ratonera es una trampa para atrapar ratones. Consiste en una caja en la cual hay una puerta por la que puede entrar el ratón. Adentro, hay un mecanismo en el cual se apoya un pedazo de queso. Al tomar el queso, el ratón dispara un resorte que cierra la puerta y lo deja en la ratonera sin que pueda salir. Está atrapado. Lo mismo les pasa a los dictadores contemporáneos. Entraron al palacio presidencial atraídos por el queso, que en este caso es el poder, y quedaron atrapados. Si dejan el poder, ponen en peligro su libertad o hasta su vida, así como las de sus familiares y cómplices. Su alto cargo también les permite preservar mejor las enormes fortunas que se han robado. Obviamente, lo normal es que los dictadores no tengan deseo alguno de abandonar el poder.

La metafórica ratonera que atrapa a los dictadores en el poder ilustra uno de los grandes retos del mundo de hoy. ¿Qué suerte se le debe dar a los dictadores? En el pasado, aquellos que no eran asesinados o encarcelados y lograban huir con su mal habida fortuna solían radicarse en los paradisiacos lugares frecuentados por la realeza europea. Ahora, los tiranos que pierden el poder terminan en Europa, pero no en Mónaco o Biarritz sino en la Corte Penal Internacional que funciona en La Haya.

La impunidad de la que disfrutaron un buen número de dictadores desapareció cuando Augusto Pinochet, el dictador chileno, fue arrestado mientras visitaba Londres en 1998. Esa medida fue una expresión de la nueva doctrina de derechos humanos: la «jurisdicción universal», que marcó el comienzo de una nueva era de responsabilidad por violaciones graves de los derechos humanos. Para un dictador como Nicolás Maduro, por ejemplo, dimitir significa ir a la cárcel. Vladímir Putin enfrenta el mismo riesgo.

Naturalmente, esta realidad hace a los dictadores más obstinados a la hora de aferrarse al poder. No tienen garantía alguna de que la impunidad que les puedan prometer otros gobiernos sea duradera. Las circunstancias, las alianzas y los gobiernos cambian, y los nuevos gobernantes pueden decidir que no están obligados a honrar los compromisos de sus predecesores. Para estos dictadores, el único gobierno confiable es el que ellos presiden y las únicas fuerzas armadas que los defenderán son las que ellos comandan.

Este es uno de los problemas más espinosos de nuestro tiempo. ¿Se debe buscar un acuerdo con dictadores responsables de la muerte de miles de inocentes? O más bien ¿la ética, la justicia y la geopolítica obligan a tratar de derrocarlos?

No hay salidas fáciles. ¿Cuántas muertes se evitarían si se llegase a un cese al fuego en Ucrania? ¿Es aceptable hacer un trato con Vladímir Putin para que retire sus tropas a cambio de ceder frente a algunas de sus condiciones? Para muchos esto sería inmoral y la única salida aceptable es salir de Putin. Otros mantienen que la prioridad es detener la muerte de inocentes.

No hay respuestas obvias a estas preguntas. Pero al menos hoy sabemos que pueden ser moldeadas por países en los que reina la democracia. De todas las horribles noticias que ha producido la invasión de Putin hay una buena nueva que nos debe dar esperanza: las democracias han demostrado que pueden trabajar en concierto y aumentar su capacidad para enfrentar colectivamente los males que afectan el planeta. Esta es una oportunidad para que la agenda la marquen los defensores de la libertad y no los tiranos.

20 de marzo de 2022

Ucrania y la otra crisis

Durante meses Vladímir Putin dijo que no tenía intención alguna de invadir a Ucrania, pero el 24 de febrero hizo exactamente eso. Desde entonces, las sorpresas han sido la norma. El propio Putin ha sido sorprendido, ya que es obvio que las cosas no han salido como él anticipaba. El dictador sobreestimó la eficacia de sus fuerzas armadas y subestimó a las de Ucrania, que han ofrecido una inesperada resistencia. Un devastador ataque cibernético, por ejemplo, aún no se ha producido y la Armada rusa muestra inesperados signos de desorden e improvisación.

También nos ha sorprendido Volodímir Zelenski, el presidente que se ha convertido en un ejemplo mundial de valentía y liderazgo. A su vez, el pueblo ucraniano demostró con hechos lo que significa defender a la patria de los zarpazos de un sanguinario dictador.

Lamentablemente, todo lo anterior no permite suponer que los ucranianos repelerán el ataque ruso. La desproporción entre la fortaleza militar de Rusia y la de Ucrania es enorme. Cabe esperar, sin embargo, una prologada insurrección de la nación ucraniana contra sus invasores, la cual contará con la simpatía del mundo y el apoyo militar de Estados Unidos, Europa y otras potencias.

Putin no solo se equivocó con los ucranianos, también subestimó a las democracias del mundo. Esta ha sido la mayor sorpresa que hasta ahora nos ha dado este conflicto. La Unión Europea respondió de manera unida y coordinada, con sus políticos y burócratas reaccionando rápidamente y tomando decisiones que hasta hace poco eran inimaginables.

Estados Unidos se ha aliado con Europa y otros países para imponerle costos prohibitivos a las agresiones de Putin. Las democracias del mundo reaccionaron con inusitada velocidad y en algunos casos dejaron a un lado los que habían sido los pilares fundamentales de su política exterior. Alemania, por ejemplo, decidió aumentar su gasto militar y enviar material bélico a las fuerzas armadas ucranianas. Suiza abandonó lo que había sido un factor definitorio de su política exterior y hasta de su identidad nacional: la neutralidad frente a los conflictos internacionales. Las severas sanciones adoptadas por la alianza internacional desconectaron a Rusia de la economía mundial. Así, Putin ha condenado a su población a la pobreza y el aislamiento. Tristemente, también veremos más terror y represión dirigidos a los rusos que se atrevan a demandar un futuro mejor. A medida que la situación económica empeore, el Kremlin se sentirá más amenazado por los rusos que protestan en calles y plazas que por los demócratas de otros países.

Al mismo tiempo que se profundiza el aislamiento de Rusia, las democracias han mostrado una inédita capacidad para integrarse y actuar conjuntamente en defensa de los valores que comparten. Diseñar e imponer las sanciones más severas que se han visto y coordinar su adopción entre muchos y muy diversos países fue muy difícil, pero se logró. Este es uno de los más bienvenidos efectos colaterales de la invasión de Putin: descubrir que las democracias, trabajando juntas, pueden enfrentar con éxito grandes problemas. Esta experiencia puede servir de guía para enfrentar otras peligrosas amenazas globales que nos acechan.

Por coincidencia, cuatro días después de la invasión de Ucrania, un panel formado por prominentes científicos publicó un informe que alerta sobre los inéditos daños humanos y materiales que está causando el cambio climático y la alarmante velocidad a la cual estos daños están aumentando. El informe del Grupo Intergubernamental de Expertos sobre el Cambio Climático se basa en las investigaciones de miles de científicos de todo el mundo.

La principal conclusión es que las catástrofes producidas por el cambio climático están batiendo récords de frecuencia y de costos humanos y materiales. Según el informe, estamos a riesgo de que las condiciones se hagan tan extremas que vastas superficies del planeta serán inhabitables, al igual que algunas de las más pobladas zonas urbanas.

La crisis climática que sufre el planeta es tanto o más amenazante que Vladímir Putin. La invasión es un crimen inaceptable que no puede ser ignorado y hay que apoyar a quienes enfrentan al tirano ruso. El mundo debe desarrollar la capacidad para responder a más de una crisis a la vez. Ucrania no debe ser abandonada, pero la lucha contra el calentamiento global tampoco. Esto último es nada fácil y ahora sabemos que, actuando en conjunto, somos capaces de superar situaciones difíciles.

Los líderes de las democracias del mundo mostraron que, frente a una amenaza existencial, las políticas pueden cambiar decisiva y rápidamente. Es hora de que usen con valentía el superpoder que la crisis de Ucrania les ayudó a descubrir para atacar la otra gran crisis que enfrenta la humanidad.

6 de marzo de 2022

¿Por qué tanta indolencia
ante la emergencia climática?

Mientras la crisis entre Rusia y Ucrania acapara la atención del mundo, una crisis aún más grave está siendo tratada con desgano e ineficiencia. Al mismo tiempo que las imágenes de tropas rusas rodeando a Ucrania concentraban nuestra atención, la Oficina Nacional de Administración Oceánica y Atmosférica de Estados Unidos hacia público su más reciente estudio científico. La principal conclusión es que, en los próximos treinta años, el nivel del mar en las costas estadounidenses subirá tanto como lo hizo durante todo el siglo xx. Para darle algo de contexto a este dato basta mencionar que en esos cien años el nivel del mar de la costa atlántica del país subió más rápido que durante los dos mil años previos. Otro dato: el 40 por ciento de los estadounidenses viven en esa zona costera y una importante porción de toda la actividad económica se desarrolla. Como sabemos, este no es solo un problema para Estados Unidos. Es un problema mundial, y la subida del nivel del mar es tan solo una de las manifestaciones del calentamiento del planeta.

¿Por qué le está costando tanto a la humanidad enfrentar con eficacia la crisis que puede acabar con la civilización tal como la hemos conocido? ¿Por qué los políticos no logran tomar las decisiones necesarias para disminuir las emisiones de CO_2, el gas que más contribuye al calentamiento global?

Una primera respuesta es la impotencia. ¿Qué puede hacer un ciudadano corriente para impedir que suba el nivel de los océanos? ¿O que disminuyan en frecuencia e intensidad las sequías, las inundaciones y los incendios forestales que son ahora habituales?

Esta es una tarea para múltiples gobiernos que actúen a gran escala y muy coordinadamente. Los ciudadanos pueden hacer poco para contener estos accidentes climáticos, pero pueden hacer mucho llevando al poder a políticos capaces de movilizar a la sociedad y lograr su apoyo a las difíciles decisiones que hay que tomar para contener la emergencia climática. Una iniciativa de tan gran alcance no tiene muchos precedentes, pero con férrea voluntad política, masivo apoyo popular y nuevas tecnologías podría hacerse realidad.

El apoyo popular no solo se ve afectado por la sensación de impotencia que los ciudadanos tienen derecho a sentir dado el tamaño del problema, sino también por la confusión que rodea a su solución. ¿Es la amenaza tan grave como la pintan? ¿Son las soluciones propuestas las correctas? ¿Se les puede creer a los expertos?

Son preguntas validas. Pero, en algunos casos, solo buscan confundir. El escepticismo y la confusión acerca de cómo enfrentar el problema se ha visto muy afectado por la politización del tema y por los intereses que se benefician de la situación actual. Dos investigadores, Doug Koplow y Ronald Steenblik acaban de publicar un estudio que muestra que los gobiernos que dicen estar haciendo lo posible para reducir sus emisiones de CO_2 gastan, al mismo tiempo, 1.800 millardos, o 2 por ciento del PIB mundial, en subsidios dirigidos a las industrias más contaminantes: carbón, petróleo, gas y agricultura. Las grandes empresas en estos sectores saben cómo defenderse de iniciativas que atentan contra su rentabilidad. Décadas atrás, la industria del tabaco financió a «expertos» y centros de investigación que cuestionaban que hubiese un vínculo entre el consumo de tabaco y el cáncer. Durante años lograron posponer la aceptación por parte de políticos y gobiernos de ese hecho científicamente comprobado. Decenas de miles de fumadores perdieron la vida en ese periodo. Las empresas petroleras también financian escépticos que cuestionan la emergencia climática global. En 2019, ExxonMobil pagó 690.000 dólares a ocho grupos de activistas y científicos que niegan la crisis. Además, la empresa sigue apoyando financieramente a congresistas estadounidenses que se oponen a la adopción de un impuesto al consumo del carbón, una iniciativa que ExxonMobil públicamente apoya.

Un difícil obstáculo para vencer en el intento de evitar que el planeta se nos haga inhabitable es la falta de solidaridad intergeneracional. «A mí me da igual, yo ya no voy a estar cuando venga esa crisis». es un comentario que todos hemos oído. En justicia, cabe decir que este desinterés por la situación del planeta que heredarán nuestros sucesores también se nutre de la falta de un claro consenso político acerca de qué hacer.

Las soluciones ahora disponibles, tales como la eliminación de subsidios a empresas altamente contaminantes, el pago de un impuesto al consumo de carbón o un masivo vuelco a energías renovables, redundan en aumentos en el costo de la electricidad, de la gasolina, de la calefacción o del aire acondicionado, así como en los precios de productos manufacturados y mucho más.

Estos mayores costos son inmediatos y concretos mientras que los beneficios que prometen las soluciones al calentamiento global son a largo plazo y no están garantizados. La dualidad entre costos tangibles ahora y beneficios hipotéticos en el futuro hace muy difícil la adopción de las medidas a gran escala que requiere la crisis climática.

Las nuevas tecnologías energéticas que vienen en camino ofrecerán una solución. Pero esa solución también va a requerir de importantes innovaciones en tecnología política.

20 de febrero de 2022

La guerra a la muerte

El Rolls Royce es uno de los coches más costosos del mundo. Eso lo sabemos. Lo que no es tan sabido es que el año pasado se vendieron más unidades que nunca. Concretamente, el 49 por ciento más que el año anterior, rompiendo así los récords de ventas de la compañía fundada en 1906. Pero esta empresa automotriz no es la única que tuvo un año extraordinario. Ferrari también reporta que en 2021 experimentó ganancias sin precedentes.

¿Qué pasó? Pues que la pandemia hizo que muchos ricos cayeran en cuenta de que la vida es corta. Esa, al menos, es la explicación que, Torsten Müller-Otvös, el jefe de Rolls Royce, le dio al diario británico *Financial Times*: «Mucha gente vio a personas conocidas morir a causa de la covid-19 y esto los llevó a pensar que la vida es corta y que es mejor vivirla bien ahora y no dejarlo para más adelante».

Obviamente, los «muchos ricos» que tomaron conciencia de su mortalidad no son tantos. El muy lucrativo año que tuvo Rolls Royce fue el resultado de la venta de tan solo 5.586 vehículos en todo el mundo. Pero mientras unos cuantos ricos ahora saben que la vida es breve, hay otros que han decidido destinar inmensas fortunas a encontrar tratamientos para que todos podamos tener vidas saludables por más tiempo. El pasado 23 de enero la empresa Altos Labs anunció el inicio de actividades. Como muchas nuevas empresas de biotecnología, dice que su misión es, ni más ni menos, transformar la medicina. Pero a diferencia de la mayoría, en este caso su ambición es creíble.

Rick Klausner, quien fuera el director del Instituto Nacional del Cáncer de Estados Unidos, es el fundador y jefe de los científicos de Altos Labs. Klausner logró reclutar para la naciente empresa a varios premios Nobel y a un nutrido grupo de los más prestigiosos científicos del mundo en el campo de la biotecnología. También recaudó tres mil millones de dólares de importantes inversionistas. Y todo esto es tan solo el comienzo de un ambiciosos proyecto de investigación científica y emprendimiento.

La empresa se dedicará a la búsqueda de tratamientos para rejuvenecer a las células que han sido afectadas por anomalías genéticas, lesiones o por los efectos del envejecimiento. El objetivo es restaurar la salud de las células y hacerlas más resilientes. De lograrse, no solo se mejoraría la calidad de vida de quienes sufren de enfermedades crónicas, sino que también podrían sumar algunos años de vida.

Joe Biden también le acaba de declarar la guerra a la muerte. En su caso el foco concreto es la guerra al cáncer desde el sector público. Hace poco, el presidente anunció la creación en la Casa Blanca de un «gabinete del cáncer» cuyo propósito es acelerar las investigaciones y coordinar los distintos esfuerzos que el Gobierno estadounidense lleva a cabo en este ámbito. Cuando fue vicepresidente de Obama, Biden también tuvo a su cargo el lanzamiento de un programa contra el cáncer que logró ciertos avances, pero que no alcanzó el éxito que se había prometido. Ahora como presidente, Biden —quien perdió a uno de sus hijos por un cáncer en el cerebro— recordó que, si bien la pandemia por la covid-19 se cobró ochocientas mil vidas en Estados Unidos, durante ese mismo periodo murieron de cáncer 1,2 millones personas.

Según el Instituto Nacional del Cáncer de Estados Unidos, cerca del 40 por ciento de los estadounidenses contraerán durante su vida alguno de los doscientos tipos diferentes de cáncer que se conocen. A su vez, la Sociedad Americana contra el Cáncer estima que este año habrá en el país casi dos millones de nuevos pacientes de cáncer, de los cuales seiscientos mil perderán la vida. Biden quiere reducir el número de muertes por cáncer y enfatizó que su programa tiene como objetivo disminuir las muertes a la mitad en veinticinco años. Según el presidente, durante los últimos cinco años se han dado importantísimos avances científicos que, en combinación con los que están en camino, harán posible alcanzar la meta que propone.

La pandemia nos ha deparado muchas sorpresas. Una de ellas es el mayor grado de conciencia actual sobre la propia mortalidad y las reacciones que ello suscita. Para algunos que disponen de medios, la respuesta al virus y su letal amenaza es disfrutar aquí y ahora lo que se tiene. Obviamente enfrentar la pandémica comprando un Rolls Royce solo está al alcance de unos pocos privilegiados, pero no hay que ser millonario para rehusarse a postergar toda gratificación. Millones lo han hecho.

La pandemia estimuló en ciertas personas el apetito por ayudar a otros. Algunas lo hacen de manera individual y modesta y otras ambiciosa y con alcance global. Los científicos que crearon Alton Labs son un buen ejemplo de la sensación de urgencia y la posibilidad de actuar a gran escala.

Pero quizá lo más curioso es que la pandemia y sus nefastas secuelas también impulsaron un brote de introspección que llevó a muchos a repensar —o quizá a pensar por primera vez— el propósito de su vida, sus valores, esperanzas y frustraciones. Es con esa nueva carga vital que unos se están dedicando a vencer al envejecimiento celular y otros a conquistar el cáncer. Han reaccionado a este shock global con una carga de idealismo que mucha falta nos estaba haciendo. Y que sin duda dejará un legado muy superior al de un Rolls Royce.

6 de febrero de 2022

2021

¿Será inhabitable este planeta?

«La ONG Amigos del Planeta advirtió de que hemos perdido un tiempo precioso en la carrera para controlar el cambio climático». «El secretario general de la ONU expresa su decepción por el resultado de la conferencia sobre cambio climático». «El Sur critica al Norte por no cumplir sus promesas sobre el cambio climático». «El acuerdo fue muy débil, aun cumpliendo cada meta no llegaremos adonde debemos llegar».

Estas no son reacciones a la reciente conferencia en Glasgow sobre el medio ambiente. Son algunos de los titulares después de las reuniones de Buenos Aires en 1998; La Haya en 2000; Lima en 2014 y París en 2015. La opinión de la activista Greta Thunberg sobre Glasgow les hizo eco: «El fracaso de Glasgow no es un secreto, no podemos resolver la crisis».

¿Por qué el consenso acerca de la necesidad de actuar urgentemente para mantener la vida humana en el planeta no ha producido los cambios necesarios?

Los resultados de las veintiséis conferencias mundiales sobre el cambio climático que se han llevado a cabo no han sido alentadores. Aunque en Kioto, en 2005, los países desarrollados definieron metas para disminuir las emisiones y en París, en 2015, acordaron hacer lo necesario para impedir que el aumento de la temperatura promedio del planeta supere los 1,5 °C, la mayoría de las promesas no se han cumplido. De hecho, ha pasado lo contrario: desde la primera conferencia hasta hoy, las emisiones de carbono han aumentado en un 60 por ciento.

Naturalmente, esta frustrante experiencia hizo que las expectativas sobre la cita en Glasgow fuesen muy modestas. No obstante, la reunión catalizó la toma de tres importantes decisiones: Estados Unidos anunció que duplicaría su presupuesto para enfrentar el cambio climático; China se comprometió a cesar la construcción en otros países de plantas termoeléctricas que usan carbón como carburante y más de cien países se obligaron a reducir sus emisiones de gas metano en un 30 por ciento para 2030. Pero, tal como observó el secretario general de la ONU, la conferencia de Glasgow fue «un paso importante, pero insuficiente», el cual «refleja las contradicciones existentes en el mundo de hoy».

¿A qué se debe esta inacción ante tan evidente amenaza? La falta de voluntad política que, a su vez, se debe a la impopularidad de medidas que aumentan el costo de la energía y de otros productos, es un factor importante. Otra dificultad es la de decidir qué países deben iniciar una estricta dieta que restringe su consumo de hidrocarburos mientras que otros mantienen o hasta aumentan tal consumo. Y, por supuesto, ¿qué naciones van a financiar las gigantescas inversiones que son necesarias para mitigar los impactos del cambio climático y adaptarse a la nueva realidad? La lista de obstáculos es larga y abrumadora.

Muchos de estos impedimentos solo pueden ser superados con una masiva producción global de bienes públicos, esto es, bienes que pueden ser consumidos por cualquier persona o entidad, aunque no hayan contribuido a crearlos. El ejemplo clásico es el de un faro que en la noche señala a las embarcaciones por dónde navegar, aun aquellas que no han pagado por usar ese bien se beneficiarán como todas las demás. Los bienes públicos también se caracterizan por que múltiples personas u organizaciones pueden tener acceso a ellos a la vez. El hecho de que alguien esté consumiendo los servicios del faro no impide que otros barcos también lo hagan. Pero nadie invierte en la producción de un bien que cualquiera puede usar sin pago alguno. Es por esto que la provisión de bienes públicos recae fundamentalmente en el Estado: es el que tiene la capacidad de financiarlos a través de los impuestos que cobra.

Los ejemplos de bienes públicos son muchos y van desde la señalización de las calles hasta la defensa nacional. Naturalmente, la mayor parte de las inversiones en ellos las hacen los gobiernos en su territorio nacional —que también es donde habitan y pagan impuestos sus ciudadanos—. Pero ¿cómo financiar la creación y provisión de esta clase de bienes en espacios supranacionales como los océanos o el espacio, donde no hay ciudadanos que paguen impuestos? La demanda de bienes públicos es siempre mayor que la oferta, una situación que se hace más dramática en los casos de bienes públicos globales. Y reducir las emisiones de carbono es un ejemplo clásico de un bien público global, quizá aquel que más necesita el mundo de hoy.

Este es el problema central que enfrenta la humanidad en su batalla por el control del cambio climático, ya que el grueso de las inversiones necesarias para lograr el objetivo tendrá que venir de los contribuyentes al fisco en los países ricos. ¿Podrán las naciones más desarrolladas poner su poder financiero al servicio de la construcción de bienes públicos en todo el planeta, no solo en sus territorios, a fin de lograr un clima que permita que la vida humana continúe en la Tierra? De la respuesta a esta pregunta depende la supervivencia de la civilización tal como la hemos conocido hasta ahora.

5 de diciembre de 2021

A los dictadores les gustan las elecciones

La proliferación de autócratas enamorados de las elecciones presidenciales es un sorprendente fenómeno político. No es que a los dictadores les gusten los comicios libres y justos en los cuales ellos podrían perder. Eso no. Lo que buscan es el pasajero aroma democrático del que los impregna una elección popular, siempre y cuando su victoria esté garantizada. Y lo extraño es que a pesar de que, dentro y fuera del país, la gente sabe que la elección es una farsa, los autócratas siguen montando estas obras de teatro electoral que simulan una elección democrática.

Las elecciones falsas tienen un largo historial. A Sadam Husein, Muamar el Gadafi, o los líderes de la Unión Soviética y sus satélites les encantaban las elecciones que ganaban con el 99 por ciento de los votos, o con el 96,6 por ciento cuando eran reñidas. Más recientemente, el tirano de Corea del Norte, Kim Jong-un, Hugo Chávez y Nicolás Maduro en Venezuela, Vladímir Putin en Rusia o Aleksandr Lukashenko en Bielorrusia han ganado elecciones fraudulentas.

Un caso extremo de estos intentos de perpetuarse en el poder es el de Daniel Ortega en Nicaragua. Hace unos años alegó ante la Corte Suprema de su país que la reelección indefinida es un derecho humano fundamental. Esta barbaridad fue aceptada por los magistrados, quienes, obviamente, eran sus lacayos. Inevitablemente, las cortes internacionales que consideraron esta aspiración la declararon inválida. Esto no detuvo a Ortega. En 2011, el presidente violó la Constitución y se presentó como candidato a un tercer mandato. Ganó esa elección usando todo tipo de trucos y trampas. Hace unas semanas lo volvió a hacer. Se declaró ganador por abrumadora mayoría de la elección que lo deja en la presidencia por un cuarto mandato.

Ortega, un líder marxista que en los años setenta contribuyó a través de la lucha armada al derrocamiento de la dictadura de Anastasio Somoza, se ha convertido a sus setenta y cinco años en un tirano clásico, el hombre fuerte que desde hace dos décadas gobierna con mano de hierro a uno de los países más pobres del mundo. Su marxismo juvenil contrasta con su opulencia y la de su familia.

A Ortega le gustan las elecciones. Siempre que pueda encarcelar a los principales líderes de la oposición, empresarios, periodistas, académicos, activistas sociales y líderes estudiantiles. Los puso a todos en la cárcel, incluyendo a siete candidatos a la presidencia. También reprimió brutalmente las manifestaciones callejeras que denunciaban la corrupción de su Gobierno y pedían cambios. El uso abusivo de los recursos del Estado en beneficio de su campaña electoral, la coacción de funcionarios públicos que fueron obligados a votar a favor del Gobierno, la censura de los medios de comunicación social y el férreo control de las fuerzas armadas son los ingredientes de las elecciones que le gustan a este tipo de tiranos.

Las elecciones fraudulentas no solo obligan a todo un pueblo a continuar soportando a los líderes y las políticas que profundizan la miseria, la inequidad y la injusticia. También sirven para revelar lo desprovista que está la comunidad internacional de estrategias que aumenten los costos y riesgos que enfrentan quienes atentan contra la democracia en un determinado país. Estados Unidos, la Unión Europea y la mayoría de países de América han denunciado estridentemente el abuso y la ilegalidad de Daniel Ortega. Estados Unidos ha amenazado con más sanciones contra los jefes y principales beneficiarios del monstruoso régimen nicaragüense.

Lamentablemente, nada de eso hará que Ortega entregue el poder mal habido que detenta. Porque el dictador nicaragüense encarna aquella observación de George Orwell: «Sabemos que nadie toma el poder con la intención de dejarlo».

Paradójicamente, la democracia está basada justo en lo contrario, en la premisa según la cual el poder de los gobernantes elegidos libremente por el pueblo en elecciones justas debe ser limitado en el tiempo. Las más longevas y consolidadas democracias del mundo han logrado instaurar leyes, instituciones y reglas que frenan los intentos de mandatarios que buscan concentrar en exceso el poder y perpetuarse en él. Otros países, en cambio, han sido víctimas de la cita de Orwell: tienen líderes que suponen que, una vez conquistado, el poder no se abandona.

Así, lo que estamos viendo en el mundo es que, apenas electos, algunos mandatarios comienzan a buscar la forma de alargar su permanencia en el cargo y debilitar los pesos y contrapesos que limitan su poder.

Daniel Ortega, su familia y sus cómplices deben estar celebrando el resultado de las elecciones. Los de Nicaragua son un buen modelo de la clase de comicios que tanto les gustan a los dictadores.

Quienes no gozan de legitimidad real tienen que contentarse con la artificial y espuria que les dan las elecciones amañadas.

14 de noviembre de 2021

Dos cartas chinas

A finales de julio, Wendy Sherman, la subsecretaria de Estado de Estados Unidos, hizo una visita oficial a Tianjin, en el noroeste de China. Allí se reunió con su homólogo, el viceministro Xie Feng. El propósito del encuentro era ver cómo se podrían reducir las fricciones entre los dos países.

No funcionó.

Xi Feng la recibió entregándole dos cartas. Una se titula «Lista de malas prácticas que Estados Unidos debe cesar», y la otra «Lista de importantes casos individuales que preocupan a China». La primera exige al Gobierno de Washington que elimine incondicionalmente las restricciones de visado para entrar a Estados Unidos que pesan sobre altos funcionarios gubernamentales y miembros del Partido Comunista chino y sus familiares. También pide eliminar las sanciones estadounidenses a líderes del partido y del Gobierno. La segunda carta manifiesta «serias preocupaciones» por la manera en que han sido tratados ciertos ciudadanos chinos, a quienes se les ha prohibido la entrada a Estados Unidos, así como por el hostigamiento y acoso a diplomáticos y el creciente sentimiento antichino en el país.

La subsecretaria Sherman respondió vía Twitter que su país continuaría «presionando a la República Popular China para que respete las normas y sus obligaciones internacionales».

Desde esa reunión hasta hoy las cosas han empeorado. China ha llevado a cabo pruebas de un nuevo misil hipersónico que vuela a más de cinco veces la velocidad del sonido. Enjambres de hasta 150 cazabombarderos chinos invaden el espacio aéreo de Taiwán con creciente frecuencia. China está construyendo 119 silos subterráneos que albergan misiles balísticos con alcance intercontinental. Un reporte del Pentágono advierte de que el gigante asiático está aumentando su arsenal nuclear más rápido de lo que se pensaba hace tan solo un año. China podría llegar a tener hasta setecientas ojivas nucleares en 2027 y más de mil para 2030 (Estados Unidos tiene 3.750).

En Washington se da como un hecho que ya ha comenzado una segunda Guerra Fría. Se vislumbra un prolongado conflicto que no implica un enfrentamiento militar directo entre las dos naciones. Los conflictos se dirimen en la arena económica, política, comunicacional, cibernética y en el mundo del espionaje y el sabotaje. También a través de enfrentamientos armados más limitados entre países aliados a una de las dos superpotencias. En el Congreso de Estados Unidos hay docenas de leyes en consideración cuyo propósito es limitar, contrarrestar o sancionar a China. Una encuesta llevada a cabo a comienzos de 2021 por el Pew Research Center encontró que el 89 por ciento de los estadounidenses veían a China como un país competidor o enemigo. Una teoría conocida como la trampa de Tucídides postula que cuando una potencia emergente amenaza el rol dominante de otra ya establecida, el conflicto es casi inevitable.

No cabe duda de que Estados Unidos y China están destinados a competir. Pero lo que debería ser igualmente obvio es que también están destinados a colaborar. Hay un sinnúmero de amenazas y problemas globales que atentan contra el interés nacional de estas dos superpotencias y que no pueden ser atenuados o eliminados por ninguna de ellas actuando solas. El ejemplo más ilustrativo de estas graves amenazas que requieren respuestas mancomunadas es la lucha contra el calentamiento global. La naturaleza misma del problema, así como las políticas para enfrentarlo, exigen una cercana colaboración entre Pekín y Washington. Y esta coordinación no va a ocurrir por altruismo, solidaridad internacional o porque, simplemente, es la respuesta más razonable. Va a ocurrir porque les conviene a los poderosos. Porque es del interés nacional de estos dos gigantes que el aumento de la temperatura del planeta no conduzca a devastadores cataclismos que no respetan océanos o fronteras.

Otro ejemplo de un ámbito en el cual la colaboración entre China y Estados Unidos resulta indispensable es el de la salud global. Sabemos que la de la covid-19 no es la primera ni será la última pandemia que afecte al mundo. También sabemos que en esta pandemia la colaboración entre gobiernos, incluidos los de Estados Unidos y China, fue pésima. Pero la velocidad y eficacia con la que los científicos desarrollaron la vacuna y que laboratorios y empresas de múltiples países produjeron miles de millones de dosis en tiempo récord son un ejemplo de situaciones en las cuales la cooperación desplaza a la competencia.

La lista de áreas en las cuales Estados Unidos y China se verán obligados a coordinarse es larga e importante. La lucha contra la proliferación nuclear, en especial la de Irán o Corea del Norte, y contra la proliferación de armas químicas y biológicas; el terrorismo islamista; los ataques cibernéticos; la inestabilidad del sistema financiero mundial; la piratería; la anarquía de los flujos migratorios; el narcotráfico y el tráfico de personas y armas, o la regulación de las gigantes empresas tecnológicas son solo algunos ejemplos.

Xi Jinping, el líder chino, se planteó la que calificó como una pregunta fundamental para este siglo: «¿Podrán China y Estados Unidos manejar adecuadamente su relación? Esta pregunta concierne al destino del mundo, y ambos países deben responderla». Tiene razón.

7 de noviembre de 2021

¿Dónde estaba Colin Powell el 11 de septiembre de 2001?

Desayunando en Lima, Perú.

Powell, el entonces secretario de Estado (ministro de Relaciones Exteriores), había aceptado una invitación del presidente peruano, Alejandro Toledo, a un desayuno en el Palacio de Gobierno. Pero el alto funcionario estadounidense no había viajado a Lima para departir con Toledo. Su propósito era representar a su país en lo que prometía ser una reunión histórica: el 11 de septiembre de 2001, treinta y cuatro países de las Américas se comprometerían a fortalecer y defender la democracia. En el documento a ser suscrito, la Carta Democrática Interamericana, los gobiernos reconocían que «Los pueblos de las Américas tienen derecho a la democracia y sus gobiernos tienen la obligación de promoverla y defenderla».

Eran tiempos en los cuales la democracia volaba alto: en una amplia gama de países, los sondeos de opinión de la época revelaban que era mayoritariamente percibida como el mejor sistema político. Era el sistema que tenían los países que enfrentaron y derrotaron a los déspotas de la Unión Soviética, impidiendo que arraigara el ruinoso e inhumano comunismo que el Kremlin quería imponerle al resto del mundo.

Antes de ir a la reunión en la que los dignatarios firmarían la Carta Democrática, el exgeneral Powell, quizá el político más admirado en Estados Unidos por entonces y, para muchos, el inevitable próximo presidente, hizo una visita protocolar al presidente de Perú. Lo acompañaban cinco altos funcionarios del Departamento de Estado y Toledo los recibió en compañía del presidente del Consejo de

Ministros, Roberto Dañino, el ministro de Relaciones Exteriores y el zar antidrogas. Ninguno de los asistentes imaginaba que esa prometedora mañana del 11 de septiembre de 2001 el mundo cambiaría de maneras que hasta hoy nos afectan a todos.

Mientras degustaban las delicias de la cocina peruana, uno de los asistentes de Powell entró en la sala y le susurró algo en el oído mientras le entregaba un papel. Rememorando el momento, Roberto Dañino, a quien entrevisté para este artículo, cuenta que Powell leyó la nota, frunció el ceño y parcamente informó al grupo que un avión había perdido el rumbo y se había estrellado contra un edificio en Manhattan. El grupo siguió conversando hasta que, minutos después, volvió a entrar el asistente y le dio otro papel, él lo leyó, y sin perder la calma les dijo a los comensales que un segundo avión se había estrellado contra un edificio y que todo indicaba que había un ataque terrorista en desarrollo. «¿Quién está detrás de esto?», le preguntó Dañino. «Al Qaeda», respondió con rapidez Powell, para inmediatamente corregirse: «Pero la verdad es que no lo sé. Además, mi experiencia militar me ha enseñado a reaccionar con calma ante grandes eventos. Hay que esperar a que la polvareda se despeje para verlo todo con más claridad». Le preguntaron si partiría de inmediato a Washington, dejando a uno de sus funcionarios a cargo de firmar el documento. «De ninguna manera —respondió—. Yo me quedo y la firmo. La democracia es la mejor arma contra el terrorismo. Lo único que pediré es que adelanten el proceso de las firmas para que yo pueda viajar lo más pronto posible».

Así ocurrió y con la firma de los representantes de los gobiernos del continente, menos Cuba, se adoptó la Carta Democrática que los obliga a promover y proteger la democracia en todo el hemisferio.

Veinte años después las cosas han cambiado. Una reciente encuesta de IPSOS a diecinueve mil personas en veinticinco países (entre los cuales están Argentina, Brasil, Chile, Colombia, México y Perú) encontró que la percepción de los latinoamericanos acerca de su democracia es la peor del mundo. Mas preocupante aún es que el 44 por ciento de los latinoamericanos encuestados desean tener «lideres fuertes que estén dispuestos a romper las reglas». La percepción de que la sociedad esta fragmentada es más alta entre los latinoamericanos (64 por ciento) que en el resto del mundo (56 por ciento).

La polarización en los países de América Latina inevitablemente se refleja en la polarización de los gobiernos de la región. No es sorprendente entonces que en estos veinte años la Carta Democrática no se haya podido aplicar en casos tan flagrantes de violación a sus disposiciones como lo han sido Chávez y Maduro en Venezuela o en la Nicaragua de Daniel Ortega.

Colin Powell falleció el pasado 18 de octubre a los ochenta y cuatro años. En el extenso balance que los medios de comunicación han hecho de su vida, de sus aciertos y errores, su rol en la adopción de la carta democrática es poco más que invisible.

Me consta que, aun en su retiro, el general y diplomático estaba muy preocupado por la época de precariedad democrática por la que está pasando el mundo. Me pregunto si a Powell se le habrá ocurrido que, de seguir las cosas como van, quizá habrá que aplicar a Estados Unidos el documento que él firmó en Lima hace veinte años.

24 de octubre de 2021

¿*Bye, bye,* democracia?

«Estados Unidos va camino de la mayor crisis política y constitucional a la que se ha enfrentado desde la guerra civil. Existe una razonable probabilidad de que en los próximos tres o cuatro años ocurran situaciones de violencia masiva [...] y que el país se fragmente en enclaves rojos y azules en guerra entre sí».

Así comienza un explosivo artículo recién publicado en *The Washington Post* por Robert Kagan, quien fue hasta 2016 uno de los más influyentes estrategas en política exterior del Partido Republicano. Su análisis trata temas que, lamentablemente, asociamos más bien a las endebles democracias de América Latina, con su ya conocida propensión al suicidio. El análisis de Kagan marca un hito en reconocer la latinoamericanización de la política en Estados Unidos.

Su análisis se funda en dos pilares. Primero, que Donald Trump va a ser el candidato republicano a la presidencia de Estados Unidos en las elecciones de 2024. La expectativa de que su visibilidad e influencia se desvanecerían después de que perdiera la elección de 2020 es una ilusión sin fundamento. Trump tiene el dinero, la maquinaria política y millones de seguidores. Además, en 2024 se enfrentará a contendientes políticamente vulnerables. Trump podría tener problemas legales o de salud que le impidan participar en las próximas elecciones, pero actuar con base en esta suposición es pensamiento mágico, no estrategia política.

Según Kagan, el Partido Republicano ya no se define por su ideología sino por la lealtad a Donald Trump. Los líderes del partido que no apoyan incondicionalmente al expresidente son sumariamente marginados y ferozmente atacados. El segundo pilar es que Trump y sus aliados están alistándose para garantizar la victoria electoral a través de medios no democráticos, si fuese necesario recurrir a ellos. Los torpes y fracasados intentos de usar demandas judiciales para darle a Trump los votos que le faltaron para ganarle a Joe Biden, así como los aspavientos mediáticos y políticos para persuadir al país de que le robaron las elecciones, ya no serán ni torpes ni improvisados. Está en marcha un sofisticado, aguerrido y muy bien financiado proyecto cuyo objetivo es el control del proceso electoral en estados clave, del conteo de votos así como la redefinición de las autoridades estatales que tienen la potestad de declarar quién ganó las elecciones en su estado. «El escenario para el caos está organizado», escribe Kagan, y continúa: «Imagínese semanas de protestas masivas en múltiples estados en los cuales los legisladores y las autoridades locales de ambos partidos declaran ganador a su candidato y denuncian a sus rivales de estar haciendo esfuerzos inconstitucionales para tomar el poder. [...] Los activistas de ambos partidos estarán mejor armados y más dispuestos a utilizar la violencia física contra sus opositores de lo que estuvieron en las elecciones de 2020».

Kagan alza la voz ante tendencias que son novedosas para los estadounidenses, pero no para los latinoamericanos. Tiene el mérito de percibir con claridad que los caudillos como Trump no hacen política como los demócratas, sino que se valen sistemáticamente de tácticas asimétricas para lograr sus cometidos.

Veámoslo así: Osama bin Laden le enseñó al mundo qué es la *guerra* asimétrica mientras que Donald Trump nos mostró qué es la *política* asimétrica.

La guerra asimétrica es un conflicto armado en el cual una de las partes tiene muchos más recursos y capacidades militares que su contrincante, quien recurre a estrategias, tácticas y reglas no convencionales. En 2015, Donald Trump no tenía un partido dispuesto a llevarlo a la presidencia, pero contaba con la convicción de romper todas las reglas y los esquemas tradicionales de la política, sorprendiendo y desorientando a sus rivales. Zambullirse en la política asimétrica no solo le permitió adueñarse del Partido Republicano sino también de la presidencia de Estados Unidos. Y aunque no logró ser reelegido en 2020, su éxito como líder de un movimiento que se nutre de la asimetría política es indudable.

¿Qué hacer? ¿Cómo fortalecer la democracia estadounidense e impedir que líderes con propensiones antidemocráticas lleguen al poder? Paradójicamente, la mejor manera de enfrentar la política asimétrica que le da ventajas electorales a demagogos, populistas y charlatanes no es imitándolos. Los ataques a la democracia hay que combatirlos con más y mejor democracia. Las democracias del mundo, y la estadounidense de manera urgente, necesitan ser reparadas y reformadas para responder a nuevas realidades como las pandemias o a viejas malignidades como la desigualdad. Pero antes de discutir iniciativas concretas para defender la democracia y combatir los ataques asimétricos a los que estará sometida es necesario crear un amplio consenso acerca de lo grave que es esta amenaza. El ataque asimétrico a la democracia no es «más de lo mismo». Es un fenómeno político diferente con muchos aspectos inéditos. Para derrotarlo hay que entenderlo, crear conciencia acerca de su toxicidad y darle la prioridad que merece.

Ojalá se pueda.

10 de octubre de 2021

Está pasando de todo...

Los cambios internacionales que nos afectan a todos se han hecho más frecuentes. Algunos nos tocan directamente y otros tienen efectos más remotos. Pero las noticias cotidianas nos dejan con la sensación de que estamos en una época de grandes cambios.

En algunos casos, no necesitamos que los medios de comunicación nos informen acerca de la magnitud y severidad de los cambios. Los vivimos a diario. El coronavirus es un ejemplo. Severo, global y, en muchos aspectos, inédito. Otro ejemplo es el récord de refugiados climáticos que han debido abandonar sus hogares debido a devastadores incendios forestales, huracanes o ciclones. Olas de calor con temperaturas que en la era preindustrial ocurrían cada cincuenta años ahora se dan cada diez años.

Pero las noticias que nos afectan no son solo las que resultan del cambio climático o la pandemia. La política mundial también nos sorprende. Nadie esperaba que una turba de seguidores de Donald Trump asaltara el Capitolio de Estados Unidos o que la muy anunciada salida de Afganistán fuese manejada de manera tan inepta por la Administración Biden. Por otro lado, las fricciones entre Estados Unidos y China se han hecho tan frecuentes que ahora es normal oír que se ha desatado una guerra fría entre las dos superpotencias. El calentamiento global está cambiando el mundo, y la geopolítica también.

Pero además de estos imperdibles y muy comentados eventos y tendencias hay otros que, sin ser tan visibles, tendrán enormes consecuencias. Hay dos que vale la pena destacar.

Una de estas noticias importantes, pero poco comentadas, tiene que ver con la demografía de Estados Unidos: la actual tasa de crecimiento de su población (0,35 por ciento al año) es la más baja en 122 años. Esto se debe en parte a que la expectativa de vida en ese país ha caído de un modo considerable. Este declive precede al impacto que ha tenido la pandemia de la covid-19, la enfermedad que más vidas se ha cobrado en la historia de Estados Unidos. Este aumento en la mortalidad afecta principalmente a los más pobres y en concreto a los trabajadores, en particular al 52 por ciento de la población que no tiene un título universitario. La desigualdad se ha agudizado por el efecto de la covid-19. Desde que estalló la pandemia en 2019 y hasta 2020, la expectativa de vida entre los hispanos y los afroamericanos en Estados Unidos disminuyó tres años. Entre la población blanca cayó 1,2 años. Estos cambios en la demografía estadounidense tendrán un enorme impacto en su política y economía.

Una de las áreas más afectadas por el cambio demográfico será la situación fiscal: quién paga impuestos, a qué tasa y en qué gastará el Gobierno los impuestos que cobra. La tolerancia hacia los altos niveles de desigualdad económica en Estados Unidos se ha reducido significativamente y Joe Biden tiene como meta disminuir las brechas económicas. Para ello, se va a valer de la capacidad del Estado para cobrar impuestos y a usar el gasto público para catalizar cambios sociales. Un ejemplo de esto es su decisión de aumentar el monto mínimo de impuestos que pagan las grandes empresas multinacionales. Además, decidió no hacerlo unilateralmente, sino creando una amplia coalición de países que actuaran de forma coordinada en este campo.

El objetivo de hacer de esta una iniciativa internacional es evitar que las empresas muevan sus operaciones a lugares donde pagan menos impuestos. La propuesta de Biden y su secretaria del Tesoro, Janet Yellen, es la de imponer un impuesto mínimo global del 15 por ciento a todas las empresas con ingresos superiores a los 890 millones de dólares.

Según la Organización para la Cooperación y el Desarrollo Económico, las grandes multinacionales han podido evitar impuestos por montos que van de los 100 a los 240 millones de dólares cada año; es decir, del 4 por ciento al 10 por ciento del total de impuestos que pagan. Además, la tasa tributaria de estas empresas cayó a la mitad, del 49 por ciento al 24 por ciento, entre 1985 y 2018. En el año 2017, que es el último periodo para el cual hay datos confiables, las multinacionales colocaron el 40 por ciento de sus ganancias, cerca de setecientos mil millones de dólares, en paraísos fiscales donde pagan poco o nada de impuestos.

Con este acuerdo, Estados Unidos logró que 132 países se comprometieran a cobrar la tasa mínima global. Los que participan del acuerdo representan más del 90 por ciento de la economía global, lo cual hace que la posibilidad que antes tenían las empresas de evitar impuestos moviendo sus ganancias a paraísos fiscales va a ser ahora más limitada.

No es obvio que este acuerdo sobreviva tal y como fue aprobado. Cabe suponer que las empresas usarán sus enormes recursos financieros e influencias políticas para que el acuerdo final esté más alineado con sus intereses. En cualquier caso, este es un buen ejemplo de que la cooperación internacional es posible.

Y ese es un cambio que vale la pena celebrar.

26 de septiembre de 2021

Dos ideas derrotadas en Kabul

En Afganistán no solo fue derrotado el ejército más costoso y tecnológicamente avanzado del planeta. También lo fueron dos ideas que, hasta ahora, habían tenido gran influencia en el mundo occidental. Una es que la democracia se puede exportar y que los militares de Estados Unidos son los mejores del mundo.

Desde que colapsó la Unión Soviética, una de las políticas más permanentes y populares en los países ricos y democráticos ha sido promover la democracia en naciones que no la tienen o donde es precaria y disfuncional. Lamentablemente, los esfuerzos diplomáticos, el dinero, la tecnología y las intervenciones militares no han arrojado resultados satisfactorios.

Las transiciones de dictaduras a democracias han tenido más éxito cuando valientes y talentosos líderes políticos locales desempeñan un papel protagónico y logran que el pueblo tome calles y plazas y paralice el país. Y cuando hay escisiones dentro de la dictadura y los militares se rehúsan a masacrar y reprimir a sus compatriotas.

En el mejor de los casos, el apoyo extranjero a las transiciones democráticas ha tenido impactos secundarios; en otros, en vez de acelerarlas, las frenan o hasta las descarrilan. La exportación de la democracia no es solo una idea abstracta, una obligación moral o una promesa política. También se ha convertido en un gran negocio que mueve ingentes cantidades de dinero. Se estima que Estados Unidos, la Unión Europea, Canadá, Australia, los países escandinavos y otros le dedican cerca de diez mil millones de dólares al año al apoyo de programas que buscan fortalecer la democracia en países donde es aún incipiente o no funciona bien.

Este inmenso monto de dinero es solo una fracción de lo que Estados Unidos ha dedicado a Afganistán. En los pasados veinte años, y solo en ese país, Estados Unidos gastó 145.000 millones de dólares en actividades de «reconstrucción», lo cual no incluye, entre otros, los costos de la guerra. Un estudio de la Universidad de Brown encontró que entre 2001 y 2021 el Gobierno estadounidense gastó en Afganistán un total de 2,2 billones de dólares. El caso de Afganistán ilustra de manera muy dolorosa cómo dos décadas de intervención militar multinacional, apoyo político mundial, cientos de miles de muertos e inimaginables cantidades de dinero no fueron suficientes para afianzar la democracia.

Otra idea que, a la luz de lo que pasó en Afganistán, resultará difícil defender es que Estados Unidos cuenta con las fuerzas armadas más competentes y poderosas del mundo. Es, sin duda, el ejército más tecnológicamente sofisticado del planeta. Y el más costoso. Pero no el más exitoso.

Ver a un talibán en sandalias, turbante y ametralladora y compararlo con un marine con chaleco antibalas, equipos de comunicación, lentes de visión nocturna, explosivos especiales, múltiples armas y apoyo de drones, helicópteros artillados, aviones y satélites no puede ser más revelador. Equipar al talibán debe haber costado unos cientos de dólares. Pertrechar al marine cuesta 17.500 dólares sin contar los costos del apoyo aéreo, cibernético y logístico. Que el talibán en sandalias y sin mucha tecnología de apoyo haya derrotado al bien pertrechado y superentrenado marine es un resultado que será estudiado por mucho tiempo en las escuelas militares del mundo.

Es interesante notar que estas dos ideas derrotadas en Kabul tengan en común el exceso de dinero como un factor que en vez de ayudar a alcanzar el objetivo deseado distorsionó el esfuerzo y, en última instancia, contribuyó a su fracaso.

Es muy importante que se saquen las lecciones correctas de estas derrotas. Sería un error concluir que los países que son el baluarte de la democracia mundial deban cesar sus esfuerzos por proteger y fortificar las democracias débiles que hoy proliferan. Lo importante es entender cuáles son las áreas en las que la ayuda extranjera puede ser más útil y qué forma debe tener esa ayuda. Es obvio que la manera como se ha instrumentado la promoción de la democracia no está funcionando.

Lo mismo vale para los militares estadounidenses. Claro que deben disponer de la mejor tecnología y que sus efectivos deben tener el mejor entrenamiento y equipo. Pero ¿cuesta eso 740.000 millones de dólares? ¿Debe superar el gasto militar estadounidense a la suma de todo el gasto militar de los once países que más gastan en sus fuerzas armadas? ¿No son estos presupuestos prácticamente ilimitados una fuente de errores estratégicos? ¿Hubiese durado dos décadas la guerra en Afganistán si los militares hubiesen tenido más limitaciones presupuestarias? Mi respuesta a todas estas preguntas: no.

5 de septiembre de 2021

El gran desfase: ciencia veloz y política atroz

Los científicos nunca tuvieron dudas de que tendríamos una vacuna contra la covid-19. Y no se equivocaron. Muy pocos, sin embargo, pronosticaron que esa vacuna estaría disponible tan pronto. La experiencia histórica sugería que la vacuna tardaría años en desarrollarse y estar disponible en grandes cantidades. Los científicos comenzaron a investigar la covid-19 en enero de 2020 y pronto estuvieron listos para iniciar la fase 3 de las pruebas clínicas que evalúan la efectividad de la vacuna. Lo normal es que cualquier medicamento o tratamiento tarde años en estar listo para las pruebas de la fase 3. En este caso, lo lograron en seis meses.

Esto de pronosticar correctamente la tendencia que llevan los cambios, pero equivocarse en la velocidad con la que ocurren se ha hecho frecuente. Lo vemos, por ejemplo, en el cambio climático y la revolución digital basada en la inteligencia artificial. En ambos casos los expertos han anticipado correctamente la naturaleza de los cambios, pero no la extraordinaria rapidez con la que ocurren.

El desarrollo científico y tecnológico es una de las tendencias que desde siempre han definido a la humanidad. Otra es que las nuevas tecnologías suelen tener consecuencias no anticipadas sobre la sociedad, la economía y la política. Y por supuesto sobre los gobiernos, que siempre están desfasados y van a la zaga del cambio tecnológico.

Lo que ha ocurrido con la vacuna de la covid-19 —su invención, producción y distribución— es un revelador ejemplo de este peligroso desfase que hay entre la tecnología y la política. Mientras que el esfuerzo científico fue global, la respuesta de los gobiernos fue local. Si bien laboratorios en diferentes países compartían datos e información, importantes gobiernos, como el chino, la escondían o tergiversaban. Los científicos mostraron visión, flexibilidad y velocidad, los gobiernos han sido miopes, rígidos y lentos. Todo esto no quiere decir que no haya habido rivalidades entre algunos científicos y feroz competencia entre compañías farmacéuticas. Pero todos vimos cómo mientras los científicos respondieron con eficacia ante la crisis, en muchos países, políticos y gobernantes negaron la existencia misma de la pandemia o la minimizaron, ridiculizaron el uso de mascarillas o el distanciamiento social, promovieron tratamientos fraudulentos o el uso de amuletos con poderes mágicos. En India, Brasil y México, la pandemia está causando estragos. Narendra Modi, Jair Bolsonaro y Andrés Manuel López Obrador no son responsables de la pandemia, pero sí de haber reaccionado tarde y mal ante la tragedia que viven sus países.

Las normas, reglas y valores que orientan la conducta de los políticos son, por supuesto, muy diferentes de las que orientan a los científicos. Mientras que para estos el mérito individual es muy importante, aquellos privilegian la lealtad de sus colaboradores y toleran la ineptitud. Para los científicos, las decisiones se deben basar en datos y evidencias; para los políticos tradicionales pesan mucho sus experiencias, las anécdotas y las intuiciones. Mientras que la investigación científica busca el cambio a través de la creación y adopción de nuevos conocimientos, la política suele privilegiar ideas y formas de actuar cómodas y conocidas —a pesar de que en sus discursos todos los políticos se presentan como agentes del cambio—. Finalmente, el método científico se basa en la razón y la comprobación empírica de afirmaciones cuya validez puede ser verificada y replicada por otros. En la política, en cambio, priman las pasiones y convicciones personales, así como las creencias religiosas y el pensamiento mágico.

Todo lo anterior no significa, por supuesto, que entre los científicos no se den conductas influidas por pasiones, intereses y prejuicios, o que entre los políticos no haya casos de meritocracia, racionalismo y promoción de cambios. Lo que este contraste revela son algunas de las fuentes del desfase entre ciencia y política.

El rezago de la política se manifiesta de manera brutal en el estancamiento de los gobiernos, en su funcionamiento y en especial en los procesos de toma de decisiones en materia de políticas públicas. Bien harían los políticos en adoptar el espíritu de experimentación que desde siempre distingue a la ciencia. Este, junto con la apertura a nuevas ideas, a la evaluación desapasionada de la evidencia y a la fuerza de la realidad empírica podrían comenzar a recomponer la credibilidad de las democracias ante las múltiples crisis que las acechan.

Reducir la brecha que hay entre la ciencia veloz y la política atroz es, sin duda, muy difícil. Pero también indispensable.

1 de mayo de 2021

Los jóvenes árabes

Antes eran los yihadistas y ahora son los supremacistas blancos. Durante años, el terrorismo islamista fue visto como una de las principales amenazas, sobre todo para Europa y Estados Unidos. Ya no. Ahora las preocupaciones son el coronavirus y la violencia de los extremistas blancos.

El terrorismo supremacista blanco está muy presente y va en aumento. Según Christopher Wray, el director del FBI, «la principal amenaza que enfrentamos son los grupos que llamamos "extremistas violentos motivados por factores raciales o étnicos", específicamente, nos preocupan quienes abogan por la superioridad de la raza blanca». El FBI ha elevado oficialmente la amenaza que surge de estos grupos, poniéndolos al mismo nivel de peligrosidad que el Estado Islámico. Wray también reveló que mientras el año pasado el FBI investigaba ochocientos cincuenta casos de terrorismo supremacista blanco, ahora tenía dos mil casos abiertos. Este terrorismo no es solo un fenómeno estadounidense. En los últimos años su presencia y actuaciones violentas también han aumentado en Europa y Oceanía.

Por supuesto, la relativa ausencia de los yihadistas en las noticias no quiere decir que las condiciones que originan esta violencia hayan menguado. Un indicador de las frustraciones que sufren los jóvenes árabes es que cerca de la mitad de ellos ha considerado o está considerando emigrar de su país. En algunos países del mundo árabe, el número de jóvenes con ganas de irse es abrumador. Alcanza el 77 por ciento en el Líbano, el 69 por ciento en Libia o el 56 por ciento en Jordania.

Estos datos provienen de un interesante sondeo de opinión llevado a cabo por ASDA'A BCW, una empresa de relaciones públicas con sede en Dubái. Desde hace doce años, esta empresa encuesta a una muestra de jóvenes de entre dieciocho y veinticuatro años que viven en diecisiete países de Oriente Próximo y África del norte. Los resultados de estos sondeos de opinión con frecuencia chocan con percepciones muy arraigadas. Para el 40 por ciento de los encuestados la religión es el principal determinante de su identidad —más que la familia (19 por ciento) o la nacionalidad (17 por ciento)—. Pero la identidad religiosa no se traduce en apoyo a los gobiernos que también se definen por la religión. Los jóvenes encuestados quieren gobiernos menos corruptos y más eficientes, que sean capaces de crear empleos y mejorar la calidad de la educación. Al 87 por ciento le preocupa el desempleo y más de la mitad no cree que su Gobierno sea capaz de solucionar este problema.

El 41 por ciento de los encuestados opinó que en su país la corrupción es generalizada y el 36 por ciento cree que la hay en el Gobierno. Este repudio a la corrupción es uno de los factores que motiva el apoyo entre los jóvenes encuestados a la ola de protestas callejeras antigubernamentales que se han hecho frecuentes en países como Líbano, Argelia, Sudán e Irak. Al igual que en otras partes del mundo donde las calles se han convertido en un importante canal para las protestas políticas, en el mundo árabe estas se han visto potenciadas por el uso de las redes sociales. Hace cinco años, el 25 por ciento de los jóvenes encuestados reportaron que las redes sociales eran su principal fuente de información. Ahora ese porcentaje se disparó al 79 por ciento.

El casi universal uso de internet entre los jóvenes hace muy sorprendente uno de los hallazgos del sondeo. Al preguntarles por el principal determinante de su identidad individual, solo un ínfimo 5 por ciento dijo que su género era el factor más definitorio. Siendo que la muestra fue diseñada para que hubiese un igual número de mujeres que de hombres, el poco peso que según los encuestados tiene el género en definir su identidad llama la atención. Este resultado es consistente con otro que también sorprende: el 64 por ciento de las jóvenes encuestadas opina que en su país las mujeres tienen los mismos derechos que los hombres y un 11 por ciento considera que las mujeres gozan de más derechos que los hombres. Lamentablemente, quienes hicieron la encuesta no nos ofrecen explicación alguna de este inusitado hallazgo.

Por último, otra interesante revelación de este sondeo es el magnetismo que ejerce Emiratos Árabes Unidos sobre los jóvenes. El 34 por ciento piensa que Emiratos Árabes ha aumentado su influencia en la región, una evaluación solo superada por Arabia Saudí (39 por ciento). Los Emiratos son, por noveno año seguido, el país en el que los jóvenes árabes desean vivir: el 46 por ciento los declara su destino favorito para emigrar, por encima del 33 por ciento que prefiere a Estados Unidos. Es quizá el resultado más impactante: sugiere que el principal deseo de estos jóvenes no es necesariamente vivir en Occidente, sino en un país que funcione.

La combinación de expectativas y frustraciones de los jóvenes árabes presenta a sus gobiernos retos formidables. Si antes de la pandemia y sus devastadoras consecuencias económicas los doscientos millones de jóvenes confrontaban las mayores tasas de desempleo del mundo, gobiernos intolerablemente corruptos e incapaces de hacer las reformas necesarias, la situación es ahora mucho peor.

En algunos países árabes, los jóvenes tomarán las calles para protestar. En otros tomarán aviones, barcos y coches para cambiar de país, ya que en el suyo no pueden cambiar al nefasto Gobierno que tienen. Veremos qué dicen los sondeos de los jóvenes árabes el año próximo.

4 de abril de 2021

Estados Unidos, un aliado peligroso

America is back. América está de vuelta, afirmó emocionado Joe Biden. Les hablaba a los líderes políticos, principalmente europeos, que participaron en una reunión sobre seguridad internacional llevada a cabo, por videoconferencia, en Múnich. «La alianza transatlántica está de regreso», enfatizó el flamante presidente. Naturalmente, el mensaje fue muy bien recibido por la audiencia. Angela Merkel, Emmanuel Macron y Boris Johnson registraron su complacencia ante la nueva postura de Estados Unidos. En su discurso, Biden renovó el compromiso de su país con el artículo 5 de la OTAN. El artículo obliga a los países miembros de la alianza militar a responder colectivamente ante un ataque contra uno de sus miembros. Durante su presidencia, Donald Trump se abstuvo una y otra vez de reconocer en público que, por ser miembro de la OTAN, su país aceptaba esa obligación. Naturalmente, la reticencia de Trump produjo ansiedad en las capitales europeas y regocijo en el Kremlin.

Esto cambió con la llegada de Biden a la Casa Blanca. El presidente estadounidense usó su discurso en la Conferencia de Múnich para que no quedara duda alguna sobre la posición de su Gobierno con respecto al artículo 5, «El ataque a uno es un ataque a todos», dijo Biden, y prometió que su país honraría sus compromisos.

Como presidente, Donald Trump desdeñó el multilateralismo, la construcción de alianzas y la diplomacia que él considera pérdidas de tiempo. En cambio, privilegió sus relaciones personales con los líderes de países como China, Rusia, Arabia Saudí o Corea del Norte. No logró mucho y, en general, dejó muy deterioradas las relaciones de Estados Unidos con estos países.

Por su parte, tanto Biden como su equipo repiten, cada vez que pueden, que las alianzas serán el pilar de su política exterior. Ven a la diplomacia como el principal instrumento del cual disponen para avanzar en el logro de sus objetivos nacionales. Según ellos, atacar con éxito la pandemia, el cambio climático, la crisis económica o impedir que Irán cuente con armas nucleares es imposible sin la coordinación con países aliados. Desde la perspectiva de Biden y su Gobierno, el eslogan de Trump —«América primero»— terminó siendo «América sola». Según ellos, la postura de Trump solo sirvió para aislar al país, ceder espacios geopolíticos que fueron ocupados por China y Rusia, y descubrir que el poder militar y económico de Estados Unidos es importante pero no suficiente para lograr sus objetivos internacionales.

Los posibles aliados están muy interesados en trabajar junto con Estados Unidos en el logro de sus intereses comunes. No cabe duda de que estas alianzas repotenciadas son necesarias. Los problemas globales que son inmunes a respuestas locales están proliferando y con ellos la necesidad de que los países actúen de manera coordinada.

Lamentablemente, la construcción de tan necesaria red de alianzas internacionales liderada por Washington tendrá una gran limitación: la volatilidad de la política interna de Estados Unidos.

¿Qué le pasa a un país que, entusiasmado con Biden, se zambulle a fondo en su alianza con Estados Unidos y cuatro años después se encuentra con que las elecciones llevan al poder a un nuevo presidente que desconoce sus deberes como aliado? Esa pregunta está muy presente en la mente de los responsables de la política exterior de los países que Washington necesita como aliados. En las conversaciones en los pasillos virtuales de la Conferencia de Múnich, la pregunta más afanosa no fue si Estados Unidos estaba de regreso. La pregunta más candente fue —y sigue siendo— cuánto tiempo va a durar este regreso. Estados Unidos no es un país políticamente estable.

Es muy interesante ver a los diplomáticos emulando a los altos ejecutivos de empresas multinacionales. Desde finales de los años noventa, los empresarios construyeron complejas y muy eficientes cadenas de suministro que comienzan en China y desembocan en los mercados finales del mundo entero. Estas cadenas les permitió reducir drásticamente sus inventarios. Las prácticas de logística «justo a tiempo» se universalizaron en el manejo de inventarios. Para minimizar costos, los suministros llegan con gran rapidez y precisión a su destino, justo cuando son requeridos, para la manufactura del producto final.

La guerra comercial contra China declarada por Trump generó todo tipo de dolores de cabeza en las cadenas mundiales de suministro. Así, las empresas que dependen de tener inventarios «justo a tiempo» descubrieron que era peligroso poner todos los huevos en esa canasta. Para mitigar ese riesgo, los ejecutivos se vieron obligados a equilibrar el principio de «justo a tiempo» con el de «por si acaso». Muchos se vieron forzados a invertir en la búsqueda de nuevos proveedores sin importar que fuesen más costosos.

Los líderes empresariales entendieron que por más que deseen que Estados Unidos genere estabilidad y no desequilibrios, esto no siempre será así. Los líderes políticos seguramente los emularán. La política de alianzas que promueve Joe Biden se verá limitada por la diplomacia del «por si acaso».

27 de febrero de 2021

Testaferros políticos

A pesar de ser el país de las islas Galápagos y de contar con treinta y dos majestuosos volcanes, varios de ellos activos, o de ser el principal productor de bananas del mundo, Ecuador rara vez atrae la atención de los medios de comunicación internacionales. No es Brasil, México o Argentina, los gigantes de la región, su inestabilidad política no es tan fuerte como la de su vecino Perú, ni ha sufrido un saqueo como el de Venezuela. En fin, es un país latinoamericano normal: pobre, desigual, injusto, corrupto y lleno de gente decente y trabajadora. Su democracia es defectuosa pero competitiva, sus instituciones son débiles pero existen y su economía, la octava del continente en tamaño, depende de la exportación de petróleo, bananas, camarones y oro. Y del dinero que mandan a sus familias los ecuatorianos que viven en otros países.

Por estos días, Ecuador está apareciendo con más frecuencia en los titulares. Hay elecciones presidenciales y eso es siempre noticioso. Pero, según los analistas, esta vez el resultado electoral ecuatoriano señalará tendencias que veremos en el resto de Latinoamérica.

Una es que la izquierda regresará al poder. Entre finales del siglo pasado y comienzos de este, proliferaron presidentes de izquierda. De Lula da Silva a Hugo Chávez, de Evo Morales a la pareja Kirchner y de Michelle Bachelet a Rafael Correa, entre otros. En la primera vuelta de las elecciones ecuatorianas ningún candidato obtuvo suficientes votos, lo cual obliga a una segunda votación el 11 de abril. El candidato más votado en la primera ronda ha sido el izquierdista Andrés Arauz, promovido y protegido por el expresidente Rafael

131

Correa. El segundo lugar es objeto de una feroz batalla entre el candidato conservador Guillermo Lasso y el candidato indígena Yaku Pérez, quien ha denunciado que hubo fraude.

El empresario promete eficiencia, crecimiento económico y empleo, el candidato de izquierda ofrece más igualdad, menos pobreza y más justicia y el líder indígena jura reivindicar los derechos del pueblo originario y proteger el medio ambiente. Este menú electoral —el empresario, el izquierdista y el indigenista— lo hemos visto en otros países. El resultado es impredecible. A Brasil lo preside un populista de derechas y a México un populista de izquierdas. Hemos visto a presidentes de derechas adoptar políticas de izquierdas, y viceversa. Y esta tendencia continuará.

Pero en las elecciones latinoamericanas hay otra tendencia importante: el uso de testaferros políticos. Esta es la propensión de presidentes que no pueden ser reelectos a «colocar» en el poder a familiares o cercanos colaboradores con la esperanza de que actúen como sus testaferros políticos. Arauz, con más votos en la primera vuelta, es candidato gracias al apoyo del expresidente Rafael Correa. Este no pudo ser candidato ya que fue inhabilitado por estar incurso en hechos de corrupción. Cristina Kirchner fue presidenta de Argentina gracias a su marido Néstor Kirchner (y reelecta después de que enviudó). En México, la diputada Margarita Zavala, la esposa del expresidente Felipe Calderón, fue candidata en las elecciones presidenciales de 2018, en las que resultó ganador Andrés Manuel López Obrador. En Colombia, Juan Manuel Santos e Iván Duque llegaron a la presidencia gracias al apoyo del expresidente Álvaro Uribe, en Brasil Dilma Rousseff fue presidente gracias a Lula da Silva y en Bolivia Lucho Arce ganó la elección gracias a la popularidad de su exjefe Evo Morales, quien le dio todo su apoyo.

El populismo —tanto de derechas como de izquierdas— con sus promesas imposibles de cumplir, su adoración por políticas que ya se sabe que no funcionan y sus propensiones autoritarias es siempre una gran amenaza. Pero el continuismo es una amenaza aún mayor. Si un presidente populista es incompetente o corrupto, pero en su país funciona la democracia, los votantes se encargarán de sacarlo del poder. Los países pueden sobreponerse a un periodo con un mal presidente, pero el daño puede ser enorme e irreversible si se aferra a su cargo. O si, una vez cumplido su periodo de Gobierno, se las arregla para ejercer el poder a través de un presidente que actúa como su testaferro político.

Es importante poner límites legales al continuismo de los mandatarios. Idealmente, deberían ser elegidos por un periodo no mayor de seis años y no menor de cinco. Al terminar ese único periodo no pueden aspirar de nuevo a la presidencia. Nunca más.

Esta solución al continuismo es drástica e imperfecta. Pero no imposible de adoptar y sus defectos son tolerables. Lamentablemente, el continuismo basado en el uso de testaferros políticos es más difícil de impedir. Y es de suma importancia identificarlo, denunciarlo e intentar erradicarlo.

13 de febrero de 2021

El dilema de Joe: ¿paz o justicia?

Susan Bro encarna el dilema que puede definir el Gobierno de Joe Biden: ¿puede haber paz social sin que haya justicia? Bro es la madre de Heather Heyer, asesinada en 2017, a los treinta y dos años, por James Alex Fields, un activista de extrema derecha. Fields atropelló deliberadamente con su automóvil a un grupo de personas que protestaban de forma pacífica contra una marcha de neonazis y supremacistas blancos llegados a Charlottesville, Virginia, desde todo el país. Al comentar estos trágicos hechos, el presidente Trump recalcó que había buenas personas en ambos lados de la protesta. Joe Biden ha dicho que este suceso en Charlottesville fue determinante en su decisión de postularse a la presidencia.

A Susan Bro le preocupa que, en aras de buscar la unidad, Biden esté dispuesto a sacrificar la justicia. «Sanar las heridas causadas por este tipo de actos requiere que a quienes los perpetren se les atribuya la responsabilidad por tales actos y sean condenados. La unidad demanda justicia», declaró Bro a *The New York Times*.

Biden ofrece otra perspectiva. «Podemos unir fuerzas, dejar de gritar y bajar la temperatura. [...] Sin unidad no puede haber paz, solo furia y amargura», ha dicho.

La lista de emergencias que debe atender el nuevo presidente es abrumadora. La pandemia y las catastróficas consecuencias económicas derivadas de ella, el cambio climático, una sociedad profundamente desigual y polarizada, y decenas de crisis internacionales son solo algunos de los problemas urgentes que debe enfrentar la Administración Biden. Si responder con eficacia a uno solo de estos retos es inmensamente difícil, afrontarlos todos a la vez es una tarea titánica. Pero no hay alternativa: las amenazas están ahí, se han venido agravando y ameritan atención inmediata. Biden ha diagnosticado con acierto que el progreso en la lucha contra cualquiera de estas amenazas requiere que disminuyan las posiciones encontradas que ahora fragmentan el país y bloquean la toma de decisiones importantes. La unidad fue el tema al que Biden dedicó su discurso inaugural y es la aspiración que reitera cada vez que se dirige a la nación.

Biden es un político de larga experiencia y sabe lo ardua que será la tarea de unir a sus compatriotas y promover la armonía. Sabe que si bien ochenta y dos millones de estadounidenses votaron por él (o en contra de Trump) otros setenta y cuatro millones lo hicieron por Trump (o en contra del actual presidente). Biden también sabe que la ceremonia que marcó el inicio de su presidencia se llevó a cabo en las gradas del Capitolio, el mismo lugar en el que turbas violentas instigadas por Donald Trump invadieron y saquearon la sede del poder legislativo. Y, por supuesto, es consciente de que más de un tercio de los estadounidenses creen que es un presidente ilegítimo.

En vista de todo esto, la unidad nacional que propugna Biden es a la vez un requisito indispensable y una tarea cuyo éxito nunca será completo.

Las manifestaciones de la tensión entre paz y justicia ya irrumpieron en el debate político de Washington. Tan solo un día después del inicio del nuevo Gobierno, y como reacción a la decisión de proceder con el *impeachment* contra Donald Trump, el senador republicano Ted Cruz instó a los líderes del Partido Demócrata a dejar a un lado lo que describió como «su odio partidista a Donald Trump», y añadió: «Parece que los senadores demócratas quieren inaugurar el periodo legislativo con un juicio que es un acto punitivo y vengativo».

Ese mismo día, un periodista le preguntó a Nancy Pelosi, la líder del Partido Demócrata en la Cámara de Representantes, si enjuiciar a Trump no contradecía el deseo de unificar al país. «El hecho es que siendo presidente de Estados Unidos incitó una insurrección», respondió, y añadió: «No creo que sea muy unificador decir simplemente "Olvidemos lo ocurrido y sigamos adelante". Esa no es la manera de unir al país. Es nuestra responsabilidad proteger y defender la Constitución y eso es lo que vamos a hacer». Refiriéndose a Trump, la líder demócrata afirmó: «No le podemos decir a un presidente "Haz lo que quieras en tus últimos meses de gobierno y no te preocupes de las consecuencias, ya que podrás dejar el cargo sin problemas". Hay quienes nos piden que olvidemos a quienes murieron aquí el 6 de enero y los intentos de desconocer el resultado de las elecciones, de socavar nuestra democracia y de violar nuestra Constitución. Yo no lo veo así. Creo que ignorar lo que sucedió le haría daño a la unidad».

El debate de paz frente a justicia no es nuevo en Estados Unidos ni en el resto del mundo. De hecho, es frecuente en muchas de las sociedades que comienzan a recuperarse de prolongados periodos de violencia y de masivas violaciones a los derechos humanos. No es el caso de Estados Unidos.

Pero no hay duda de que es un debate difícil y urgente que el país debe tener.

23 de enero de 2021

¿Qué más pasó el 6 de enero?

El 6 de enero fue un día muy malo para el presidente Donald Trump y muy bueno para la democracia estadounidense. Los muertos y heridos serán recordados como una trágica secuela de la violencia fomentada por el presidente. Pero lo que sucedió ese día —y no me refiero solo a la toma del Congreso por los seguidores de Trump— podría marcar el comienzo de un importante periodo de renovación democrática en ese país.

El 6 de enero se pusieron a prueba las leyes, las instituciones y las normas que en Estados Unidos limitan el poder del presidente. Afortunadamente, sobrevivieron al intento de Trump de seguir en la Casa Blanca a pesar de haber perdido las elecciones. Esto no quiere decir que la democracia allí haya pasado incólume por esta dura prueba. Ya estaba muy debilitada y, aunque haya fracasado, el autogolpe de Trump y sus cómplices la han dejado aún más golpeada. El desprestigio internacional es enorme.

Pero mucho más desprestigiados quedaron Trump, algunos senadores y representantes del Partido Republicano, así como las fuerzas antidemocráticas que participaron activamente en el intento de golpe.

Además de la toma violenta del Capitolio, ese día pasaron otras cosas muy importantes para la democracia de Estados Unidos. En la mañana del 6 de enero supimos que los dos candidatos al Senado por el estado de Georgia, Raphael Warnock y Jon Ossoff, habían derrotado a sus rivales del Partido Republicano. Warnock es la primera persona de raza negra que llega al Senado en representación de Georgia, un estado con una larga historia de segregacionismo y discriminación racial. Jon Ossoff, de treinta y tres años, será el primer senador judío electo en un estado del sur desde los años ochenta y el senador más joven del Partido Demócrata desde que Joe Biden llegó al Senado, hace casi medio siglo.

Pero la elección de Warnock y Ossoff marca un hito que va más allá de su inédita victoria. Con esos dos votos adicionales, el Partido Demócrata, que ya tiene el control de la Cámara de Representantes, también tendrá la mayoría en el Senado. Esto no sucedía desde 1995. El dominio del Congreso le dará a Biden más libertad y celeridad en el nombramiento de los cargos del Gobierno que requieren de la aprobación del Congreso. Lo mismo vale para el nombramiento de los jueces federales que el presidente propone y los congresistas pueden aprobar o rechazar. Y, lo más importante, tener la mayoría en ambas cámaras del Congreso le ofrece al presidente la posibilidad de iniciar profundas reformas en la economía, la política y el funcionamiento del Estado.

Ese día cargado de sorpresas también nos trajo una carta y un discurso que —sin tener el dramatismo televisado de la toma del Capitolio— cambiaron el curso de la historia. Mike Pence, quien como vicepresidente también preside el Senado, les envió una carta a sus colegas senadores. En ella, el hasta ese momento sumiso, obediente, cursi, adulador y, seguramente sufrido, Pence, les informaba a sus destinatarios de que cumpliría rigurosamente con el limitado deber que le manda la Constitución en el proceso de certificar la elección del presidente y del vicepresidente de la nación. Lo que no decía en su carta, pero todo el mundo sabía, era que esa no fue la orden de su jefe, el presidente. Trump reiteró públicamente que él esperaba que Mike Pence («quien tanto me debe») apoyase el fraude electoral que había montado en complicidad con los senadores Ted Cruz y Josh Howley. Quizá por primera vez en cuatro años, Pence protegió más la democracia de su país que los intereses personales de Trump. De haber pasado lo contrario, el autogolpe habría tenido más posibilidades de triunfar.

La otra sorpresa fue el discurso de Mitch McConnell, el jefe de los republicanos en el Senado. Durante cuatro años, McConnell apoyó sin reservas a Trump. El 6 de enero dejó de hacerlo. En la sesión en la que se comenzaba a discutir el recuento de los votos electorales, y antes de que la invasión del Capitolio impidiera seguir con el debate parlamentario, McConnell pronunció un devastador discurso que puso en evidencia, y efectivamente destruyó, el autogolpe que estaban perpetrando Trump y los suyos. Si McConnell se hubiese alineado con los golpistas, hoy estaríamos hablando en otro tono de la democracia estadounidense.

Los defectos de esa democracia están a la vista. Las amenazas antidemocráticas también. Las reformas necesarias son conocidas, y urgentes. ¿Se llevarán a cabo? ¿Tendrán éxito? No lo sabemos. Pero sí sabemos que el 6 de enero de 2021 podría pasar a la historia como el día en que Estados Unidos comenzó a reparar su maltratada democracia.

9 de enero de 2021

2020

¿En qué se parecen trumpismo, maoísmo y peronismo?

Los más entusiastas seguidores de Mao Tse Tung, Juan Domingo Perón, Charles de Gaulle, Fidel Castro y Hugo Chávez crearon movimientos políticos más perdurables que los líderes que los inspiraron. Donald Trump será el primer presidente de Estados Unidos que gozará de un masivo movimiento político a su nombre. El trumpismo, caracterizado por su pugnaz retórica en contra de las élites y los inmigrantes, su nacionalismo nostálgico, su deriva autocrática y su narcisista manipulación mediática, tiene mucho en común con otros movimientos políticos que han enarbolado el nombre de su líder. El trumpismo tendrá, por lo tanto, larga vida y trascenderá al propio Trump.

Algunos de esos movimientos, como el maoísmo, tuvieron influencia internacional mientras que otros, como el castrismo cubano, fueron predominantemente regionales, y otros más, por ejemplo el gaullismo francés y el peronismo argentino, fueron puramente nacionales.

Y todos ellos tienen mucho en común: la rutinaria transgresión de normas políticas establecidas, el oportunismo desbocado, la propensión autoritaria, el antiintelectualismo y la hostilidad hacia reglas e instituciones que limitan la concentración del poder en el Ejecutivo son solo algunos de sus rasgos comunes. También lo es la feroz enemistad contra rivales que no son vistos como compatriotas con ideas diferentes, sino como enemigos mortales.

Las ideologías de estos movimientos han probado ser peculiarmente maleables: el maoísmo fue usado para legitimar el totalitarismo comunista de sus orígenes y, décadas después, para apoyar la apertura económica que gestó el actual modelo capitalista chino. El gaullismo francés, que nunca alcanzó los extremos de otros movimientos, sirvió para justificar el espinoso nacionalismo del general De Gaulle y luego el centrismo democrático de Jacques Chirac. El peronismo argentino se hizo famoso por su plasticidad: justificó el fascismo *light* de Juan Domingo Perón y, décadas después, las reformas neoliberales de Carlos Menem para luego servir de base al populismo izquierdista de Néstor y Cristina Kirchner. El chavismo convirtió a Venezuela, el país latinoamericano más rico, en uno de los más pobres, y aun así, los sondeos de opinión revelan que la mitad de la población apoya a Hugo Chávez, quien murió en 2013.

El trumpismo va encaminado a formar parte de esta lista, con independencia de los problemas legales y políticos que afecten a su líder en los próximos años. Con Trump o sin él, el trumpismo va a seguir existiendo. Tendrá más o menos éxito político, pero sus estrategias, tácticas y trucos para obtener y retener el poder perdurarán. A través de sus actuaciones e indudables éxitos políticos, el 45.º presidente de Estados Unidos le reveló al mundo y, sobre todo a los políticos más ambiciosos e irresponsables de su país, que es posible llegar al poder haciendo y diciendo cosas que antes ningún político se había atrevido a expresar o llevar a cabo. Calificar a los inmigrantes mexicanos como violadores, o meter a niños inmigrantes en jaulas, insultar a sus rivales o a otros jefes de Estado, mentir rutinaria y abiertamente y, sobre todo, hacer lo necesario para ampliar las divisiones sociales existentes o crear nuevas fuentes de polarización, son acciones que no tuvieron costo político alguno para Donald Trump. Al contrario, le permitieron llegar a la Casa Blanca y luego ser el candidato presidencial más votado en la historia de Estados Unidos, después de Joe Biden.

Todo político sin mayores ataduras a ideologías y valores, y cuya ambición es solo superada por su oportunismo, está tomando nota. En los próximos años aparecerán numerosos imitadores de Trump, tanto en Estados Unidos como en otras partes. Jair Bolsonaro, el presidente de Brasil, y a quien sus seguidores llaman «el Trump tropical» es uno de los primeros y más exitosos imitadores. Y en Estados Unidos habrá una multitud de candidatos que se declararán trumpistas y copiarán el estilo del expresidente, pero tendrán cuidado de evitar las catastróficas políticas que él adoptó.

A corto plazo, lo más importante es el papel que Donald Trump desempeñará como jefe de la oposición al Gobierno de Joe Biden. Una vez fuera de la Casa Blanca, el expresidente deberá defenderse de la avalancha de demandas judiciales de todo tipo que le está esperando. Tendrá que dedicar mucho tiempo tanto a sus abogados como a los jueces y fiscales que lo enjuiciarán.

Simultáneamente, Trump estará recaudando fondos, consolidando la maquinaria de su movimiento, creando una plataforma mediática parecida a Fox News y, al mismo tiempo, dando la batalla por el control del Partido Republicano. El choque entre sus aliados y adversarios en el partido puede llevar a la división de esa organización política fundada en 1854. O, simplemente, a la renuncia de quienes no aceptan que él sea el dueño del partido y, de nuevo, el candidato republicano a la presidencia en 2024.

La incertidumbre política continuará reinando en Estados Unidos. Lo que no es incierto es que el expresidente Trump ahora cuenta con un masivo movimiento político que le servirá de base para seguir luchando por recuperar el poder. Como sea.

19 de diciembre de 2020

El internet que conocemos está desapareciendo

El internet global, descentralizado, no gubernamental, abierto y gratuito que existió en sus inicios ha venido desapareciendo. No es ni global, ni abierto. Más del 40 por ciento de la población mundial vive en países donde el acceso a internet es controlado por las autoridades. El Gobierno chino, por ejemplo, impide que desde su territorio se pueda acceder a Google, YouTube, Facebook, Instagram, Twitter, WhatsApp, CNN, Wikipedia, TikTok, Netflix o *The New York Times*, entre otros. Hay, por supuesto, versiones chinas de esos productos digitales. En India, Irán, Rusia, Arabia Saudí y muchos otros países, el Gobierno bloquea sitios web y censura sus contenidos.

Internet tampoco es descentralizado. Es cierto que empoderó a individuos y grupos que ahora tienen más posibilidades de ser oídos e influir sobre los demás y sobre sus gobiernos. Pero también es cierto que tanto los gobiernos como las grandes empresas tecnológicas (Google, Microsoft, Amazon o Facebook) concentran un inmenso poder sobre internet. En muchos países una tecnología de liberación política se ha convertido en una tecnología para la represión.

El uso de internet no es gratuito. Las búsquedas en Google, el contacto por Facebook, los mensajes por Twitter o las tertulias vía WhatsApp no son gratis, aunque lo parezcan. Todo eso lo pagamos cediendo a quienes nos «regalan» esos servicios casi toda la información sobre nosotros. Esta les permite dominar el lucrativo negocio global de la publicidad.

Pero quizá la tendencia más importante que está transformando internet es su ruptura en tres bloques. El mundo va camino de tener un internet chino, otro americano y otro europeo.

El internet chino es cerrado, censurado, proteccionista y con altas barreras que impiden la entrada a las empresas de los países que están fuera de sus fronteras digitales. Estas ciberfronteras trascienden las geográficas del país e incluyen aliados como Corea del Norte, entre otros. Su principal ventaja competitiva son los casi mil millones de usuarios que hay en China. Su protagonista más influyente es el Gobierno central y sus servicios de seguridad nacional, inteligencia y control ciudadano. Su gran vulnerabilidad es tratar de usar impedimentos del pasado (proteccionismo y censura) para contener la llegada a gran velocidad de innovaciones del siglo XXI.

El internet americano, en cambio, es anárquico, innovador, comercial y con altas tendencias monopolistas. Los protagonistas son las empresas tecnológicas. Su capital, talento tecnológico y capacidad de innovar le confieren un dinamismo que no tienen sus rivales.

La vulnerabilidad del internet americano es que el modelo de negocio basado en el intercambio de servicios digitales gratuitos a cambio de los datos personales de los usuarios no es sostenible. Tampoco lo es el grado de monopolización que tienen las empresas tecnológicas. O su indiferencia ante el uso que actores malintencionados hacen de sus plataformas digitales para promover el caos social, la polarización e influir, por ejemplo, en elecciones. Esto ya está comenzando a cambiar.

El epicentro del ataque contra los defectos del internet americano o los abusos del chino está en Europa. El europeo está más regulado, trata de proteger a los usuarios, enfrenta los monopolios y defiende valores democráticos. La Comisión Europea ha impuesto multas milmillonarias a Google, Apple, Microsoft y otras empresas tecnológicas. En 2018, la Unión Europea adoptó el *Reglamento general de protección de datos*, que define las pautas para la recolección, almacenamiento y gestión de datos personales. Este reglamento es la manifestación concreta de un enfoque legal que trata la protección de los datos personales como un derecho humano fundamental. Mientras que China basa su influencia en su tamaño y su régimen autocrático y Estados Unidos en su dinamismo empresarial y tecnológico,

Europa tratará de influir exportando reglas basadas en valores democráticos y humanísticos. Estos tres bloques ya están batallando con ferocidad por mantener el control sobre su área de soberanía digital y las fricciones entre ellos son obvias. Además de aplicar sus leyes antimonopolio e impositivas a las empresas estadounidenses, la amenaza de los europeos es restringir el acceso a su mercado a las empresas tecnológicas que no adopten sus reglas. Por su parte, Estados Unidos impone sanciones y bloquea a empresas como Huawei. Naturalmente, China contraataca.

Tendremos tres internets, pero la lucha definitoria es entre Estados Unidos y China. Y las confrontaciones de estas superpotencias digitales no se restringirán al ciberespacio y a la protección y ampliación de su soberanía digital. Ya las vemos en los esfuerzos de Washington y Pekín para garantizar que sus empresas dominen las tecnologías de 5G, la nueva generación de telefonía móvil que revolucionará las comunicaciones y cambiará internet. Estas, sin embargo, son tan solo escaramuzas, ya que el gran choque es sobre quién tendrá el liderazgo en el ámbito de la inteligencia artificial, la tecnología que cambiará el mundo. Esta revolución apenas comienza.

6 de diciembre de 2020

Setenta y cuatro millones

En las recientes elecciones de Estados Unidos votó el mayor número de personas en ciento veinte años. Casi ochenta millones votaron por Joe Biden y más de setenta y cuatro millones por Donald Trump. Son los dos políticos más votados en la historia del país. Se suponía que la pandemia y la campaña de Trump sobre el fraude electoral aumentarían la abstención. No fue así. El 67 por ciento de los inscritos votaron en persona o por correo.

La otra sorpresa fue la cifra de electores que acudieron a las urnas y dieron su voto a Trump, diez millones más que en 2016. Esos votantes sorprenden tanto por lo que no les importa del presidente como por lo que sí. No les importó, por ejemplo, votar por un candidato que miente de manera constante y fácilmente verificable. ¿Mentir compulsivamente no debería ser suficiente para ser derrotado en las urnas? Setenta y cuatro millones de estadounidenses piensan que no. No creen que Trump sea un mentiroso, o no les importa, o tienen necesidades y esperanzas más importantes que la honestidad del presidente.

Que veintiséis mujeres se atrevan a identificarse públicamente y denunciar a Trump por violencia sexual, y que algunas lo acusen de haberlas violado, ¿no debería haberle hecho perder el voto femenino? ¿No basta el video del programa *Access Hollywood* en el que Trump le dice al presentador Billy Bush que «ser famoso te permite hacer lo que quieras con las mujeres, incluido agarrarlas por los genitales»? Pues no. Casi la mitad de las mujeres blancas votaron por Trump.

Si a setenta y cuatro millones de personas no les importan las múltiples denuncias de acoso sexual, ¿no debería importarles la salud del planeta? Parece que no. Trump ha denunciado la lucha contra el calentamiento global como una trampa de China para debilitar la economía estadounidense. Las decisiones del presidente Trump han sido devastadoras para el medio ambiente. Y muy lucrativas para las empresas más contaminantes —y los cabilderos que las representan—. ¿Les importa a los votantes de Trump que haya nombrado en los principales cargos encargados de regular las industrias contaminantes a los cabilderos que las representan? Obviamente, no. ¿Les importa que la Administración Trump sea caótica e inepta y que haya manejado tan mal la pandemia? No parece. ¿Y que desdeñe la ciencia? Tampoco.

A setenta y cuatro millones de electores no les importa que dos importantes documentos sigan siendo secretos: la declaración de impuestos de Donald Trump y su política sanitaria. ¿Qué hay en dicha declaración para que el presidente haya hecho tantos esfuerzos para mantenerla fuera del escrutinio público? ¿No deberían los votantes saber qué compromisos financieros tiene el presidente y con quién? ¿No debería saberse si Trump es un evasor de impuestos?

El otro documento que no aparece es el plan de Trump para la salud. El presidente ha hecho cuanto ha podido para desmontar la política sanitaria de Barack Obama. Ha prometido que la reemplazará por «algo mucho mejor». Los asesores políticos del presidente han ofrecido una montaña de confusos documentos, pero hasta ahora no han revelado los detalles de ese «algo mejor». Lo que está claro es que eliminar la reforma sanitaria de Obama sin tener con qué reemplazarla le hará mucho daño a la gente, incluidos, por supuesto, a los setenta y cuatro millones que votaron por él. O no lo saben, o no lo creen o no les importa.

La lista de razones por las cuales no había que votar por Trump es larga. Su renuencia por denunciar con firmeza a los odiosos supremacistas blancos. Su desinterés por enfrentar el racismo institucionalizado. Sus menguados logros en política exterior y haber cedido espacios de poder a China y Rusia. Sus grandes conflictos de interés. Sus derivas autoritarias y la manera en que ha socavado la democracia de Estados Unidos. Para setenta y cuatro millones de estadounidenses nada de eso descalifica a Trump para la presidencia.

Pero entonces ¿qué les importa? ¿Qué los mueve a apoyar incondicionalmente a Trump? Muchas cosas. Van de lo más mundano («No me suban los impuestos») a lo espiritual («Trump entiende lo que siento»). De lo positivo («Hagamos América grande de nuevo») a lo negativo («Si gana Biden, los afroamericanos invadirán las zonas residenciales»). De la defensa de derechos (la libre tenencia de armas) a la defensa de valores («Estoy en contra del aborto»). De repudiar la inmigración ilegal («Viva el muro con México») a oponerse a la globalización económica («China nos roba el empleo»).

El carácter demográfico de los setenta y cuatro millones de electores de Trump es diverso y confuso. Incluye a significativos porcentajes de población hispana y rural, de hombres blancos sin estudios universitarios, de grupos evangélicos, de empresarios y obreros, entre muchas otras categorías. Los condados donde ganó Biden, por ejemplo, generan el 70 por ciento de la actividad económica de Estados Unidos, mientras que los que votaron mayoritariamente por Trump producen el 30 por ciento.

El hecho de que las empresas encuestadoras no hayan anticipado la conducta de los setenta y cuatro millones confirma que no sabemos lo que realmente determina su incondicional apoyo a Donald Trump.

Tenemos cuatro años para averiguarlo.

21 de noviembre de 2020

La escasez de bicicletas y el glaciar apocalíptico

¿Usted sabía que hay una escasez mundial de bicicletas? Un súbito y masivo aumento de la demanda global de bicis tomó por sorpresa a los fabricantes, creando así un desabastecimiento temporal. Este inesperado interés en el ciclismo responde a varios impulsos. Muchos de los usuarios habituales de buses, metro y taxis se convirtieron en ciclistas, buscando mitigar el riesgo de contagio del coronavirus que hay en espacios públicos y cerrados. Los paseos en bicicleta también se convirtieron en una atractiva opción para quienes se quedaron sin trabajo. La cesantía, la cuarentena y la distancia social hicieron de un paseo en bici una opción tentadora. Calles y avenidas, casi sin coches y humo, también invitan a circular en bici. Después de que amaine la emergencia sanitaria, el uso de las bicicletas también descenderá. Pero, muy probablemente, el número de ciclistas habituales será mayor del que había antes del brote.

Otra razón para el incremento en la demanda de bicicletas es el creciente apetito por las opciones de transporte ecológico. Y no solo por las bicicletas; también ha surgido un enorme mercado de coches, autobuses y camiones eléctricos. Un revelador acontecimiento reciente que ilustra esta tendencia es que Tesla, el innovador fabricante de coches eléctricos fundado en 2010, recientemente alcanzó un valor de mercado superior al de Toyota y Volkswagen combinados. Incluso Elon Musk, el fundador y actual líder de Tesla, se declaró sorprendido por la extravagante valoración de su empresa en los mercados bursátiles.

Las valoraciones de las empresas que cotizan en la bolsa de valores son influidas por muchos factores —incluidas las burbujas especulativas— y el precio de sus acciones puede no reflejar adecuadamente el verdadero valor de una compañía. Pero, en muchos casos, sí revela las expectativas que tienen los inversores con respecto al futuro de una empresa determinada.

Desde esta perspectiva, es interesante notar que Zoom Video Communications, propietaria de la popular plataforma de videoconferencias, tiene un valor de mercado cuatro veces mayor que el de Delta Airlines. Actualmente, comprar toda la industria de aviación comercial estadounidense sería menos costoso que adquirir Amazon. Otra señal interesante es que una acción de Netflix vale un 25 por ciento más que la de ExxonMobil, la petrolera más grande del mundo.

Lo que está pasando con la valoración bursátil de Netflix y ExxonMobil ilustra dos importantes tendencias globales: *cocooning* y descarbonización.

El *cocooning* (del inglés *cocoon*, un nido que cobija y protege) se refiere a la prevalencia de conductas personales proteccionistas; es la preferencia por quedarse en casa, en el nido, tratando de cuidarse de los peligros que hay afuera. El auge de Netflix es una de las manifestaciones de esta preferencia.

Por su parte, la disminución del valor de ExxonMobil refleja la caída de la demanda mundial de hidrocarburos. Pero los relativamente bajos precios actuales del crudo no solo se deben a la precaria economía mundial. Esta caída también se debe a la expectativa de que la descarbonización —el movimiento hacia la eliminación gradual de las emisiones de carbono que resultan del uso de combustibles fósiles— será una tendencia permanente y acelerada.

Los combustibles fósiles seguirán siendo la principal fuente de energía en el futuro previsible, pero las emergencias climáticas serán cada vez más graves y frecuentes, creando así enormes presiones políticas para acelerar los esfuerzos en favor de la descarbonización.

Últimamente, los científicos se han visto sorprendidos por la velocidad a la cual el clima está cambiando y creando fenómenos meteorológicos inéditos y extremos.

En Siberia, por ejemplo, recientemente ocurrieron accidentes climáticos sin precedentes. En junio, la temperatura en la ciudad de Verjoiansk llegó a los 38 °C, el valor más alto jamás registrado al norte del Círculo Polar Ártico. En el primer semestre de 2020, la temperatura promedio en Siberia fue de -12,7 °C, superior al que se registró entre 1951 y 1980.

El otro polo del planeta, la Antártida, también se está calentando. A los científicos les preocupa que el gigante Thwaites, también conocido como el glaciar del apocalipsis, pueda estar desacoplándose. Si esto sucede, el glaciar —que tiene el tamaño de Inglaterra— comenzaría a deslizarse hacia el océano y dejaría de servir como muro de contención de otros glaciares que entonces también podrían comenzar a moverse y a derretirse. El resultado de todo esto podría ser el aumento de dos a tres metros del nivel del mar.

Entre todas las incertidumbres acerca de cómo será el mundo después de la pandemia, hay una certeza que se perfila como la más importante: el cambio climático cambiará el mundo más que la covid-19. ¿Se recordará esta pandemia solo como un ensayo general de un accidente climático global que alteró la civilización tal como la conocíamos?

25 de julio de 2020

The three amigos

En 1986 se estrenó una comedia de Hollywood titulada *Three Amigos!* Es la historia de tres actores cómicos (protagonizados por Steve Martin, Chevy Chase y Martin Short) que, vestidos de charros mexicanos, llegan al pueblo de Santo Poco para presentar su espectáculo. Pero encuentran que el pueblito mexicano es acosado por una banda de barbudos a caballo comandada por El Guapo. Naturalmente, los tres amigos se las arreglan (con la ayuda de la bella y sufrida Carmen) para liberar a Santo Poco de El Guapo y sus secuaces. El guion de *Three Amigos!* no perdona ni uno solo de los clichés, prejuicios y estereotipos tan comunes en algunos círculos estadounidenses cuando de México se trata. De hecho, El Guapo y los suyos calzan perfectamente bien con la descripción de los inmigrantes mexicanos que ha hecho Donald Trump: asesinos, violadores y «*bad* hombres». También «animales».

En su momento, y antes de ser presidente, Andrés Manuel López Obrador (AMLO) reaccionó indignado: «Trump y sus asesores hablan de los mexicanos como Hitler y los nazis se referían a los judíos. No podemos consentir una política de Estado que menoscabe la dignidad de los intereses legítimos de los mexicanos y de la nación». AMLO también denunció el muro que Estados Unidos está construyendo en la frontera con México como «un monumento a la hipocresía y a la crueldad». Trump, en cambio, lo llama «una belleza» y aclara que «México no es nuestro amigo».

Pero eso era antes. Ahora, como presidente de México, López Obrador visitó la Casa Blanca y, mirando fijamente al presidente

155

Trump, reconoció: «Hemos recibido de usted comprensión y respeto». AMLO también agradeció cómo Trump y su Gobierno tratan a México y a los mexicanos. Trump no se quedó atrás en sus elogios a México, a su presidente y a los millones de inmigrantes mexicanos que trabajan en su país.

Las declaraciones grandilocuentes, vacías y, a veces, claramente mendaces, son habituales en los encuentros entre presidentes. De hecho, lo más interesante de la reunión cumbre entre AMLO y Trump no son las falsedades que dijeron, sino las verdades que ignoraron. Quizá la más importante de esas verdades no mencionadas es que ambos presiden naciones en las que la covid-19 está causando los mayores estragos. Estados Unidos es el campeón mundial en cuanto a víctimas de la pandemia; el subcampeón es el Brasil de Jair Bolsonaro. Muy cerca de ellos, en lo alto de la trágica lista, esta México.

Trump, Bolsonaro y AMLO: *Three Amigos!* Es muy triste que el *remake*, la nueva versión de la película, sea una tragedia y no una comedia, como la versión original. Los tres amigos que protagonizan la versión de estos tiempos son a la vez muy diferentes y muy parecidos. Sus orígenes, carrera e ideologías no podrían ser más distintas. Pero son idénticos en cuanto a su narcisismo, populismo e irresponsabilidad.

Inicialmente, los tres minimizaron la gravedad de la pandemia, tardaron en reaccionar y desdeñaron las medidas recomendadas por los expertos. Ni distancia social, ni uso de mascarillas. «Hay que abrazarse», sentenció por televisión el presidente mexicano. «Lo que protege es no permitir la corrupción», dijo, al tiempo que mostraba los amuletos y estampitas que, según él, son su escudo protector. Trump y Bolsonaro (a quien sus seguidores llaman «el Trump tropical») también recomendaron el uso de amuletos, pero en su caso no fueron de naturaleza religiosa, sino farmacéutica. Trump fue el primero en recomendar el uso de la cloroquina para tratar a las víctimas de la covid-19. De hecho, anunció que él mismo estaba probando ese medicamento. Lo mismo ha dicho el presidente Bolsonaro (quien se ha contagiado de la enfermedad). Ambos ordenaron la compra de cantidades masivas de este controversial fármaco, cuyas propiedades curativas no han sido validadas científicamente, mientras que la evidencia de sus peligrosos efectos secundarios es abrumadora. Y, por supuesto, no podemos olvidar el despliegue de erudición médica del presidente Trump cuando, en una rueda de prensa, especuló sobre la posibilidad de ingerir lejía como remedio contra el virus. O bombardearlo con rayos ultravioleta.

El arraigado desprecio por la ciencia y los expertos es común a los tres amigos. Otra característica que comparten es la disposición a usar la emergencia sanitaria para ahondar las divisiones que fragmentan a sus sociedades. ¿A quién se le hubiese ocurrido que el uso de la mascarilla podría ser transformado en un símbolo para fomentar el conflicto político? A los tres amigos.

Algunas de las imágenes icónicas que quedarán de esta pandemia serán las de estos tres presidentes y sus más leales seguidores exponiendo sus caras, desafiantes y sin ningún tipo de protección. Y otras serán las de la gente con mascarilla, ilustrando así un mundo dividido entre los promáscara y los antimáscara.

Este eje de campeones de la covid-19 no es sostenible. La pandemia se encargará de minar el poder que hoy tienen los tres amigos.

11 de julio de 2021

Cuatro ideas dañadas por la pandemia

La covid-19 no solo mata personas, también ideas. Y cuando no las mata, las desprestigia. Las ideas tradicionales sobre oficinas, hospitales y universidades, por ejemplo, no sobrevivirán incólumes a las secuelas económicas de la pandemia. Tampoco lo harán algunas de las ideas más globales sobre economía y política. Estas cuatro, por ejemplo.

1. Estados Unidos es una fuente de estabilidad para el mundo. Falso. Washington es un importante epicentro de inestabilidad geopolítica. Las reacciones de la Administración Bush a los ataques terroristas del 11-S, por ejemplo, provocaron largas guerras. En 2008, el país exportó al mundo una grave crisis financiera. Pero ninguna guerra o crisis económica le ha hecho perder tanta influencia mundial a Estados Unidos como Donald Trump. Desde su elección en 2016, el presidente ha mostrado, casi a diario, que en vez de calmar al mundo y a su país, prefiere fomentar conflictos y azuzar discordias. Sus reacciones a la pandemia han reconfirmado que la Casa Blanca es un aliado volátil, torpe y poco confiable.

La gran ironía de que Estados Unidos irradie inestabilidad es que el mayor beneficiario del orden internacional que Trump está desvencijando es la nación que él preside.

2. La cooperación internacional. La pandemia ha confirmado que no existe una comunidad internacional capaz de enfrentar concertadamente amenazas globales. Las tragedias de Siria, Yemen, Venezuela o los rohinyá son solo algunos ejemplos de la inefectividad de la comunidad internacional. La covid-19 ha demostrado fehacien-

temente que esa presunta comunidad internacional que trabaja coordinada no existe. La respuesta de los países a esta emergencia sanitaria no ha sido la de actuar mancomunadamente, sino la de atrincherarse detrás de sus fronteras. La pandemia, por ejemplo, debería haber fortalecido a la OMS, un ente multilateral defectuoso, pero indispensable. En cambio, Estados Unidos, convencido de que el organismo ha sido capturado por el Gobierno chino, en vez de liderar una gran coalición internacional para reformarlo, decide dejar de formar parte de él. La desconfianza hacia la cooperación internacional también ha contribuido a fragmentar y hacer más ineficiente la coordinación entre países con respecto a normas, producción y distribución de medicinas y materiales médicos. Y esta es otra ironía: el desprestigio de la colaboración internacional ha hecho que la respuesta a una amenaza global haya sido esencialmente local e inadecuada.

3. La austeridad fiscal. Esta idea, antes muy popular como remedio obligatorio para enfrentar una crisis financiera, ahora es tóxica. Ante un *crash* económico, el Gobierno debía restringir severamente sus gastos y deudas. Ahora es todo lo contrario: gastar más y endeudarse más es la receta de moda. Así, en todas partes, los gobiernos han aumentado el gasto público a niveles inéditos. El déficit fiscal, que es la diferencia entre la recaudación de impuestos y otros ingresos del Gobierno y el gasto público, se ha disparado de una forma nunca vista. En Estados Unidos, por ejemplo, el déficit fiscal de este año alcanzará un monto equivalente al 24 por ciento del total de su gigantesca economía. El endeudamiento de casi todos los países también ha aumentado. La deuda más grande del mundo en relación con el tamaño de su economía la tiene Japón. Estados Unidos es el campeón mundial en cuanto al monto absoluto de dinero que debe (veinte billones —o *trillions*, en inglés—). En los próximos años, decidir cuándo y cómo se pagarán estas deudas (¡y por quién!) detonará un importante y furibundo debate global.

4. La globalización. Esta es otra idea que antes era idealizada y ahora es demonizada. Como suele ocurrir, no era tan buena antes, ni es tan mala ahora. Para muchos, la globalización se expresa en términos del flujo de productos y dinero entre países. Para otros, su principal y más preocupante manifestación es la inmigración. En la

práctica, la globalización es mucho más complicada. Incluye, por supuesto, el enorme aumento de los flujos internacionales de productos, servicios, dinero e información. Pero también incluye las actividades de terroristas, traficantes, criminales, científicos, artistas, filántropos, activistas, deportistas y organizaciones no gubernamentales. Y, por supuesto, las enfermedades, que ahora se mueven a gran velocidad entre continentes.

Los gobiernos pueden obstaculizar algunas de sus manifestaciones o estimular otras. Lo que nadie puede hacer es detener por completo las múltiples formas en las que se entrelazan los países. La pandemia y sus graves secuelas económicas van a fomentar la búsqueda y adopción de políticas que amortigüen los shocks externos que periódicamente sacuden a los países. Habrá más proteccionismo. Pero las ventajas y atractivos de algunas facetas de la globalización no desaparecerán.

¿Qué tienen en común estas desprestigiadas ideas? Que son importantes pilares del orden mundial que surgió después de la Segunda Guerra Mundial. Si bien estos cuatro pilares están dañados, es posible repararlos y mejorarlos. Este es un principalísimo reto de los años por venir.

27 de junio de 2020

Parqueaderos, toses y pandemia

¿Qué tienen que ver los coches estacionados en un parqueadero con las búsquedas en internet de las palabras «diarrea» y «tos»? Y, a su vez, ¿qué tienen que ver estos datos con la pandemia que nos está azotando? Mucho.

Investigadores de la facultad de Medicina de la Universidad de Harvard, en Estados Unidos, decidieron usar imágenes satelitales para ver cómo fluctuaba el número de coches en los parqueaderos de seis importantes hospitales de Wuhan. Esta es la ciudad de once millones de habitantes, situada en el centro de China, desde donde se irradió al resto del mundo el virus causante de la enfermedad que hoy conocemos como covid-19.

Los científicos adquirieron, de una compañía china que comercia imágenes tomadas desde el espacio, las fotos de los parqueaderos desde enero de 2018 hasta abril de 2020. Al analizarlas, los investigadores descubrieron que, entre agosto y diciembre de 2019, aumentó inexplicablemente el número de coches estacionados en los hospitales: en esos meses fue superior al promedio y también mayor al que se observó cuando hubo brotes de gripe. Pero eso no es todo. En China, Google está bloqueado y el motor de búsqueda equivalente se llama Baidu. En esos dos meses, las consultas en Baidu desde Wuhan de las palabras «tos», «diarrea» y «problemas respiratorios» se dispararon.

Los investigadores llegan a una conclusión explosiva: «En Wuhan, el aumento de tráfico en los hospitales y de la búsqueda por internet de información sobre los síntomas aumentó dramáticamente a finales de 2019 y precedió el comienzo documentado de la pandemia en diciembre del mismo año».

La conclusión es explosiva porque, según estos datos, el brote comenzó meses antes de que el Gobierno chino informara al mundo de lo que estaba sucediendo, lo cual redujo el tiempo que tuvieron otros gobiernos para prepararse. Esto lo niega Pekín y además rechaza la validez del estudio.

Los autores reconocen las limitaciones de su metodología y de los datos que usaron. Sin embargo, a pesar de estas limitaciones, es obvio que los resultados de la investigación aportan una útil perspectiva adicional. Y no solo sobre la pandemia.

EL EFECTO CHERNÓBIL. Las burocracias tienden a esconder sus errores. Y las de regímenes autoritarios aún más. Esa fue, por ejemplo, la reacción inicial de la dictadura soviética cuando en 1986 estalló la planta nuclear en Chernóbil. La explosión dispersó material radioactivo en la Unión Soviética, partes de Europa y hasta llegó a Canadá. Todo indica que el «efecto Chernóbil», que consiste en ocultar el problema, moldeó la respuesta del Gobierno chino cuando ya resultaba obvio que lo que sucedía en Wuhan era grave, nuevo y de inmensas proporciones.

TODO SE SABE. Por más que trataron, los líderes de la Unión Soviética no pudieron impedir que el mundo se enterara de la explosión de Chernóbil y sus efectos. Lo mismo ocurrió con la deliberada demora, primero del Gobierno local en Wuhan y luego de las autoridades en Pekín, en reconocer la magnitud de lo que estaba pasando. Nunca ha sido fácil para los gobiernos impedir que, tarde o temprano, sus secretos se conozcan. Hoy los secretos gubernamentales se descubren cada vez más rápido. Incluso los de las dictaduras.

TODO SE MIDE. ¿Quién iba a pensar que el número de coches en un parqueadero revelaría una incipiente pandemia? ¿O que el volumen de búsquedas de ciertas palabras en internet serviría para pronosticar epidemias? En estos tiempos, el solo hecho de que existamos como individuos genera una montaña de datos que —querámoslo o no— las nuevas tecnologías captan y procesan. Teléfonos móviles, cámaras, computadores, sensores y plataformas como Facebook, Instagram, Twitter o Flickr y los motores de búsqueda están todo el tiempo recogiendo información sobre nuestras conductas individuales y transformando esos datos en información utilizable para bien y para mal.

TODO SE POLITIZA. El estudio de Harvard es publicado en momentos en los cuales las fricciones entre Estados Unidos y China siguen aumentando en número e intensidad. El comercio, la tecnología, las finanzas, la superioridad militar o la influencia geopolítica son solo algunas de las arenas en las cuales se enfrentan las dos superpotencias. Otra, muy importante, es la lucha por el prestigio internacional. Después de los traspiés iniciales en reconocer y comunicar el alcance de la pandemia, Pekín ha lanzado una amplia iniciativa propagandística. Esta enfatiza el éxito de su intervención para contener la pandemia, y marca el contraste con el caos que caracteriza la respuesta de la Casa Blanca. Por su parte, el Gobierno de Estados Unidos ha emprendido una amplia campaña de desprestigio contra China, enfatizando la opacidad de sus actuaciones y el hecho de que es el país responsable de la crisis. Las denuncias contra China, sin duda, serán un tema central de la campaña electoral de Donald Trump para las presidenciales de noviembre. China, sin duda, responderá.

En un mundo sin secretos los conflictos pueden ser manejados, pero no suprimidos.

13 de junio de 2020

La pandemia: reacciones, exageraciones y confusiones

«El mundo ha cambiado para siempre», «De esta catástrofe saldrá un nuevo orden internacional». Esto se dijo después de los ataques terroristas del 11 de septiembre de 2001 y se repitió después de la última gran recesión. También después de cada uno de los colapsos financieros que regularmente sacuden al mundo. El análisis de las crisis internacionales que hemos vivido desde los años ochenta revela varios factores recurrentes. Algunos, los vemos en esta pandemia. Otros no. Hay cinco que vale la pena destacar.

1. La exageración del impacto de la crisis. Los pronósticos acerca del cambio del orden mundial suelen resultar exagerados. Después de las crisis, el mundo no ha cambiado ni para siempre ni para todos. Claro que el terrorismo y los problemas económicos han tenido grandes impactos. Pero, en la práctica, ha habido más continuidad que cambio.

2. La reacción de los gobiernos tiene mucho más impacto que el evento que causa la crisis. Los ataques del 11-S produjeron cerca de tres mil muertos y cien mil millones de dólares en pérdidas. Los conflictos en Irak, Afganistán y Pakistán dejaron más de 480.000 muertos, incluyendo 244.000 civiles. Igual pasó con el último gran colapso financiero. Las gigantescas ayudas que los gobiernos desembolsaron para salvar de la bancarrota a grandes empresas tuvieron un mayor impacto que la crisis misma. Los gobiernos priorizaron el socorro a las grandes empresas privadas a expensas de la clase media y de los trabajadores. Esto agravó la desigualdad económica y estimuló el descontento social, lo cual, a su vez, potenció el populismo que terminó trastocando la política en muchos países.

3. Las crisis no son globales. La gran recesión fue tan grave y la reacción de los gobiernos de las economías desarrolladas fue tan masiva que era natural suponer que se trataba de una crisis económica mundial. Pero no lo fue. China, Brasil y otros mercados emergentes no se vieron tan afectados. Más bien se convirtieron en las locomotoras de la economía global y contribuyeron a reanimar las postradas economías de Estados Unidos y Europa.

4. La rutinaria exigencia de reformas que nunca ocurren. Otro factor que nunca falta en las crisis es el llamamiento a reformar las instituciones internacionales, la democracia y el capitalismo. Al estallar una crisis es común que los líderes políticos e intelectuales pidan la eliminación —o la reforma a fondo— de Naciones Unidas, la OTAN, el Fondo Monetario Internacional, el Banco Mundial o el sector privado. Como sabemos, nada de eso ha pasado.

5. Lo que creíamos permanente resultó ser transitorio, y viceversa. Otro de los elementos comunes en las crisis es la sorprendente desaparición o la irrelevancia de líderes e instituciones que suponíamos permanentes y omnipotentes. Sadam Husein, Muamar el Gadafi o algunos de los grandes bancos son buenos ejemplos. A la vez, vemos cómo ideas, líderes, acuerdos institucionales y políticos que parecían transitorios, terminan siendo permanentes.

No todas estas lecciones de otras crisis internacionales serán aplicables a la pandemia causada por la covid-19. Esta crisis es diferente. El coronavirus ha disparado una crisis mundial ante la cual ningún país es inmune. La tecnología, la globalización, la revolución digital, el hecho de que desde 2009 en el mundo haya más gente viviendo en las ciudades que en el campo y la total ausencia de una cura conocida para la covid-19, son solo algunas de las diferencias.

Sin embargo, a pesar de estas y otras diferencias, también hay cosas que vimos en las pasadas crisis mundiales que se repiten en esta. A largo plazo, la exagerada o inepta reacción de los gobiernos a la pandemia probablemente produzca tantos o más daños que la pandemia misma. Tampoco ha faltado en esta crisis la denuncia de las organizaciones multilaterales. El Gobierno estadounidense dejó de pagar sus cuotas a la OMS y pidió su total restructuración.

La pandemia también nos ha traído situaciones que comenzaron como un paliativo y que se han transformado en una realidad que será permanente. El teletrabajo es el más obvio de los ejemplos. Finalmente, un factor común en todas las grandes crisis es la proliferación de teorías conspirativas para explicar lo que está pasando y el creciente rol de charlatanes que se aprovechan del temor y la confusión de sus seguidores para venderles malas ideas o productos fraudulentos. Como hemos visto de sobra en las noticias, esta pandemia también ha producido un buen grupo de ellos.

16 de mayo de 2020

Memorando secreto al presidente Trump

Para: presidente Donald J. Trump
De: XXX
Asunto: estrategia electoral

Es un gran honor, señor presidente, que usted solicite mis consejos acerca de cómo garantizar su merecida reelección. Comparto su desilusión con los asesores electorales que no han logrado convertir su exitosa gestión en una abrumadora ventaja electoral. El único que sirve de esos asesores es su brillante yerno, Jared Kushner.

Pero no hay que ignorar la realidad. Es inevitable que la pandemia y sus secuelas económicas acarreen fuertes costos electorales para usted. Para el día de las elecciones, en noviembre, habrá decenas de miles de empresas en bancarrota, millones de personas sin trabajo y muchos muertos debidos a la covid-19. Además, la gravedad de la situación será exagerada por los medios de comunicación. Siempre se han negado a reconocer su talento y el éxito de sus actuaciones. El más reciente ejemplo de esto fue la injusta manera como reportaron su sugerencia de ingerir o inyectarse desinfectantes caseros para enfrentar el virus.

A pesar de todo esto, estoy convencido de que su reelección es posible. Pero para que ello ocurra usted tiene que estar dispuesto a todo. Los más recientes sondeos electorales indican que Biden le aventaja en todos los estados. Si las elecciones fuesen hoy, él y no usted sería el próximo presidente de Estados Unidos. Pero esa realidad no me amilana. Tenemos otras rutas para garantizar su permanencia en el poder.

Ser el presidente de Estados Unidos y contar con la visibilidad y todos los recursos que ello conlleva es una de sus ventajas. Otra es el dinero. Usted ya ha recaudado 187 millones de dólares más de los que tiene Joe Biden. También contamos con más y mejor tecnología informática. En eso, además, contamos con la invalorable ayuda de su buen amigo Vlad, el ruso.

Pero debemos aceptar que, aun con estas ventajas, Biden puede llegar a noviembre con más apoyo de los votantes. De ser así, tendremos que recurrir a otra de sus potentes armas: el poder judicial. Durante su presidencia usted ha logrado, en colaboración con el jefe del Senado, Mitch McConnell, que se nombren 158 jueces, incluidos dos magistrados de la Corte Suprema. Seguramente, muchos de ellos están muy agradecidos con usted. El poder judicial como instrumento para determinar el resultado de una elección presidencial ya fue usado en el año 2000. En la contienda por la presidencia entre George W. Bush y Al Gore, la Corte Suprema intervino en una disputa sobre el conteo de los votos en el estado de Florida. La decisión de la Corte favoreció a Bush, llevándolo así a la Casa Blanca. Y es en este precedente, en este ejemplo, en el que baso mi optimismo con respecto a la posibilidad de que usted sea reelegido.

Permítame ser muy crudo en formular mi recomendación: si su reelección no la podemos ganar en las urnas, la ganaremos en los tribunales. Si no es a través de votos deberá ser a través de demandas judiciales. Debemos prepararnos para crear decenas de situaciones ambiguas y confusas en las votaciones, en el conteo de votos o en muchos otros aspectos de la mecánica electoral que pongan a los jueces a dirimir los conflictos creados por estas confusiones.

Además de prepararnos para desatar este *Blitzkrieg* judicial contra las elecciones, debemos también trabajar para que quienes no voten por usted, no voten. Es así de simple. Conocemos los distritos en los que la mayoría de los votantes apoya a Biden y allí podemos hacer que el proceso sea tan lento, las máquinas de votación tan defectuosas y las filas tan largas que las personas desistan de votar. También debemos impedir a toda costa que en las regiones en las que dominan los demócratas se pueda votar en ausencia, por correo o electrónicamente. Y podemos diseminar información que haga más confusa la loca-lización de los lugares de votación.

Impedir que los exconvictos voten es también una táctica por considerar. Más del 7 por ciento de la población adulta de afroamericanos no puede votar por haber estado en la cárcel. Entre la población blanca el porcentaje es del 1,8. La lista de posibles tácticas para suprimir el voto es larga y conocida, y ninguna es nueva. Las hemos usado todas. La diferencia es que ahora propongo que sean el pilar de nuestra estrategia electoral.

Y dejé para el final la más importante. La batalla no será para ganar los votos de nuestra base de seguidores. Esos los tenemos. La batalla es para que los escépticos, incrédulos, confundidos, desinformados o flojos no voten. Hay que usar las redes sociales para sembrar desconfianza, dudas y críticas acerca de las elecciones y del sistema democrático. En esto también contamos con la invaluable ayuda del amigo Vlad, el ruso.

Quedo a su disposición para lo que haga falta. Le reitero mi admiración y respeto.

Nota a los lectores: este memorando es falso y solo producto de mi imaginación.

2 de mayo de 2020

Problemas grandes, líderes pequeños

Henry Kissinger piensa que el mundo no será igual después de la pandemia. «Estamos viviendo un cambio de época», dice el famoso diplomático, para luego alertarnos de que «el reto histórico para los líderes de hoy es gestionar la crisis al mismo tiempo que construyen el futuro. Su fracaso en esta tarea puede incendiar el mundo».

El secretario general de Naciones Unidas, António Guterres, ha dicho que la relación entre las grandes potencias nunca sido tan disfuncional como ahora y añade que el coronavirus «está revelando dramáticamente que o nos unimos y trabajamos juntos o seremos derrotados por la pandemia». Según Martin Wolf, el prestigioso columnista inglés: «Esta es la mayor crisis que afronta el mundo desde la Segunda Guerra Mundial y es también el desastre económico más grave desde la depresión de los años treinta. El mundo ha llegado a este momento cuando hay enormes divisiones entre las grandes potencias y cuando el nivel de incompetencia en los más altos niveles gubernamentales es espantoso».

Hay muchas cosas que no sabemos. ¿Cuándo tendremos una vacuna? ¿Cuál será el impacto del virus en los países pobres donde el hacinamiento es la norma y quedarse en casa sin trabajar es imposible? ¿Qué pasa si la covid-19 va y viene en diferentes oleadas? Y la duda más preocupante es si quienes nos gobiernan darán la talla. Wolf concluye: «No conocemos el futuro. Pero sí sabemos cómo deberíamos tratar de moldearlo. ¿Lo lograremos? Esa es la pregunta. Me da mucho miedo la respuesta».

Hablar mal de los líderes políticos es normal. También lo es criticar su gestión. Pero hay que tener cuidado con el desdén por los gobiernos. La contienda política hace que se exageren la ineptitud y la corrupción de quienes nos gobiernan. Gobernar, reconozcámoslo, es difícil, y lo es cada vez más. Ahora el poder es más fácil de obtener, pero también más difícil de usar y, por lo tanto, más fácil de perder. A veces parece que no hay forma de que un líder salga bien parado después de haber dirigido un país. En cambio, vemos con frecuencia a líderes honestos y bien intencionados cuya reputación ha sido masacrada por sus críticos. Y, como sabemos, en este siglo los ataques políticos se potencian con las redes sociales, los bots, los troles y demás yerbas cibernéticas. Es aconsejable ser cautelosos y prudentes en la crítica a nuestros gobernantes.

Tengo todo esto muy presente mientras pienso en los líderes que están hoy a cargo del mundo. A pesar de esta cautela, sin embargo, me es inevitable concluir que, en efecto, la actual cohorte de líderes es, salvo algunas excepciones, patética y preocupante.

Cuando en 2008 estalló la crisis financiera mundial estaba a cargo del G20 Gordon Brown, el entonces primer ministro británico. Este año le toca el turno al rey de Arabia Saudí, quien por su avanzada edad y precaria salud delega el rol en su hijo Mohamed bin Salmán. Sí, ese. El que mandó descuartizar a un periodista que lo criticaba. Este es el líder que debe convocar, movilizar y coordinar a la comunidad internacional para enfrentar la pandemia por la covid-19 y sus secuelas económicas.

En Estados Unidos, el Consejo Económico Nacional es la principal fuente de ideas y políticas económicas del presidente. Desde su creación en 1993 ha sido liderado por algunos de los más prestigiosos economistas estadounidenses. Donald Trump ha nombrado para dirigir este consejo a Lawrence Kudlow, cuya más conocida credencial para el cargo es haber sido comentarista de temas financieros en televisión. Este no es un caso aislado. La Administración Trump no destaca por la capacidad y experiencia de sus altos funcionarios.

En Europa, el panorama en cuanto a la confianza que suscitan quienes hoy tienen el poder tampoco es muy inspirador. Una de las cosas que necesitamos de los gobernantes en estos tiempos es que tengan buen juicio. ¿Cuánta seguridad sobre el futuro le dan a usted

las actuaciones y el juicio que hasta ahora han exhibido Boris Johnson, Viktor Orbán, Pedro Sánchez, Pablo Iglesias y Luigi Di Maio?
En el mundo en desarrollo, Jair Bolsonaro, Andrés Manuel López
Obrador y Daniel Ortega están en las noticias por haber negado la
pandemia; el presidente filipino, Rodrigo Duterte, por haber amenazado con matar a quienes no respeten la cuarentena, y Narendra
Modi, por utilizar la excusa del virus para profundizar la discriminación contra los musulmanes en India.

No quiero idealizar el pasado, ni sugerir que los líderes de antes
siempre fueron mejores. Ha habido de todo. Hemos tenido a Hitler
y a Churchill, a Mao y a Mandela. Pero es indudable que esta pandemia ha sorprendido al mundo en momentos de gran debilidad institucional. Las crisis cierran muchas puertas, pero también abren otras.
La que hoy enfrentamos tendrá muchas consecuencias inesperadas.
Quizá una de ellas sea una fuerte reacción contra los gobernantes
pequeños y la llegada de líderes que estén a la altura de los grandes
problemas que tenemos.

19 de abril de 2020

Sin precedentes

«Llegamos a los primeros cien mil casos de infección por coronavirus en sesenta y siete días. Once días después llegamos a otros cien mil, mientras que el tercer grupo de cien mil infectados solo tardó cuatro días en producirse. Después, en dos días acumulamos otros cien mil más». Esto le dijo Tedros Adhanom Ghebreyesus, el director de la OMS, a los líderes que participaron en una reunión cumbre sobre la covid-19.

Al día siguiente, el Congreso de Estados Unidos logró superar su parálisis y aprobó el paquete de medidas de ayuda económica más grande en la historia de la humanidad. Más de dos billones de dólares (*trillions*, en inglés) serán entregados a individuos, gobiernos locales y empresas privadas con el fin de paliar la devastación económica causada por las medidas necesarias para enfrentar la pandemia. ¿Cuántos son dos billones? Antony Bugg-Levine lo explica así: «Si durante veinticuatro horas al día, por siete días, cada segundo añades un billete de un dólar, aproximadamente en dos semanas tendrás un paquete con un millón de dólares. Alcanzar los mil millones de dólares tardará cuarenta años y llegar a los dos billones de dólares llevaría ochenta mil años».

La magnitud de esta iniciativa económica es sorprendente. Pero sorprende aún más que ni siquiera esta inusitada inyección de dinero sea suficiente para reactivar la economía de Estados Unidos. La mayoría de los expertos anticipa que este año habrá una recesión económica que causará cifras sin precedentes de despidos, de quiebras de empresas y de desalojos de hogares y locales comerciales por falta de pago.

El pesimismo de los especialistas se debe, primordialmente, a los inevitables rezagos y problemas en la distribución de los fondos aprobados por el Gobierno, así como a la continuada catástrofe sanitaria. Mientras no aparezcan una vacuna contra el coronavirus y un tratamiento la economía seguirá débil. Además, es posible que para muchos de los beneficiarios el auxilio financiero llegue tarde. El temor es que un gran número de pequeñas y medianas empresas se vean forzadas a cerrar antes de que los fondos destinados a la crisis lleguen a ellas.

Estos clientes, que ya no compran, están ahora haciendo filas para cobrar su seguro de paro. Hace tres semanas hubo en Estados Unidos doscientas mil solicitudes de ayuda económica por parte de personas que perdieron su trabajo. El número más alto de estas solicitudes ocurrió en 1982, cuando 650.000 trabajadores acudieron a cobrar ese seguro. La semana pasada fueron 3,3 millones de personas, esto es, dieciséis veces más que la semana anterior. La economía estadounidense no es la única que está en problemas. China, por ejemplo, está sufriendo la segunda contracción económica más severa desde los años setenta. Su economía depende mucho de las exportaciones al resto del mundo y esa demanda ha caído de forma dramática. Un gran número de países ya está, o pronto estará, enfrentado a crisis económicas sin precedentes.

La lucha contra el coronavirus es muy costosa y producirá inéditos aumentos en el gasto público y los niveles de endeudamiento. Este impacto es aún más grave en los países más poblados del mundo, con economías precarias y débiles sistemas sanitarios. India, Nigeria, Pakistán, Brasil, Sudáfrica, Bangladés o México son ejemplos de países pobres y poblados que sufrirán fuertes crisis fiscales.

Es por esto por lo que una pandemia que debe ser enfrentada con acciones locales, como el aislamiento de los individuos y la solidaridad social, también requiere con urgencia de coordinación internacional. Los países deben ayudarse y actuar en concierto en cuanto a políticas económicas, coordinación financiera y monetaria, endeudamiento, así como la eliminación de barreras al comercio de medicinas, materiales y equipos hospitalarios, por ejemplo. Hace falta actuar tanto localmente en el ámbito más individual posible como globalmente a una escala lo más multilateral posible.

Esto es viable y el mundo ya lo ha hecho antes. En la grave crisis económica mundial de 2007-2009 se reactivó el G20, una organización formada en 1999 por dos decenas de países y que hasta entonces había sido poco relevante. Los jefes de Gobierno de los países que la integran se rotan el liderazgo del grupo y durante la crisis financiera que estalló en 2007 al entonces primer ministro británico, Gordon Brown, le tocó actuar como líder. Brown y otros de sus colegas decidieron convertir el G20 en el centro de la coordinación económica del mundo. Si bien en las respuestas a la gran recesión se cometieron errores, también es cierto que el G20 reactivado y activista contribuyó a que los daños del enorme *crash* no resultaran aún más graves. En la crisis que estamos viviendo el aislamiento individual salva vidas. Pero, entre países, provocará que los costos derivados de ella sean aún mayores. En esta pandemia sin precedentes hay precedentes que nos pueden ser muy útiles.

28 de marzo de 2020

Todos somos vecinos

Los terremotos generan destrucción y también nueva información sobre las capas más profundas del planeta. Igual que ellos, las pandemias traen consigo destrucción e información, y no solo biológica, epidemiológica o médica. También revelan quiénes somos como personas y como sociedad. ¿Hay entre nosotros más altruistas o más egoístas? ¿Nos conviene tener un país abierto al mundo o fronteras más cerradas? ¿Creemos a los políticos o a los expertos? ¿Qué debe guiar más nuestra conducta, las emociones o los datos?

Quienes defienden la integración entre países chocan con los partidarios del nacionalismo y el proteccionismo. «Rechazamos el globalismo y abrazamos la doctrina del patriotismo», dijo el presidente Trump en la ONU en 2018. También dejó clara su antipatía por el multilateralismo, es decir, las iniciativas basadas en acuerdos entre un gran número de estados. El multilateralismo condujo a la creación de organismos como las Naciones Unidas y el Banco Mundial. También anima los acuerdos en los cuales los participantes se comprometen a hacer esfuerzos conjuntos para lidiar con problemas que ningún país puede enfrentar solo, independientemente de cuán grande, rico o poderoso sea. El cambio climático, la inmigración o el terrorismo son ejemplos de esto. Al presidente Trump esta clase de acuerdos no le gustan. «Estados Unidos siempre escogerá la independencia y la cooperación en vez del control y la dominación de la gobernanza global», dijo. Como sabemos, Trump no es el único crítico de la globalización. Un sinnúmero de líderes políticos, así como intelectuales de fama mundial, la rechazan.

Es en este contexto en el que hace su revolucionaria aparición el coronavirus. Si la globalización se basa en el movimiento internacional de productos, ideas, personas o tecnología, pues este virus es un poderoso ejemplo de la globalización de flujos biológicos. También confirma la miopía de pensar en la globalización solo como un fenómeno comercial, financiero o mediático.

Resulta que algunos flujos biológicos, por ejemplo, viajan más rápido, a mayor distancia, tienen efectos más inmediatos y de mayor impacto que los demás flujos que caracterizan a la globalización. Pero la reacción al coronavirus también revela lo tentador del aislacionismo. Un creciente número de gobiernos está tratando de sellar las fronteras y aislar las ciudades y regiones más afectadas, bloqueando el libre tránsito de personas y las comunicaciones aéreas. Estamos viviendo en tiempo real el choque entre el globalismo y el aislacionismo. Pero al mismo tiempo que están cerrando sus fronteras, estos gobiernos están descubriendo cuánto necesitan el apoyo de otros países y de entes multilaterales como la OMS.

El coronavirus también está sirviendo para traer de nuevo a la palestra y darle un papel protagónico a expertos y científicos. Una de las sorpresas de este temprano siglo XXI fue la pérdida de credibilidad de los expertos y el auge de charlatanes y demagogos. Esta tendencia tuvo un momento icónico cuando en 2016 Michael Gove, entonces ministro de Justicia de Reino Unido, reaccionó a un estudio en el cual renombrados expertos criticaban el Brexit, proyecto que él promovía. El ministro afirmó sin desparpajo: «La gente de este país ya ha tenido suficiente con los expertos». Otro que rutinariamente desprecia a los expertos es Donald Trump. Ha dicho que el cambio climático es una farsa montada por China, que él sabe más de guerra que sus generales, o que entiende mejor esto del virus que los científicos.

Pues no. Resulta que en «esto del virus» los científicos deben ser —y afortunadamente están siendo— los principales protagonistas. Muchos de ellos, además, son funcionarios, otra categoría de profesionales que suele ser desdeñada por los líderes populistas que han logrado ganar poder avivando las frustraciones y ansiedades del «pueblo» que ellos dicen representar. Los populistas conviven mal con los expertos y con los datos que contradicen sus intereses. Detestan a los organismos públicos que albergan expertos y producen datos incuestionables. Pero la crisis del coronavirus ha demostrado que estas burocracias públicas, cuyos presupuestos y capacidades suelen ser erosionados por líderes que las desprecian, son nuestra principal línea de defensa contra una inédita y amenazante pandemia.

La pandemia no solo hace que los expertos y los organismos que los reúnen desempeñen un papel preponderante, también que adquiera renovada urgencia el viejo debate entre altruismo e individualismo. El altruista está dispuesto a beneficiar a otros —incluyendo a desconocidos— a costa de sus propios intereses. En cambio, el individualista tiende a actuar independientemente de los efectos que sus decisiones tengan sobre el bienestar de los demás.

En las próximas semanas y meses vamos a descubrir quiénes —tanto personas como países— están más dispuestos a actuar teniendo a los demás en mente y quiénes solo piensan en sí mismos. Esto será más fácil de descubrir, ya que el coronavirus ha hecho patente que todos somos vecinos. Aun de países y personas que están en las antípodas.

14 de marzo de 2020

¿Quiere una vacuna contra el coronavirus?

Hace poco, el televangelista estadounidense Jim Bakker entrevistó a Sherrill Sellman, una «doctora naturópata» que explicó las extraordinarias propiedades de Silver Solution, la solución plateada que el predicador ofrece a través de la página de internet del Jim Bakker Show.

«Tú dices que la Silver Solution puede ser efectiva contra esta *influenza* [gripe] que ronda por el mundo», dijo Bakker mirando a su invitada y mostrando una botella con la preciada poción. «Bueno… No ha sido probada en esta cepa del coronavirus —respondió Sellman—. Pero sí se ha probado en otras cepas del coronavirus y en doce horas lo eliminó totalmente; lo mató, lo desactivó y fortaleció el sistema inmune del paciente, ayudando así a su recuperación». Si la propuesta de Bakker y Sellman es de su interés, puede pedir un paquete con dos botellas del líquido que, además, incluye como bono especial dos tubos de gel con la solución plateada. Todo esto a cambio de una «donación» de cien dólares (unos noventa euros). El predicador ha tenido una larga y lucrativa carrera apostándole a los incautos, a los ingenuos y a los desesperados. En los años ochenta, llegó a ser uno de los evangelistas más populares de Estados Unidos. Millones de seguidores donaban cientos de millones de dólares a su iglesia. Esa exitosa etapa en la carrera del charlatán terminó con un escándalo sexual y financiero que le valió una larga condena en prisión. Apenas salió de la cárcel, fundó otra iglesia y continuó predicando el mensaje de Dios y vendiendo productos milagrosos.

Los charlatanes siempre nos sorprenden con la audacia de sus mentiras. Pero más sorprendente aún es que, en la práctica, siempre logran atraer a incautos que les creen. Es común suponer que las víctimas más vulnerables de charlatanes y estafadores son personas ingenuas y desinformadas. Pero no es así. No se puede tildar de incautos o desinformados a los ex secretarios de Estado de Estados Unidos Henry Kissinger y George Schultz, ni a los exjefes del Pentágono Bill Perry y el general Jim Mattis, o al empresario Rupert Murdoch, por ejemplo. Son solo algunos de los notables que fueron persuadidos por Elizabeth Holmes, una joven de diecinueve años, de invertir en su nueva empresa, Theranos. Según ella, la empresa revolucionaría la manera de hacer exámenes sanguíneos y llenaría de ganancias a sus accionistas. Holmes recaudó setecientos millones de dólares (unos 634 millones de euros) en una ronda inicial de inversores que luego siguieron inyectándole capital hasta llevar el valor de la empresa a diez mil millones de dólares.

Era todo mentira. Holmes no tenía la tecnología que decía tener. Mantuvo a Theranos a flote más de una década mintiéndoles a inversionistas, clientes, empleados, organismos gubernamentales y periodistas. Holmes perdió todo y enfrenta varios juicios que la pueden llevar a la cárcel.

El otro ejemplo icónico de un charlatán que usó la codicia de sus clientes para estafarlos es Bernard Madoff, quien ofrecía suculentos retornos a quienes le confiaban sus ahorros. Al ser descubierto, Madoff tuvo que pagar una multa de más de diecisiete mil millones de dólares y está cumpliendo una sentencia de ciento cincuenta años de cárcel.

Pero ni los charlatanes religiosos ni los financieros son los más peligrosos. Quienes más nos amenazan son los charlatanes políticos que llegan al poder estafando a sus votantes con promesas que no pueden cumplir, diagnósticos falsos y políticas que terminan por hacernos daño a todos. Estamos viviendo una época de oro para los charlatanes que, ayudados por internet, le dicen a sociedades confundidas y ansiosas lo que quieren oír. Los cambios inéditos del clima, la tecnología, el trabajo, la economía, la política, los valores, la seguridad crean grandes oportunidades para la demagogia.

Los seguidores que le dan poder a los charlatanes de la política nos hacen a todos mucho más daño que los charlatanes mismos.

1 de marzo de 2020

P+P+P=C

El populismo no tiene nada de novedoso. En teoría, es la defensa del pueblo noble (el *populus*) de los abusos de las élites. En la práctica, es usado para describir fenómenos políticos muy diferentes —Donald Trump y Hugo Chávez, por ejemplo—. Por sí solo, es problemático. Cuando se junta con polarización y la posverdad, su capacidad destructiva se multiplica.

Pocos líderes se autodefinen como populistas. Más bien, el término suele ser usado como un arma arrojadiza lanzada por sus adversarios políticos. Un error común es suponer que el populismo es una ideología. Pero hay populistas que defienden la apertura económica y cultural al mundo y otros que son aislacionistas, unos que confían en el mercado y otros en el Estado. Los populistas «verdes» priorizan la protección ambiental mientras que los industrialistas favorecen el crecimiento económico, aun cuando dañe el medio ambiente. Hay populistas de todo tipo. La historia muestra que el populismo no es una ideología sino una estrategia más para tomar el poder, y si es posible, retenerlo.

Esto último es lo más peligroso. Un país puede recuperarse de un Gobierno populista cuyas políticas dañan la economía, estimulan la corrupción y debilitan la democracia. Pero, mientras más se prolonga ese mal Gobierno, más daño hace, más difícil es reemplazarlo y más larga y costosa es la recuperación del país.

Venezuela, por ejemplo, pudo haber sobrevivido a un periodo presidencial de Chávez. Pero lo que la devastó, y está haciendo tan difícil su recuperación, son las dos décadas del mismo régimen inepto, corrupto y autocrático iniciado por Chávez y prolongado por Nicolás Maduro.

El continuismo es el enemigo por vencer. Vimos sus efectos en el Perú de Fujimori, en la Argentina de los Kirchner, el Brasil de Lula y Rousseff, en la Bolivia de Evo Morales y la Nicaragua de los Ortega. Por supuesto que aferrarse al poder violando la Constitución o cambiándola para alargar los periodos presidenciales, no es solo un fenómeno latinoamericano. Ahí están la China de Xi Jinping, la Rusia de Putin, la Turquía de Erdogan y la Hungría de Orbán, por no mencionar la larga lista de longevos dictadores africanos.

El populismo y la polarización hacen buena pareja. Es normal que en una democracia haya grupos antagónicos que compiten por el poder. De hecho, eso es sano. Pero en los últimos tiempos hemos visto cómo, en muchos países, esa sana competencia ha mutado en una polarización extrema que atenta contra la democracia. La polarización radicalizada hace imposible que grupos políticos rivales logren concretar los acuerdos y compromisos que son necesarios para gobernar en democracia. Los rivales políticos se convierten en enemigos irreconciliables que no reconocen la legitimidad del «otro», no aceptan el derecho de ese «otro» a participar en la política o, mucho menos, que llegue a gobernar.

Cada vez más, las diferencias que suelen dividir a las sociedades (desigualdad, inmigración, religión, región, raza, o la economía) dejan de ser la fuente primordial de la polarización, abriéndole paso a la identidad grupal como el factor que determina las preferencias políticas. Además, esta identidad suele definirse en oposición y contraste a la identidad del «otro», la del adversario. Desde esta perspectiva, todo se hace más simple; no hay grises, todo es blanco o negro. O eres «de los míos» o del grupo cuya existencia política no tolero.

Es así como fomentar la polarización, profundizando los desacuerdos y creando nuevas razones para el conflicto social, se vuelven potentes instrumentos al servicio del continuismo. El «nosotros» contra «ellos» moviliza y energiza a los seguidores, activados y motivados a enfrentar al «otro lado», se convierten en una importante base de apoyo para quienes se aferran al poder promoviendo la división.

Pero al populismo y a la polarización se ha sumado un nuevo vicio, mucho más moderno: la posverdad. Desinformar, confundir, alarmar, distorsionar y mentir se hace más fácil, y su impacto se amplifica, gracias a las nuevas modalidades de información, que contribuyen a que creamos menos a las instituciones y más a nuestros amigos o a quienes comparten nuestras preferencias políticas. En las democracias de hoy la verdad es lo que mis amigos de Facebook, Instagram o Twitter creen que es verdad. Aunque sea mentira.

Populismos destructivos siempre ha habido, y polarizadores también. Las sociedades los sufren, y los superan. ¿Cómo? Aferrándose a la verdad. Hoy, ese viejo mecanismo de defensa está desfalleciendo. La posverdad amenaza a los anticuerpos que las democracias usan para curarse de los populismos y repeler el continuismo. Hoy están pasando de ser crisis agudas a ser condiciones crónicas en las que la mendacidad es la norma. Cuando se desdibuja la línea entre la verdad y la mentira se pierde la principal arma que teníamos para deshacernos de las aspiraciones continuistas que los populistas siempre han tenido.

16 de febrero de 2020

El problema de Venezuela no es el socialismo

En los últimos tres años, las escenas trágicas de pobreza y caos han dominado la cobertura de la crisis política en Venezuela, el país que, en su tiempo, fue uno de los más ricos y democráticos de Sudamérica. Venezuela se ha convertido tanto en un sinónimo de fracaso como, curiosamente, en una especie de papa caliente ideológica, un artefacto retórico que se introduce en las discusiones políticas en todo el mundo.

En países tan diversos como Brasil y México, Italia y Estados Unidos, los políticos invocan a Venezuela como un cuento con moraleja sobre los peligros del socialismo. Los candidatos de izquierda —desde Jeremy Corbyn en Reino Unido hasta Pablo Iglesias en España— se ven acusados de simpatizar con el socialismo chavista y sufren serios daños políticos por su asociación con los gobernantes venezolanos. La imputación, repetida sin cesar, es que el fracaso de Venezuela es el fracaso de una ideología. Según esta tesis, el socialismo tiene la culpa, y si los votantes toman la decisión equivocada en las urnas, el caos y la crisis podrían extenderse también a sus países.

Como toda publicidad engañosa, esta es efectiva porque contiene un elemento de verdad. Las políticas socialistas del expresidente Hugo Chávez devastaron el país. Las expropiaciones caóticas y a gran escala, los desastrosos controles de precios y de cambio, las regulaciones sofocantes y la hostilidad desenfrenada hacia el sector privado ayudaron a producir la catástrofe económica en Venezuela. Pocas guerras han destruido tanto la riqueza de una nación como las políticas de Chávez y de su sucesor, Nicolás Maduro.

184

Pero también, como toda publicidad engañosa, esta oscurece más de lo que revela. La causa más profunda de la implosión de Venezuela no es la adhesión doctrinaria de Maduro al socialismo sino, más bien, el deslizamiento del país hacia la cleptocracia. Centrarse en que Venezuela es un fracaso del socialismo es nublar el *quid* de la cuestión: el colapso del Estado venezolano y la apropiación de sus recursos por una confederación de criminales despiadados que actúan dentro y fuera del país.

Esta dinámica se ignora en muchas de las discusiones sobre Venezuela, las cuales siguen tratando el enfrentamiento de Maduro con sus oponentes como una variante de la ya conocida confrontación política entre la izquierda y la derecha. Tales apreciaciones tienden a describir la democracia venezolana como una que está fraccionada, donde hay batallas feroces y en ocasiones violentas entre partidos rivales. Pero pensar en Venezuela como una democracia perturbada o solo como un ejemplo del fracaso del socialismo impide captar plenamente las causas y consecuencias del trance que vive el país.

En realidad, la democracia de Venezuela colapsó hace años. Las encuestas muestran consistentemente que cuatro de cada cinco venezolanos quieren que Maduro deje su cargo de inmediato, pero ningún mecanismo democrático puede satisfacer esa demanda. Con las elecciones groseramente amañadas, varios observadores han propuesto soluciones más drásticas, pero las demás opciones —los golpes militares, las conspiraciones palaciegas y las intervenciones extranjeras— parecen solo posibilidades remotas. Algunos expertos extranjeros aconsejan negociar y se ofrecen como intermediarios. Pero los intentos de facilitar conversaciones eluden el problema principal: el hecho de que la oposición en Venezuela no es una facción reconocida por el Gobierno como en una democracia parlamentaria normal. Los miembros de la oposición son más bien rehenes —y, en el caso de los muchos presos políticos lo son literalmente— de una camarilla criminal que explota sin piedad la riqueza mineral del país para su propio beneficio.

UNA GUARIDA DE LADRONES

Maduro sigue vendiendo la retórica del socialismo, pero su Gobierno autoritario ha construido no un paraíso obrero sino una guarida de ladrones. La clásica dictadura latinoamericana del siglo XX —la que los politólogos denominan un «régimen autoritario burocrático»— era sumamente institucional: una máquina estatal opresiva pero eficiente, apuntalada por una amplia burocracia, mantenía el poder y suprimía la disidencia. La Venezuela contemporánea no es para nada así.

El Gobierno liderado por Maduro es una confederación de grupos criminales domésticos e internacionales cuyo presidente tiene el papel de capo de la mafia. Lo que mantiene unido al régimen no es ni la ideología ni la búsqueda de un orden rígido: es la lucha por el botín que emana de una vertiginosa variedad de fuentes ilegales.

Hoy en día, Venezuela es un nodo central para los traficantes de todo tipo de contrabando: desde productos básicos de consumo cuyos precios están controlados hasta cocaína destinada a Estados Unidos y Europa, así como diamantes, oro, coltán, armas y trabajadores sexuales. La proliferación de bodegones —comercios semilegales que se burlan de los controles de precios vendiendo bienes de consumo contrabandeados— ha reestructurado cada vez más el mercado interno para lo que queda de la clase media. Estos intermediarios luego canalizan los ingresos directamente a amigos, familiares y cómplices de la élite gobernante.

Pero los compinches del Gobierno y de los militares no son los únicos que controlan las grandes empresas criminales. Las denominadas megabandas que operan desde las cárceles se han convertido en la única autoridad civil efectiva en vastos territorios, al igual que los insurgentes de los movimientos guerrilleros de la vecina Colombia. Ambos extorsionan a miles de pequeños comerciantes, agricultores y ganaderos. Algunos controlan las minas ilegales, de modo que alivian a las autoridades locales del violento asunto de poner orden en los asentamientos mineros, y proporcionan al Gobierno su última fuente confiable de divisas tras las sanciones al sector petrolero.

Al regresar a sus oficinas con aire acondicionado en Caracas, los peces gordos del régimen se posan en la cima de su botín. Jorge Giordani, el ministro de planificación de Chávez y ahora opositor al régimen, calculó que estos funcionarios malversaron trescientos mil millones de dólares durante el auge petrolero entre 2003 y 2014. La cifra exacta podría discutirse, pero no la escala macroeconómica de la cleptocracia chavista.

Caracas se ha convertido en una de las capitales del mundo del lavado de dinero. Tras haber robado sumas incalculables, los funcionarios venezolanos y sus compinches han forjado amistades poderosas en todo el mundo. *The Washington Post* reveló recientemente que un empresario vinculado al régimen contrató los servicios legales del abogado y político Rudy Giuliani, mientras que Erik Prince, el dueño de la empresa militar Blackwater, vuela con frecuencia a Caracas para conseguir negocios.

Cuando los investigadores judiciales de Estados Unidos y Europa miran a Venezuela, lo que ven es una inmensa red de crimen organizado torpemente encubierta tras la fachada de un gobierno socialista.

LIBIA EN EL CARIBE

Para los diplomáticos y políticos en el exterior, el país luce como un Estado fallido. Gran parte de su vasto territorio sigue sin gobierno y está totalmente alienado de las disputas políticas de la capital. Desde el comienzo de 2019, cuando Juan Guaidó, el presidente de la Asamblea Nacional, se convirtió para muchos —dentro y fuera de Venezuela— en el presidente interino y líder legítimo del país según la Constitución, Venezuela se ha visto envuelta en una crisis de autoridad que sigue sin resolverse. El país corre el riesgo de convertirse en la Libia del Caribe: una nación con dos gobiernos que compiten por el poder, cada uno con el apoyo de una coalición distinta de naciones extranjeras.

Más de cincuenta países reconocen la reivindicación de la presidencia hecha por Guaidó y la mayoría de las grandes democracias lo apoyan. Pero en Venezuela, quienes tienen las armas siguen leales a Maduro, quien ha hecho todo lo posible por mantener el monopolio de la violencia, aun cuando ha perdido el reconocimiento internacional. A principios de este año, Maduro instaló como presidente de la Asamblea Nacional a un antiguo aliado de Guaidó. Con su cargo en disputa, Guaidó apeló a la ayuda externa: este enero recorrió el mundo, reuniéndose con líderes latinoamericanos y con el secretario de Estado de Estados Unidos, Mike Pompeo, así como con Emmanuel Macron, Angela Merkel, Boris Johnson y Justin Trudeau. Guaidó también ocupó un codiciado lugar en la lista de oradores del pleno del Foro Económico Mundial en Davos.

Como los libios, los venezolanos van descubriendo que tener dos presidentes puede ser peor que no tener ninguno. En bancarrota por la corrupción, la mala gestión y las sanciones que han paralizado el sector petrolero —su principal fuente de divisas— el Estado venezolano ahora vive de los ingresos comparativamente exiguos de la minería ilegal y de las exportaciones ilícitas de petróleo facilitadas por empresas rusas. El éxodo masivo de venezolanos, desde 2017, es otra señal inequívoca del fracaso de este Estado. Aproximadamente el 10 por ciento de la población ha abandonado el país en los últimos años. Los venezolanos están huyendo no solo de la indigencia sino también del colapso del orden público y de la falta de los servicios más básicos: la electricidad, el agua corriente, las telecomunicaciones, las carreteras, una moneda que funcione, la salud y la educación. A fin de cuentas, estos refugiados no huyen del «socialismo» —escapan de un Gobierno infernal y fracasado.

No llegan los refuerzos

El colapso de Venezuela amenaza la estabilidad de toda la región. Aunque Colombia es el país más vulnerable, el fracaso del Estado venezolano repercute en todo el hemisferio, desde Brasil, cuyo distrito más septentrional soporta el peso de los refugiados venezolanos hambrientos y enfermos, hasta Aruba, un centro del narcotráfico y de la trata de personas.

Los líderes de Venezuela también han tratado de exportar la inestabilidad. Desde los años de Chávez y con la dirección de Cuba, el régimen venezolano ha prestado un apoyo entusiasta a los grupos de extrema izquierda en toda América Latina. Maduro habla con frecuencia sobre su deseo de socavar a sus opositores en toda la región. En la medida que una América Latina estable y democrática es una prioridad para la seguridad nacional de Estados Unidos, la implosión de Venezuela es una amenaza no solo para los países vecinos sino también para la superpotencia norteamericana.

Mientras Maduro siga desestabilizando la región, los observadores y comentaristas políticos no descartarán la perspectiva de una intervención militar para deponerlo. Durante más de un año, la Administración Trump ha proclamado ostentosamente que «todas las opciones siguen sobre la mesa». Esta formulación —una alusión taimada a una intervención militar— parece dirigida más a los exiliados venezolanos registrados para votar en Florida que a los planificadores militares del Pentágono. Desesperados por una solución rápida y mágica a un problema que ha trastornado sus vidas, los exiliados se han unido a la causa de Trump. Al fin y al cabo, no es sorprendente que los venezolanos clamen por deshacerse de Maduro y sus secuaces.

Pero los gobiernos extranjeros no están muy dispuestos a invadir Venezuela y arriesgar vidas y recursos para forzar un cambio de régimen. Tanto los países latinoamericanos como la Unión Europea rechazan de manera categórica la sugerencia de una intervención armada. Y Estados Unidos no tiene ninguna intención de llevar a cabo una operación militar de gran envergadura en Venezuela. Una invasión podría terminar de forma desastrosa, dada la presencia de grupos armados por todo el país. El Gobierno de Maduro coopera estrechamente con Rusia en cuestiones de defensa, lo que hace de Venezuela un complicado teatro militar. Además de Rusia, China, Cuba y Turquía se opondrían a cualquier intervención dirigida por Estados Unidos. Así pues, aunque muchos venezolanos en el exilio creen que solo una fuerza externa podría tumbar a Maduro, ningún Gobierno extranjero parece querer exponerse a una desventura tropical.

LAS TEORÍAS DEL CAMBIO

En los últimos tres años, varias «teorías del cambio» han presentado posibles salidas a la calamidad actual de Venezuela. Pero hasta ahora tales teorías han fracasado por ver, equivocadamente, la crisis de Venezuela en términos ideológicos.

En 2017, las esperanzas se centraban en las urnas. Los activistas venezolanos solicitaron un referéndum revocatorio para acortar el periodo de Maduro en el cargo. Esa medida está consagrada en la Constitución del país, y parecía la última y mejor esperanza para asegurar una transición ordenada. Pero ese mismo año, el Tribunal Supremo —una entidad controlada por Maduro— la impidió. Después, en 2018, Maduro ganó una elección presidencial que casi todo el mundo consideró fraudulenta, visto que este inhabilitó a las principales figuras de la oposición para que no pudieran postularse y que las bandas de Maduro se dedicaron a intimidar a los votantes. Además, no se permitió la presencia de ningún observador electoral extranjero en el escrutinio de las urnas y los medios de comunicación estuvieron fuertemente controlados. En retrospectiva, la esperanza de que las urnas pudieran vencer a una cleptocracia violenta ahora parece perdidamente ingenua.

Desilusionados con los resultados electorales, algunos venezolanos llegaron a desear un golpe militar. Dada la catástrofe económica y las protestas callejeras diarias, estos suponían que los militares venezolanos optarían por expulsar a Maduro antes de perder totalmente el control de la situación. Pero a finales de 2017, a pesar de un ciclo de protestas callejeras que dejó a miles de personas encarceladas y docenas de muertos, los militares se mantuvieron leales al Gobierno.

Cuando la situación económica de Venezuela implosionó en 2018, muchos observadores dentro y fuera del país pensaron que los venezolanos empobrecidos, empujados al borde del abismo por la escasez de alimentos, podrían sublevarse. Los opositores al régimen esperaban que esos mismos soldados que el año anterior habían reprimido a los manifestantes de clase media estuviesen menos dispuestos a atacar a la gente hambrienta de los barrios pobres, pues, se suponía, el Gobierno de Maduro era el abanderado de una revolución socialista.

Una vez más, el lente ideológico resultó engañoso: los militares arremetieron contra los manifestantes de las clases populares tan despiadadamente como lo habían hecho contra los manifestantes de la clase media en 2014 y 2017.

El surgimiento de Guaidó como figura clave en 2019 inspiró más visiones de cambio radical. Los países democráticos —desde Chile hasta Croacia— dejaron de reconocer el régimen de Maduro, y los ingresos petroleros se derrumbaron. Pero Maduro respondió aumentando los recursos de sus fuerzas de seguridad con las ganancias, blanqueadas internacionalmente, del oro extraído por bandas armadas que usan como mano de obra a venezolanos desesperados y hambrientos.

A lo largo de ese periodo, voces conciliadoras intentaron lograr una solución negociada. Se esperaba que un actor neutral de la comunidad internacional (tal vez Noruega o Uruguay) pudiera negociar un acuerdo de reparto de poder que allanara el camino hacia un cambio de régimen controlado. Pero Maduro tiene un fuerte control sobre su empresa criminal; así que no sintió ninguna presión que lo obligara a hacer concesiones significativas durante las diversas conversaciones que han tenido lugar en los últimos años. Al contrario, las ha utilizado para dividir a sus contrincantes, tanto en Venezuela como en el exterior.

LA TRANSICIÓN DESEABLE

La mejor opción para los venezolanos sería un acuerdo con respaldo internacional entre Maduro y sus oponentes. Pero esa negociación solo puede tener éxito cuando Maduro esté convencido de que es su último recurso. Hasta que no se den esas condiciones, usará las conversaciones solo para despistar y agotar a sus oponentes.

Solo cuando el régimen se haya quedado sin dinero, cuando no tenga ni amigos ni opciones, accederá a un inevitable acuerdo negociado. Pero sacar a un régimen abominable del poder sin derramar sangre implica compromisos difíciles. En España en 1978, en Chile en 1988 y en Sudáfrica en 1991, las figuras aborrecidas de los antiguos regímenes autocráticos mantuvieron su influencia y su poder por muchos años tras la llegada de la democracia.

Los venezolanos, hoy en día, no están preparados para aceptar este tipo de solución. El Gobierno no está dispuesto a considerarla, porque no siente que su poder esté realmente amenazado, ni lo está la oposición, porque los crímenes del régimen aún están a flor de piel. La gente rechazaría un acuerdo que, por ejemplo, garantice escaños en la legislatura a figuras del régimen, lo cual los protegería de ser enjuiciados, o permita que los nuevos potentados se queden con parte del botín robado.

Lamentablemente, la historia de las transiciones exitosas a la democracia, a finales del siglo xx, hoy socava su viabilidad. El arresto y eventual enjuiciamiento del dictador chileno Augusto Pinochet en 1998 (una década después de haber cedido el poder) creó un precedente que obliga a la comunidad internacional a tratar los graves abusos de los derechos humanos como sujetos a la jurisdicción universal. Maduro y sus secuaces no solo han robado enormes sumas de dinero, también han encarcelado, torturado y asesinado a cientos de opositores. Si toman en cuenta el precedente del caso Pinochet, tienen muy pocas razones para confiar en cualquier amnistía que se les ofrezca. El arresto de un antiguo dictador de derecha reduce drásticamente las opciones de los supuestos revolucionarios socialistas de Venezuela, lo cual subraya, una vez más, lo tangencial que es la ideología para entender esta crisis.

Incluso si se pudiera persuadir a Maduro y sus secuaces de que acepten una salida negociada, los problemas de Venezuela ni de lejos estarían resueltos. El fin del régimen de Maduro, cuando llegue, revelará el cascarón vacío de un Estado. Los administradores públicos competentes huyeron hace años. La infraestructura física (mucha en estado crítico) podría reconstruirse rápidamente, pero la reconstrucción de la infraestructura institucional va a llevar mucho más tiempo. La caída del régimen será solo el indispensable comienzo de la tumultuosa década del resurgimiento de Venezuela.

27 de enero de 2020

¿En qué se parece la nieve a la corrupción?

En los países donde abunda la nieve también abundan las palabras para referirse a ella. Y lo mismo pasa con la corrupción. Allí donde hay mucha corrupción también hay muchas maneras de llamarla.

En el lenguaje sami, hablado en Noruega, Suecia y Finlandia, hay más de trescientas palabras relacionadas con la nieve. En América Latina y en países como Italia, Grecia, Nigeria o India hay centenares de palabras que se usan para hablar de corrupción. Coima, mordida, moches, ñeme-ñeme, guiso, mermelada o cohecho son algunos ejemplos para referirse a la corrupción en distintos países de habla hispana. Pero tan interesantes como las palabras que sobran son las que nos faltan. En español, por ejemplo, no tenemos una palabra equivalente a *whistleblower*. En inglés, este término (literalmente: «el o la que toca el silbato de alarma») se refiere a una persona que denuncia una actividad ilegal o conductas no éticas.

Un famoso *whistleblower*, por ejemplo, fue Jeffrey Wigand. Este alto ejecutivo de una tabacalera estadounidense decidió denunciar, en un muy visto programa de televisión, que la empresa en la que trabajaba adulteraba el tabaco con amoniaco para aumentar el efecto adictivo de la nicotina. Naturalmente, su denuncia tuvo inmensas repercusiones que, entre otras cosas, forzaron al Gobierno a aumentar los controles y la regulación de la industria tabacalera. Wigand también reveló que, a raíz de su denuncia, recibió amenazas.

Por eso, en varios países, ahora hay leyes que protegen a quienes se atreven a exponer conductas ilícitas o indebidas en empresas privadas y en organismos gubernamentales. También hay premios y reconocimientos para quienes hacen públicas las malas conductas de empresas y gobiernos. En Estados Unidos hasta existe el National Whistleblower Center, una ONG que da asistencia legal, protección y apoyo a quienes revelan actos de corrupción.

En español no existe esa palabra. Es muy revelador que en nuestro idioma palabras equivalentes a *whistleblower*, como soplón, delator, chivato, sapo o rata, sean despectivas.

Otra palabra que no tenemos en español pero que es muy usada en inglés es *accountability*, que significa hacerse responsable de las decisiones que uno toma. Lo más parecido es «rendición de cuentas», que, más bien, se refiere a la información que funcionarios u organizaciones gubernamentales están obligados a hacer pública, dando así cuenta de sus actuaciones. Pero no es lo mismo: en América Latina y en España la rendición de cuentas es más un hecho burocrático y contable que el acto político o moral de aceptar la responsabilidad por lo que se ha hecho. Además, nos sobran situaciones en las que los gobiernos no sienten mayor necesidad de «rendir cuentas» con honestidad a sus ciudadanos. La opacidad, la obstrucción, el disimulo o la mentira suelen ser la norma.

En principio, se espera que los regímenes políticos en los cuales líderes y funcionarios se hacen responsables de sus actos de manera pública y transparente tengan una mejor gobernabilidad. Esta última es otra palabra que nos había faltado y que la RAE solo incluyó en su diccionario en los años noventa. Según este diccionario, «gobernabilidad» es la «cualidad de gobernable» y la palabra «gobernanza» se refiere al «arte o manera de gobernar».

La débil gobernabilidad y la mala gobernanza son plagas que azotan a muchos países. Con frecuencia, esto se debe al continuismo de quienes ostentan el poder. Según la RAE, «continuismo» es una «situación en la que el poder de un político, un régimen, un sistema, etcétera, se prolonga sin indicios de cambio o renovación». Esta palabra suele usarse en el debate político iberoamericano para denunciar la propensión de los líderes a tratar de seguir en el poder alterando reglas y leyes y hasta cambiando la Constitución. ¿Cómo se dice «continuismo» en inglés? No se dice. No hay una palabra que le corresponda directamente. Muy revelador, ¿no?

Necesitamos más que nunca una cultura propia del *accountability*, donde honremos a los *whistleblowers*, cuyas denuncias contribuyen a mejorar nuestra *governance* y a hacerle cortocircuito al continuismo.

Lo grave es que ni siquiera podemos tener esta discusión sin usar múltiples (y horribles) anglicismos. Es hora de comenzar a enriquecer nuestro propio diccionario con palabras que se refieren a la decencia y a la honestidad.

2 de febrero de 2020

Asesinatos caros

Cada año, cerca de medio millón de personas son asesinadas en todo el mundo. Naturalmente, estas muertes tienen efectos devastadores para las familias y las personas cercanas a las víctimas. Pero también hay asesinatos que no solo afectan a familiares y amigos, sino que cambian el mundo. Son muertes que resultan muy costosas. El ejemplo icónico es el atentado que, en 1914, le costó la vida en Sarajevo al archiduque Francisco Fernando de Austria. Su muerte desencadenó un proceso que condujo al estallido de la Primera Guerra Mundial y a la muerte de cuarenta millones de personas.

Recientemente, han ocurrido otros asesinatos caros: el del periodista saudí Jamal Khashoggi, ocurrido en octubre de 2018; y el del general iraní Qasem Soleimani, el pasado 3 de enero. Aunque las víctimas no podrían ser más diferentes, tienen algo importante en común: ambas fueron asesinadas por un Gobierno que ordenó su ejecución. El periodista saudí fue asesinado por el Gobierno de su país y el general iraní por el presidente de Estados Unidos. Mientras que Donald Trump celebra su decisión de eliminar al sanguinario líder militar iraní, el príncipe heredero de Arabia Saudí, Mohamed bin Salmán, niega cualquier involucramiento en la muerte de Khashoggi, hecho que ocurrió en el consulado saudí en Estambul. El príncipe culpa a funcionarios de sus servicios secretos, algunos de los cuales ya fueron juzgados y condenados a muerte. Sin embargo, tanto investigadores del Gobierno turco como de *The New York Times*, han concluido que el rapto, asesinato y desmembramiento del periodista fueron llevados a cabo por agentes cercanos a Bin Salmán, quienes viajaron a

Estambul con ese propósito. El príncipe, de treinta y cuatro años, claramente subestimó las terribles consecuencias que el hecho tendría para su reputación mundial, y la de su país. Jamal Khashoggi ya se ha convertido en un símbolo que le recuerda al mundo los riesgos que corren los periodistas que se enfrentan a regímenes autoritarios dispuestos a asesinar a sus críticos.

Por otro lado, si bien es aún muy temprano para determinar todas las consecuencias que tendrá la muerte del general Soleimani, no hay dudas de que serán significativas. La reacción de Teherán ha sido moderada y tanto el líder supremo iraní, el ayatolá Ali Jamenei, como el presidente Trump han dado muestras de que quieren evitar una escalada bélica. Pero es arriesgado suponer que la respuesta iraní se limitará a lanzar once misiles a dos bases en Irak. Este ataque no causó ni muertos ni mayores daños materiales. Teherán no suele responder inmediatamente a las agresiones de sus adversarios más bien, espera para atacarlos en lugares inesperados. En 2012, por ejemplo, fue asesinado un científico iraní cuyo trabajo tenía importantes usos militares. Irán acusó a Israel de este asesinato. Un tiempo después, diplomáticos israelíes fueron atacados en Georgia, India y Tailandia, países sin nada que ver con la muerte del científico iraní. En 1992, Israel dio de baja a uno de los líderes de Hezbolá. Dos meses después, la organización terrorista, patrocinada por Irán, lanzó un camión cargado de explosivos contra la Embajada de Israel en Buenos Aires, causando veintinueve muertes.

Las consecuencias de la decisión de asesinar a Soleimani serán múltiples y variadas. Por ahora se vislumbran dos muy claras. La primera es que, en el futuro inmediato, aumentará la presencia militar de Estados Unidos en Oriente Próximo. «Traer los soldados a casa» es una promesa electoral y un eslogan usado con frecuencia por el presidente Trump. Esta promesa, que ya estaba siendo difícil de cumplir, ahora luce inalcanzable. La segunda es que el acuerdo nuclear entre Irán y varias potencias, en el cual la República Islámica se comprometió a limitar su programa nuclear, ya no tiene efecto. Irán ha anunciado que procederá a enriquecer uranio sin restricción alguna, cosa que no había hecho desde la firma del acuerdo en 2015. El asesinato del general iraní les confirma a los países que se enfrentan a Estados

Unidos que deben contar con armas nucleares para defenderse. Saben que Trump nunca haría en Corea del Norte lo que hizo en Irán ya que Kim Jong-un, el líder norcoreano, puede responder provocando una hecatombe nuclear. Es así como el asesinato de Soleimani estimula la proliferación nuclear, cosa que nos amenaza a todos.

La historia muestra que, con frecuencia, las reacciones a las agresiones tienen consecuencias más graves que las agresiones mismas. Los ataques terroristas del 11 de septiembre de 2001 en Estados Unidos le costaron a Al Qaeda quinientos mil dólares y causaron cerca de tres mil muertes. La reacción de Washington a estos ataques terroristas disparó las guerras en Irak y Afganistán, las más largas de la historia de Estados Unidos, causó centenares de miles de muertos civiles y militares en distintos países y tuvo incalculables costos económicos.

Eliminar a Soleimani, sin duda un peligroso terrorista, seguramente acarreará beneficios a Estados Unidos y sus aliados. Pero también tendrá importantes costos, muchos de ellos inesperados y, por ahora, invisibles. Este será un asesinato caro.

12 de enero de 2020

2019

Alianzas repugnantes

«El partido centrista dominante en Suecia revierte su posición y anuncia que está dispuesto a aliarse con los nacionalistas de extrema derecha». «Para mantenerse en el poder, [el primer ministro canadiense] Trudeau debe aprender a trabajar con sus rivales». «Israel, en camino a sus terceras elecciones en un año». «Protestas callejeras llevan a la renuncia del primer ministro de Irak». «El premier de Finlandia renuncia al colapsar su coalición». «Pelosi anuncia que el Congreso procederá con la acusación formal contra Trump». Estos fueron titulares de prensa de la semana pasada.

Hay países donde los rivales políticos logran ponerse de acuerdo y gobiernan compartiendo el poder. En otros, el odio entre los contrincantes hace imposible acuerdo alguno. Los rivales son vistos como enemigos cuyas ideas o actuaciones los inhabilitan. La posibilidad de cohabitar políticamente con personas o grupos que promueven agendas inaceptables o, peor aún, que han sido acusados de crímenes y abusos, resulta moral y psicológicamente inaceptable para sus adversarios. Una alianza con estos muchas veces equivale al suicidio político de quien se atreva a proponerla. Otras veces es la solución. Dura de tragar, ciertamente, y fácil de denunciar apelando a la moral y a la justicia. A veces, sin embargo, la incapacidad de los adversarios políticos para ponerse de acuerdo condena al país a la parálisis política y gubernamental. Entre 2010 y 2011, por ejemplo, Bélgica estuvo 589 días sin que las facciones en pugna pudiesen formar Gobierno.

Hoy, la polarización es la norma en la mayoría de las democracias del mundo. Si bien siempre ha existido, en los últimos tiempos la polarización se ha exacerbado. Naturalmente, en las democracias la división de la sociedad se refleja cada vez que hay elecciones. Ninguna agrupación política recibe suficientes votos como para formar Gobierno.

Esto no fue siempre así. Décadas atrás, Sudáfrica y Chile lograron evitar la violencia política y tener prolongados periodos de estabilidad y progreso gracias a las alianzas que se dieron entre enemigos históricos.

Nelson Mandela logró lo que nadie creía posible: una transición pacífica de la hegemonía de la minoría blanca, que impuso el apartheid, a una democracia en la cual la mayoría negra alcanzó el poder a través de las elecciones. En Chile, el movimiento democrático negoció un acuerdo con el general Augusto Pinochet que para muchos chilenos era inaceptable. Dejaba al dictador no solo como senador vitalicio sino como intocable comandante de las Fuerzas Armadas, ya que impedía que los presidentes electos pudiesen destituir del cargo a los jefes militares. La Constitución también garantizaba un número de senadores nombrados a dedo por los militares y refrendaba la obligatoriedad de asignar automáticamente a las Fuerzas Armadas el 10 por ciento de los ingresos generados por las exportaciones de cobre, la principal fuente de divisas del país. Obviamente, para quienes sufrieron las persecuciones y torturas de la Junta Militar, aceptar todo esto era como ingerir un revulsivo. No obstante, también en Chile, el resultado de una negociación entre el Gobierno militar y las fuerzas democráticas permitió la transición pacífica de la dictadura a la democracia.

Como sabemos, en los últimos tiempos ni Chile ni Sudáfrica han podido salvarse de las convulsiones políticas que incendian las calles. Pero ambas sociedades se beneficiaron de un largo periodo en el cual enemigos políticos lograron convivir.

En Sudáfrica, después de abolido el apartheid, la economía se expandió, la inflación cayó y proliferaron los programas sociales, muchos de los cuales, por primera vez, beneficiaron a las mayorías más necesitadas. En Chile, las distintas facciones políticas, que incluían tanto a quienes apoyaban a Pinochet como a quienes fueron sus víctimas, lograron ponerse de acuerdo sobre la política económica. El resultado fue una de las economías más exitosas del mundo. Según cifras del Banco Mundial, en el año 2000, más de un tercio de los chilenos vivía en condiciones de pobreza, mientras que para 2017, la proporción de pobres había bajado al 6,4 por ciento.

Estos éxitos no fueron suficientes. En Sudáfrica, el desempleo, la inmensa corrupción y un Estado inepto son fuentes de grandes frustraciones. En Chile, se descuidaron las necesidades de vastos sectores de la sociedad. En ambos países la desigualdad económica está entre las más altas del mundo.

Queda por verse si estos dos países encontrarán la forma de producir coaliciones que hagan posible gobernar y prosperar. El reto que enfrentan Chile y Sudáfrica hoy es el mismo para la mayoría de las democracias del mundo: alcanzar, en una sociedad altamente polarizada, acuerdos entre grupos que se odian.

Es posible imaginar un futuro en el cual las democracias del mundo se dividen entre aquellas que están empantanadas en conflictos irresolubles que las estancan y otras que, gracias a acuerdos entre adversarios políticos, logran formar gobiernos capaces de gobernar. En el siglo XXI, aprender a hacer gobiernos con personas que se odian puede llegar a ser un requisito para que las democracias prosperen.

8 de diciembre de 2019

La tóxica televisión basura

Hay televisión que enaltece y televisión que embrutece. Hay televisión que enseña, que nos hace pensar, que nos lleva a lugares que nunca visitaremos o que nos confronta con los grandes dilemas de la vida. También hay televisión que, deliberadamente, degrada, engaña y confunde. Y por supuesto, hay una televisión que nos distrae y entretiene. Con frecuencia, la televisión que busca educarnos es insoportablemente aburrida, mientras que la que nos intenta manipular, nos polariza y desinforma. En cambio, la que simplemente nos entretiene es políticamente irrelevante. O al menos eso creíamos.

Resulta que una reciente investigación ha descubierto que la televisión anodina, superficial y popular tiene consecuencias nefastas. Este tipo de televisión —la televisión basura— también tiene efectos negativos sobre la política, por más que en sus programas nunca se hable de política. Esta conclusión nos llega de una fuente inesperada: *The American Economic Review*, quizá la publicación sobre temas económicos más respetada del mundo. En una reciente edición, incluyó un artículo de los profesores Rubén Durante, Paolo Pinotti y Andrea Tesei titulado «El legado político de la televisión de entretenimiento».

Los autores aprovecharon los datos generados a comienzos de los años ochenta por la entrada en diferentes regiones de Italia de Mediaset, la cadena de televisión de Silvio Berlusconi, para evaluar el impacto político de la televisión comercial. Combinaron así los datos de la penetración de la señal de las estaciones de Berlusconi en las distintas regiones, con información sobre la audiencia, y su exacta distribución geográfica. También obtuvieron encuestas de opinión, resultados de pruebas psicológicas, informes sobre la naturaleza de los programas, entre muchos otros datos. Los investigadores analizaron este enorme cúmulo de información usando sofisticados modelos estadísticos que les permitieron identificar las características de quienes crecieron viendo los programas de Mediaset y quienes no tuvieron acceso a esos contenidos. Los resultados son insólitos.

Las conclusiones del estudio revelaron que quienes crecieron viendo los contenidos de Mediaset terminaron siendo adultos cognitivamente menos sofisticados y con menor conciencia cívica que sus pares que no tuvieron acceso a tales contenidos. En otro ejemplo, las pruebas psicológicas administradas a un contingente de jóvenes militares revelaron que aquellos que provenían de regiones en las que se podía sintonizar la estación de Berlusconi tenían un desempeño entre un 8 por ciento y un 25 por ciento más bajo que el de sus colegas que no vieron esa televisión en sus años formativos. Lo mismo encontraron con respecto al desempeño en matemáticas y lectura. Una vez adultos, los niños y adolescentes que fueron televidentes de Mediaset obtuvieron resultados significativamente inferiores a quienes no tuvieron acceso a esos canales.

Es bien sabido que la televisión influye sobre nuestras conductas y opiniones. En esa afirmación no hay nada nuevo ni sorprendente. Igualmente, el uso de campañas de propaganda política para influir sobre las masas es tan antiguo como universal. Que los poderosos —o quienes quieren serlo— utilicen la televisión para lograr sus objetivos tampoco es una revelación novedosa. Es, por lo tanto, tentador desdeñar el estudio. Basta notar que este impacto propagandístico era exactamente lo que buscaba Silvio Berlusconi al tener un canal de televisión al servicio de sus ambiciones políticas.

Pero no es así. Al menos no al comienzo de la entrada de las empresas de Berlusconi en el mercado televisivo italiano. Desde su fundación en 1944, la televisión italiana había sido dominada por un monopolio del Estado: la RAI, canal que tuvo una clara misión educativa y cultural. A finales de los años setenta, este monopolio se fue agrietando con la entrada de emisoras privadas que servían a mercados regionales. Quien se mostró más agresivo en la adquisición y consolidación en una sola cadena estas empresas regionales fue Berlusconi. En esa temprana etapa, ni este empresario pensaba entrar en la política —entonces férreamente controlada por unos pocos partidos y sus todopoderosos líderes— ni sus emisoras locales transmitían contenidos políticos o ideológicos. La suya era una estrategia obsesivamente comercial y eso se reflejaba en su programación: variedades, deportes, películas y juegos. Fue solo en los años noventa, cuando la crisis de corrupción conocida como Mani Pulite (Manos Limpias) demolió el sistema político italiano, cuando a Berlusconi se le abrieron las puertas de la política. El sistema cambió, los partidos tradicionales colapsaron y nuevos protagonistas pudieron entrar a competir por los votos de los italianos que querían caras nuevas. De nuevo, nadie aprovechó mejor esta oportunidad que Silvio Berlusconi, quien rápida y eficazmente puso sus empresas de televisión al servicio de sus ambiciones de poder público. Para 1990, la mitad de los italianos ya tenía acceso a Mediaset. Y en 1994, Berlusconi fue elegido primer ministro de Italia.

El impacto político de todo esto también fue analizado por los autores del estudio sobre la televisión basura. Quienes vieron Mediaset cuando eran niños y adolescentes, ahora, como adultos, muestran una mayor propensión que sus pares a apoyar a políticos e ideas populistas.

24 de noviembre de 2019

¿Por qué arden las calles?

Es por la desigualdad económica. Y los bajos salarios. También por la baja o nula movilidad social y la falta de un futuro mejor para los jóvenes. Es por los servicios públicos infames. Por la globalización y la pérdida de puestos de trabajo causada por las oleadas de inmigrantes, de productos chinos o de robots. También por los políticos que han perdido la sintonía con la gente y no se representan más que a sí mismos y a los intereses de las élites. Por las redes sociales y los agentes furtivos que las utilizan para sembrar discordia, profundizar en los resentimientos y la desconfianza que divide a la población, o hasta para crear nuevos conflictos. Es por el debilitamiento de la familia como núcleo de la sociedad. Es por la pérdida de dignidad, de comunidad y de las tradiciones y reglas que contribuyen a crear identidad y sentimientos de afiliación y solidaridad. Es también por la discriminación racial o las tensiones entre grupos étnicos, religiosos o regionales. O por la necesidad de desalojar del poder un régimen político inaceptable o de resistir a la adopción de leyes injustas.

Estas son solo algunas de las explicaciones más comunes de las protestas callejeras que sacuden el mundo. Qué ensalada, ¿verdad? Hay de todo. Tanto mitos probablemente falsos como realidades fácilmente verificables.

Pero cada una de estas explicaciones es motivo de ensayos, artículos y libros que las razonan. Todas buscan las causas más profundas de disturbios callejeros que tienen disparadores muy concretos. El aumento del precio de las cebollas en India, del trigo en Egipto, de la gasolina en Ecuador y el gasóleo en Francia, el impuesto al uso de

WhatsApp en Líbano, la adopción de una ley de extradición en Hong Kong, las trampas electorales del Gobierno de Bolivia y del de Rusia, la sentencia de los líderes independentistas en Cataluña, el aumento del precio del metro en Santiago de Chile son solo algunos ejemplos de la diversidad de eventos que sacan a la gente a la calle. Y que a veces tumban gobiernos o los obligan a abandonar sus planes.

Muchas de las razones más profundas de las protestas callejeras también son usadas para explicar sorpresas políticas como el Brexit, Donald Trump o el ascenso de regímenes populistas. La idea es que estas sorpresas son manifestaciones de descontentos más agudos. Por supuesto que lo son. Pero muchos de los descontentos son de larga duración y también hay en países en los que no ha habido estos tipos de protestas. Así, las explicaciones comúnmente usadas no sirven para pronosticar en qué momento o en qué lugar estallarán protestas que se verán amplificadas por las quejas crónicas.

Un factor común de todas ellas es que toman por sorpresa a los gobiernos. Ni Emmanuel Macron, ni Sebastián Piñera, ni Xi Jinping estaban preparados para anticipar y responder a la escalada de protestas y de violencia que han paralizado París, Santiago y Hong Kong.

El éxito de los levantamientos sociales seguramente también sorprende a quienes participan en ellos. Los jóvenes chilenos cuyos desmanes obligaron al Gobierno a sacar a los militares a la calle e implantar un toque de queda no esperaban que sus protestas obligarían al presidente a pedir perdón por televisión. Aún más, que el Gobierno adoptase con gran celeridad un paquete de medidas económicas dirigidas a corregir algunas de las inequidades que afectan a los chilenos. Lo mismo vale para los jóvenes de Hong Kong, quienes lograron que el Gobierno desistiera de imponer la ley de extradición que originalmente los llevó a la calle.

La gran pregunta de estos días es si estamos en presencia de una gran conspiración o de un gran contagio. La teoría de la conspiración mantiene que, en América Latina, Cuba pone la inteligencia, el régimen de Maduro el dinero y Rusia la tecnología digital que ayuda a sembrar el caos y promover las protestas. La teoría del contagio, en cambio, enfatiza que el llamado «efecto demostración» ahora se disemina con mayor rapidez y es más global. Quienes protestan en Chile vieron a sus pares en las calles de Hong Kong y estos seguramente han visto lo que sucede en las calles de París o de Barcelona. El contagio es fácil y hasta inevitable.

¿En cuál de las dos explicaciones creer? En las dos. Como vimos, los disparadores de las protestas son muy locales y las que ocurren en otros lugares seguramente sirven de inspiración y ejemplo. Una vez que toman fuerza, es muy probable que agentes de regímenes adversos al Gobierno que está bajo ataque hagan cuanto puedan por apoyar directa o indirectamente a quienes protestan.

Las protestas callejeras son como los incendios forestales que han aumentado en frecuencia e intensidad. Los expertos alertan de que estos enormes fuegos van a continuar y tendremos que aprender a vivir en ecosistemas propensos a incendiarse.

Las sociedades y sus líderes tendrán que aprender a vivir con protestas callejeras frecuentes que, en algunos casos, serán solo eventos irritantes y transitorios y, en otros, el inicio de un proceso de cambios revolucionarios.

27 de octubre de 2019

¿Cuál es el lugar más peligroso del mundo?

Los expertos en seguridad internacional suelen preparar listas de los lugares más peligrosos del mundo. Cachemira, por ejemplo, siempre aparece en esas clasificaciones. Es un territorio fronterizo que se disputan India, Pakistán y China y que ha sido motivo de conflictos armados. India y Pakistán cuentan con armas nucleares, lo que aumenta el peligro de que un enfrentamiento armado de menor cuantía vaya creciendo hasta convertirse en una grave amenaza a la paz mundial. Siria, otro de los lugares peligrosos, también ilustra cómo conflictos locales que arrecian terminan afectando a toda una región y más allá. Por estos días, vemos cómo Turquía aprovecha las circunstancias internacionales para conquistar nuevos territorios, alterar fronteras y someter a los kurdos. La península Arábiga, el golfo Pérsico, los países del norte del Cáucaso o la península coreana son algunos de los lugares donde conflictos locales o binacionales tienen el potencial de internacionalizarse.

Pero esta lista de los lugares más peligrosos del mundo hay que actualizarla. Hoy, el epicentro desde el cual se irradian graves amenazas a la estabilidad mundial es... Washington. Y, más precisamente, la Casa Blanca. El presidente que se nos presentó como un maestro en el arte de negociar y como un perpetuo ganador no ha hecho sino perder y dejar que los dictadores más infames de nuestro tiempo lo manipulen. Su nuevo amigo, el sangriento dictador de Corea del Norte, le hizo creer que estaba dispuesto a desmantelar su arsenal nuclear a cambio de que Washington le retirase las sanciones. Mientras tanto, el tirano coreano ha seguido probando sus ojivas nucleares y los misiles de largo alcance que las llevan. El autocrático presidente de Turquía, Recep Tayyip Erdogan, persuadió a Trump de que retirara las tropas estadounidenses de Siria y que dejara que fuerzas turcas invadiesen el norte de ese país y «neutralizaran» a las milicias kurdas. No le importó a Trump el decisivo papel de los kurdos en la feroz lucha contra el Estado Islámico. La concesión que hizo a su amigo turco le está costando caro dentro y fuera de su país. De hecho, haber permitido la aventura bélica de Erdogan produjo lo que hasta ahora había sido imposible: que los republicanos en el Congreso votasen abrumadoramente junto con los diputados demócratas criticando una decisión del presidente.

También es evidente que Trump se siente más cómodo con su otro mejor amigo, Vladímir Putin, que con el Congreso de su país. La última evidencia de esto fue su decisión de vetar una resolución propuesta por la Unión Europea condenando a Turquía por su invasión a Siria. ¿Otro país que vetó la resolución? Rusia. Trump tampoco ha tenido mucho éxito en su guerra comercial contra China, con la decisión de retirar a Estados Unidos del acuerdo nuclear con Irán, en su manejo de la crisis entre Arabia Saudí y sus vecinos, en las negociaciones con los talibanes, en sus relaciones con sus aliados europeos y, por supuesto, en el intento de poner la política internacional estadounidense al servicio de sus intereses personales, tanto electorales como comerciales. En general, la pérdida de poder e influencia de Estados Unidos en el mundo producida por las actuaciones de Trump pasará a la historia como uno de los más devastadores autogoles geopolíticos. Pero, a pesar de lo grave que es la inestabilidad que Trump ha provocado en el mundo, el mayor peligro que hoy emana de la Casa Blanca no es internacional, es doméstico.

Cada vez con más audacia y agresividad el presidente está poniendo a prueba la Constitución y las normas de las cuales depende la democracia estadounidense. Trump ha retado al Congreso, negándole a los diputados su derecho constitucional a obtener documentos o a ordenar la comparecencia de funcionarios o de ciudadanos que tienen información relevante. Los grotescos ataques a los políticos de la oposición, contra personas que trabajaron con él y terminaron repudiándolo, contra los medios de comunicación y sus periodistas, son constantes y crecientes. Estos no son simples excesos verbales de un político histriónico, son peligrosas conductas antidemocráticas.

Las amenazas que enfrentan las democracias fueron señaladas por un joven político estadounidense en 1838. Abraham Lincoln, con veintiocho años, explicó que, para contrarrestarlas, la democracia de su país debía cultivar una «religión política» que enfatizase la reverencia por las leyes y la dependencia de la «razón, la fría, desapasionada razón». Es obvio que Donald Trump no siente mayor reverencia por las leyes o los hechos y que Estados Unidos va a depender de sus instituciones y de sus líderes para preservar la democracia. Es mucho lo que está en juego.

Una fuerte democracia estadounidense no solo beneficia a ese país también al resto del mundo. Es por eso que los intentos de minarla que hoy vemos en Washington hacen de esa ciudad el lugar más peligroso del mundo.

20 de octubre de 2019

La guerra contra la verdad

Es muy extraño lo que está pasando en estos tiempos con la información. Es, al mismo tiempo, más valorada y más despreciada que nunca.

La información, potenciada por la revolución digital, será el motor más importante de la economía, la política y la ciencia del siglo XXI. Pero, como ya hemos visto, también será una peligrosa fuente de confusión, fragmentación social y conflictos.

Grandes cantidades de datos que antes no significaban nada, ahora pueden ser convertidos en información que ayuda a gestionar mejor gobiernos y empresas, curar enfermedades, crear nuevas armas o determinar quién gana las elecciones, entre otras muchas cosas. Es el nuevo petróleo: después de procesado y refinado, tiene gran valor económico. Y si en el siglo pasado varias guerras fueron provocadas por el control del petróleo, en este siglo estarán motivadas por el control de la información.

Pero, al mismo tiempo que hay información que salva vidas y es gloriosa, hay otra que mata y es tóxica. El auge de la desinformación, el fraude y la manipulación que fomenta el conflicto es tan acelerado como la información extraída de las masivas bases de datos digitalizados. Algunos de quienes controlan estas tecnologías saben cómo convencernos de comprar determinados productos. Otros saben cómo entusiasmarnos con ciertas ideas, grupos o lideres —y detestar a sus rivales—.

La gran ironía es que hoy tenemos más información que en el pasado, pero su veracidad es más cuestionable. Alan Rusbridger, exdirector del diario británico *The Guardian*, ha dicho que «estamos descubriendo que la sociedad realmente no puede funcionar si no podemos ponernos de acuerdo sobre la diferencia entre un hecho real y uno falso. No se pueden tener debates o leyes o tribunales o gobernabilidad o ciencia si no hay acuerdo acerca de cuál es un hecho real y cuál no».

El debate acerca de qué es verdad y qué es mentira es tan antiguo como la humanidad. Las discusiones al respecto que se dan entre filósofos, científicos, políticos, periodistas o, simplemente, entre personas con ideas diferentes son frecuentes y feroces. Muchas veces estos debates, en vez de concentrarse en la verificación de los hechos, se centran en la descalificación de quienes los producen. Así, científicos y periodistas son blanco frecuente de aquellos que, por intereses o creencias, defienden ideas o prácticas basadas en mentiras.

Los científicos que, por ejemplo, presentan datos incontrovertibles sobre el calentamiento global o que alertan sobre la imperiosa necesidad de vacunar a los niños, ya están acostumbrados a ser blanco de calumnias acerca de sus motivaciones e intereses.

Los periodistas son víctimas aún más frecuentes de estas descalificaciones. Si bien los ataques de los poderosos que son incomodados por los medios de comunicación no son nuevos, la hostilidad del actual presidente de Estados Unidos es inédita. Donald Trump ha dicho: «Estos animales de la prensa; sí… son animales. Son los peores seres humanos que uno jamás podrá encontrar… Son personas terriblemente deshonestas». También ha popularizado la idea de que los periodistas son «enemigos del pueblo» que propagan noticias falsas —las famosas *fake news*—. Trump ha mencionado las *fake news* en Twitter más de seiscientas veces y también en todos sus discursos. Lo grave es que no solo ha logrado minar la confianza de los estadounidenses en sus medios de comunicación, sino que su acusación ha sido acogida por los autócratas del mundo. Según A. G. Sulzberger, el principal directivo de *The New York Times*, «en los últimos años, más de cincuenta primeros ministros y presidentes en los cinco continentes han usado el término *fake news* para justificar sus acciones en contra de los medios de comunicación». Sulzberger reconoce que «los medios de comunicación no son perfectos. Cometemos errores. Tenemos puntos ciegos». No obstante, este alto ejecutivo se expresa sin ambages cuando afirma que la misión de *The New York Times* es buscar la verdad. En el confuso mundo actual, cuando todo parece relativo y nebuloso, es bueno saber que aún hay quien apuesta por que la verdad existe y se puede encontrar. Tal defensa de la verdad es un buen antídoto contra los lideres con propensiones autoritarias.

En 1951, Hannah Arendt escribió: «El sujeto ideal de un régimen totalitario no es el nazi convencido o el comunista comprometido, son las personas para quienes la distinción entre los hechos y la ficción, lo verdadero y lo falso ha dejado de existir».

Más de seis décadas después las palabras de Arendt han adquirido renovada vigencia. Es imperativo derrotar a quienes han declarado la guerra a la verdad.

6 de octubre de 2019

Esto no es normal

¿Qué tienen en común España, Italia, Israel y Reino Unido? La falta de acuerdo para formar gobiernos estables y capaces de gobernar. Y no son solo estos cuatro países, que, después de todo, cuentan con sistemas de gobierno que aún se respetan la división de poderes y los límites al poder del Ejecutivo. Como sabemos, sobran los países en los que la disfuncionalidad política es mucho más grave.

En todo el mundo, gobernar está siendo cada vez más difícil y, en muchos casos, imposible. Estamos viendo que las elecciones ya no actúan como ancla que estabiliza la política y posibilita que el Gobierno gobierne. Más bien, elecciones y referendos ahora revelan la profunda polarización del electorado, trancan el juego político y hacen imposible la toma de decisiones. Así, los resultados electorales formalizan y cuantifican la profunda fisura de la sociedad y, en algunos casos, contribuyen a dificultar la convivencia civilizada entre las facciones. ¿Qué respuesta se le está dando a este problema? Convocar nuevas elecciones.

Esto no es normal.

Pero gobernar no está siendo cada vez más difícil solo para las democracias. Tampoco parece normal que Xi Jinping y Vladímir Putin, dos de los hombres más poderosos del mundo, tengan que estar preocupándose por protestas callejeras espontáneas en las que participan principalmente jóvenes desarmados. Xi Jinping y Putin ejercen un férreo control sobre sus respectivos países y quienes protestan en las calles de Hong Kong y Moscú no son una amenaza para la supervivencia de estos regímenes. Lo que sorprende es que Xi

Jinping y Putin no hayan acabado antes con ellas. Sería lo normal. Quizá la relativa tolerancia que vienen mostrando estos dos autócratas hacia estas marchas es un síntoma de cuán seguros se sienten y de la irrelevancia de las protestas. O quizá sea porque no saben cómo combatirlas.

Estas protestas no tienen líderes obvios, ni jerarquías claras, y la organización, coordinación y movilización de quienes participan en ellas dependen de las redes sociales. En Hong Kong, los líderes del Gobierno pro Pekín se quejan de que, aunque quieran llegar a acuerdos con quienes protestan, no saben con quién negociar. Obviamente, Xi Jinping y Putin podrían acabar con las protestas usando los métodos habituales de las dictaduras: a sangre y fuego. Pero el uso de la fuerza siempre implica riesgos y en vez de acabar con ellas, puede avivarlas, convirtiéndolas en amenazas políticas más graves.

Eso pasó en Siria, por ejemplo, donde las marchas en la ciudad de Daraa en reacción al encarcelamiento y tortura de quince estudiantes que estaban pintando grafitis en contra del Gobierno, escalaron hasta convertirse en una guerra civil que lleva ocho años y se ha cobrado más de medio millón de vidas.

Pero si lo que está ocurriendo en la política mundial no es normal, lo que está pasando con el medio ambiente lo es aún menos. Los datos son conocidos, las imágenes de todas partes del planeta que muestran las catástrofes producidas por incendios, lluvias torrenciales, sequías prolongadas y vientos huracanados son cotidianas. La evidencia científica es abrumadora y la inacción para atender esta amenaza lo es aún más. La parálisis para enfrentar con eficacia el cambio climático sin duda constituye el mayor peligro que enfrenta nuestra civilización.

La ineptitud de los gobiernos para responder a la emergencia climática es exacerbada por la influencia de intereses económicos. ExxonMobil y los hermanos Charles y David Koch son solo dos ejemplos de empresas y acaudalados individuos que durante décadas financiaron copiosamente «centros de investigación» y «científicos» dedicados a sembrar dudas sobre la gravedad del problema climático e impedir que los gobiernos adopten las políticas necesarias.

Que las grandes empresas influyan en el Gobierno para evitar la toma de decisiones que afecten a sus ganancias no es nada nuevo. De hecho, es lo normal.

Lo que no es normal es que líderes de algunas de las empresas más grandes del mundo repudien públicamente la idea de que su objetivo primordial deba ser maximizar ganancias. Pero fue lo que ocurrió hace unas semanas cuando los directores ejecutivos de 181 de las más grandes empresas estadounidenses firmaron un comunicado que sostiene exactamente eso. Estos altos ejecutivos afirman que las empresas privadas deben reconciliar los intereses de sus accionistas con los de sus clientes, empleados, proveedores y con los de las comunidades en las que operan.

Obviamente, estos titanes del capitalismo están llegando tarde a la conversación. Para muchos ya es obvio que resulta insostenible para cualquier empresa el ignorar los intereses y las necesidades de los grupos de los cuales depende, además de sus accionistas. El debate es cómo hacerlo y, sobre todo, cómo garantizar que las empresas hagan lo que prometen. Algunos importantes líderes empresariales tienen ideas al respecto. Brad Smith, el presidente de Microsoft, por ejemplo, ha publicado un artículo en la revista *The Atlantic* titulado «Las empresas tecnológicas necesitan más regulación».

Esto no es normal. Sin duda, sorprende que el presidente de la decimosexta empresa más grande del mundo exhorte a los gobiernos a que regulen su industria. Pero esta, como las demás anomalías que hemos discutido aquí, sacadas de los noticieros de estos días, es tan solo un ejemplo más de cuán difícil de descifrar es el mundo en el que nos ha tocado vivir.

23 de septiembre de 2019

¿Qué tiene más impacto, las elecciones o las protestas?

¿Qué tienen en común Corea del Norte y Cuba? La respuesta obvia es que ambas son dictaduras. La menos obvia es que, este año, los dos países han celebrado consultas electorales. En Corea del Norte, el Gobierno informó de que el 12 de marzo el 99,99 por ciento de los ciudadanos votaron y que el 100 por ciento de los votos fue para los 687 diputados que fueron postulados por el régimen. No había otros. Semanas antes, los cubanos también se habían expresado a través de un referéndum en el cual se les preguntó si aprobaban una nueva Constitución. El 91 por ciento de los votos fue a favor.

Esta propensión de las dictaduras a llevar a cabo elecciones fraudulentas es muy curiosa. Se basa en el supuesto de que una elección, aunque sea solo teatro, puede compensar en algo la ilegitimidad de un Gobierno autocrático. De hecho, ahora hay más eventos electorales que nunca antes, en democracias y en dictaduras. Este año, 33 países tendrán comicios presidenciales y 76 naciones, elecciones parlamentarias. Pero hay otra forma de expresión política que está mucho más de moda: las protestas callejeras. Además de las marchas, los bloqueos a la circulación de vehículos se han convertido en un frecuente instrumento de expresión política.

Tan solo la semana pasada hubo masivas protestas populares en varios países. En Moscú, por ejemplo, la policía detuvo a más de cuatrocientos manifestantes que protestaban contra las autoridades que arrestaron a Iván Golunov, un periodista que investiga la corrupción en el Kremlin. La policía lo acusó de tenencia y tráfico de drogas, cargos que periodistas y políticos denunciaron como espurios. Al mismo tiempo, en Hong Kong, más de un millón de personas tomaron las calles para protestar contra una ley de extradición que facilita la represión de Pekín en este territorio. Gracias a las protestas, Golunov ha sido liberado y en Hong Kong la ley de amnistía fue retirada.

En Sudán también las hubo. El Gobierno las reprimió brutalmente y murieron más de cien manifestantes. Desde diciembre, los sudaneses exigen el cese del Gobierno autocrático, elecciones limpias y libertades democráticas. Lo mismo que, al otro lado del mundo, piden los venezolanos liderados por Juan Guaidó.

Esto no es nada nuevo. La política y las protestas callejeras siempre han ido de la mano. Pero en su versión de este temprano siglo XXI tienen varias peculiaridades.

La primera es su frecuencia. Thomas Carothers y Richard Youngs, dos de los principales expertos mundiales en el tema han investigado esto a fondo y concluyen que las protestas callejeras han aumentado en frecuencia y tamaño. El uso de teléfonos móviles y las redes sociales facilitan la organización. También ayuda que en muchos países ahora las clases medias más numerosas, conectadas y activadas. Los motivos que impulsan las protestas son variados: algunas tienen objetivos genéricos, como el repudio a la corrupción. Otras, como las de Hong Kong, son concretas: impedir la aprobación de la ley de extradición. Otras más comienzan con reclamos específicos pero, rápidamente, agregan demandas más ambiciosas.

La gran pregunta es si las protestas tienen éxito. No está claro. La mayoría logran concesiones menores o fracasan por completo. Pero algunas han provocado cambios políticos importantes. ¿Qué caracteriza a las que tienen éxito? La combinación de nuevas tecnologías con antiguos métodos de organización política es indispensable. Las redes sociales, por sí solas, no bastan. Para ser exitosas, las protestas deben involucrar a gran parte de la sociedad y no solo a través de internet. En algunos casos, la presión internacional y de las fuerzas armadas ha sido determinante. Pero, como siempre, lo más importante es el liderazgo. El éxito requiere que haya jefes y jefas. La ilusión de un activismo político basado en decisiones colectivas y sin líderes claros suele terminar siendo eso, una ilusión.

16 de junio de 2019

La desigualdad económica: ¿qué hay de nuevo?

«Soy capitalista y hasta yo pienso que el capitalismo está fracturado», afirmó hace poco Ray Dalio, el fundador de Bridgewater, uno de los fondos privados de inversión más grandes del mundo. Según la revista *Forbes*, Dalio ocupa el puesto número sesenta en la lista de las personas más ricas del planeta. «Si el capitalismo no evoluciona, va a desaparecer», dijo.

Jamie Dimon es el jefe del gigantesco banco JP Morgan Chase y también anda preocupado por la salud del capitalismo. Dimon, cuyo sueldo el año pasado fue de treinta millones de dólares, afirma: «Gracias al capitalismo, millones de personas han salido de la pobreza, pero esto no quiere decir que el capitalismo no tenga defectos, que no está dejando mucha gente atrás o que no debe ser mejorado».

Esto es nuevo. Las denuncias contra el capitalismo y la desigualdad que este genera y perpetúa son tan viejas como Karl Marx. Lo nuevo es que los titanes de la industria, cuyos intereses están muy atados al capitalismo, lo están criticando tan ferozmente como los más agresivos militantes de la izquierda. Los empresarios lo quieren reparar, mientras que los críticos más radicales lo quieren reemplazar.

Los grandes empresarios no son los únicos que tienen críticas al capitalismo. Según la encuestadora Gallup, el porcentaje de los estadounidenses entre dieciocho y veintinueve años que tienen una opinión favorable del capitalismo ha caído del 68 por ciento en 2010 al 45 por ciento. Hoy, el 51 por ciento de ellos tiene una opinión positiva del socialismo. Esto también es nuevo.

En el mundo académico hay las mismas preocupaciones. Paul Collier, por ejemplo, es un renombrado economista y profesor de la Universidad de Oxford quien el año pasado publicó *El futuro del capitalismo*. En este libro advierte que «el capitalismo moderno tiene el potencial de elevarnos a todos a un nivel de prosperidad sin precedentes, pero actualmente está en bancarrota moral y va encaminado hacia una tragedia».

Las críticas al capitalismo son muchas y variadas, y la mayoría muy antiguas. La más común es que condena a las grandes masas a la pobreza y concentra ingresos y riquezas en una pequeña élite. Esta crítica se había atenuado gracias al éxito que tuvieron países como China, India y otros en reducir la pobreza. Esto se debió, en gran medida, a la adopción de políticas de liberalización económica que estimularon el crecimiento y el empleo al mismo tiempo que aumentaron los ingresos. Así apareció la clase media más numerosa de la historia de la humanidad, otra novedad.

Pero el *crash* financiero de 2008 trajo de regreso la preocupación por la desigualdad y reanimó las denuncias contra el capitalismo. Mientras que para países como Brasil o Sudáfrica, la desigualdad económica había sido la norma, para otros significaba el regreso de una dolorosa realidad que se creía superada. Varios países europeos y Estados Unidos se unieron al grupo de naciones que vieron aumentar la desigualdad entre sus habitantes.

Con las recientes erupciones de populismo e inestabilidad política se ha generalizado la idea de que es urgente reducir la desigualdad económica. Pero el acuerdo sobre la necesidad de intervenir no ha venido acompañado de uno sobre cómo hacerlo. La falta de consenso acerca de qué hacer tiene mucho que ver con diferencias de opinión sobre las causas de la desigualdad. Para Donald Trump no hay dudas: las importaciones de China y los inmigrantes ilegales son la explicación del sufrimiento económico de los estadounidenses que han dejado de beneficiarse del sueño americano. Esto no es cierto. Todos los estudios demuestran que las nuevas tecnologías que destruyen puestos de trabajo y mantienen bajos los salarios de las ocupaciones que menos formación requieren son la más importante fuente de desigualdad. Una variante de esta teoría es que un creciente número de sectores están dominados por un pequeño número de empresas muy exitosas, y de gran tamaño, cuyas estrategias de negocio inhiben el aumento de los salarios, la inflación y el crecimiento económico. En Estados Unidos, con frecuencia se señala el desproporcionado peso económico, y la consecuente influencia política, que han adquirido el sector financiero y el de la salud. Para economistas como Thomas Piketty, Emmanuel Saez, y otros, «la desigualdad económica es principalmente causada por la desigual propiedad del capital, tanto el privado como el público».

Estas generalizaciones son engañosas. Las causas del aumento de la desigualdad en India son diferentes a las de Estados Unidos y las de Rusia distintas a las de Chile o China. En algunos países, la causa más importante de la desigualdad es la corrupción, en otros no.

Es muy probable, además, que estemos pensando en batallas del siglo pasado y que los nuevos retos requieran nuevas ideas. El impacto de la inteligencia artificial en la desigualdad es aún incierto, pero todo indica que será enorme. Y esta novedad puede volver obsoletas nuestras ideas acerca de las causas de la desigualdad y sus consecuencias.

Será todo nuevo.

2 de junio de 2019

Las fieras comepolíticos

La mayoría de los animales no comen carne humana. Sin embargo, hay tigres, leones, leopardos, osos y cocodrilos que, cuando la prueban, la incorporan a su dieta y, activamente, cazan seres humanos para comerlos. Son los llamados «devoradores de hombres». Una vez que han probado carne humana no pueden dejar de comerla.

Algo parecido está sucediendo con la política. En algunos países, una vez que el sistema político aprende a defenestrar al jefe de Estado, se acostumbra a hacerlo periódicamente. Los elimina a través de un sacrificio ritual que, por lo general, ocurre en tribunales, parlamentos y medios de comunicación, así como en plazas y calles. La conflictividad social, el revanchismo, la polarización y la antipolítica que hoy caracteriza a muchas sociedades son el caldo de cultivo que conduce al despido, la cárcel y, a veces, hasta la muerte de sus presidentes. Como sabemos, ese difuso pero feroz animal comepolíticos ahora cuenta con las redes sociales como potente arma para acorralar a sus presas. También sabemos que la exasperación y frustración de los votantes contra los políticos no es ni artificial, ni gratuita: la precariedad económica, la desigualdad, la corrupción y el mal desempeño de los gobiernos son la causa última del enardecimiento de la fiera comepolíticos.

Es obvio que a veces es sano salir de un mal jefe de Estado antes de que termine su periodo. Eso hay que aplaudirlo, no censurarlo. Brasil, por ejemplo, le debe mucho a los jueces que se enfrentaron a algunos de los políticos y empresarios más poderosos y lograron mandarlos a prisión. Cientos de miles de brasileños indignados por la

224

corrupción reinante tomaron las calles y crearon el ambiente que condujo a la salida de la presidenta Dilma Rousseff antes de terminar su mandato. La fiera política brasileña que, sin darse cuenta, le abrió paso al ahora presidente Jair Bolsonaro, podría también devorarlo a él.

En Centroamérica el hábitat natural de uno de cada dos expresidentes es la cárcel. Según el diario mexicano *El Universal*, de los cuarenta y dos presidentes que entre 1990 y 2018 gobernaron Guatemala, el Salvador, Honduras, Nicaragua, Costa Rica y Panamá, diecinueve han estado o están en la cárcel.

Lo mismo sucede en Perú. El presidente Pedro Pablo Kuczynski se vio obligado a dimitir en 2018 y, recientemente, un tribunal ordenó su prisión preventiva para él por tres años. El expresidente Ollanta Humala también estuvo encarcelado, al igual que su esposa Nadine Heredia. Alejandro Toledo, quien fue presidente de 2001 a 2006 está prófugo de la justicia peruana y desde 2017 las autoridades han solicitado al Gobierno de Estados Unidos su extradición. Su esposa, Eliane Karp, tiene orden de arresto y está fuera del país. Keiko Fujimori, la líder de la oposición, ha sido condenada a tres años de prisión preventiva, mientras que su padre, el expresidente Alberto Fujimori, sigue purgando una larga condena. La cárcel también hubiese sido el destino de Alan García, el dos veces presidente, de no ser porque hace unas semanas se suicidó de un disparo en la cabeza cuando la policía llegó a su casa a detenerlo.

Este no es solo un fenómeno latinoamericano, es una tendencia mundial. La fiera comepolíticos esta activísima en Europa. Y Asia no se queda atrás. Park Geun-hye, de sesenta y siete años, acusada de corrupción, se vio obligada a dimitir como presidenta de Corea del Sur y cumple una condena de veinticuatro años de cárcel, lo que en su caso equivale a cadena perpetua. Lee Myung-bak, uno de sus predecesores, fue juzgado por corrupción y condenado a quince años, mientras que otro expresidente, Roh Moo-hyun, también implicado en un escándalo de corrupción, se suicidó. En Tailandia, Malasia e Indonesia hay situaciones parecidas.

Una de las sorpresas de todos estos derrocamientos es el reducido papel que han jugado los militares. En el pasado, los generales eran protagonistas. Ya no. Ahora es la gente en la calle y los magistrados en los tribunales. El problema es que, a veces, la presión de la calle desborda a los jueces y los tribunales, en vez de hacer justicia, ceban la fiera comepolíticos.

¿Qué pensar de todo esto? Primero, que la impunidad no es tan común como se cree; muchos políticos corruptos terminan en prisión. Segundo, esto no parece hacer mella en la corrupción. Nada parece indicar que haya disminuido. Tercero, en estas cruzadas judiciales contra funcionarios corruptos, potenciadas por la indignación de la gente en la calle, seguramente se cometen injusticias. Cuarto: las acusaciones de corrupción forman parte del arsenal que usan los políticos contra sus adversarios.

¿Qué hacer? No hay que limitar el activismo judicial contra los corruptos, sino despolitizarlo. La más potente arma contra la corrupción son políticas públicas que no la incentivan. Las políticas públicas deben aumentar la transparencia de las decisiones de los funcionarios y disminuir su discrecionalidad. También deben mejorar el escrutinio por parte de entes de vigilancia, medios de comunicación y organizaciones no gubernamentales.

Esto es más aburrido que ver a la fiera comepolíticos en acción. Pero también mucho más sano.

30 de abril de 2019

Seis toxinas que debilitan la democracia

Hay elecciones o referendos cuyos resultados cambian el rumbo de la historia.

En junio de 2016, por ejemplo, los británicos votaron a favor de que su país rompiera con la Unión Europea —el famoso Brexit—. Otro ejemplo ocurrió cuando Donald Trump ganó las elecciones que lo llevaron a la Casa Blanca, también en 2016. O cuando en diciembre de 1998 los venezolanos eligieron presidente a Hugo Chávez.

El Brexit ha sumido en una profunda crisis al sistema político inglés, Trump ha transformado la política de su país, y quizá del mundo, y Chávez es el responsable de una catástrofe nacional que está por convertirse en una peligrosa crisis regional.

Estos tres casos son, por supuesto, muy diferentes. Pero también tienen semejanzas que iluminan importantes toxinas que minan las democracias del mundo actual.

1. La antipolítica. Los tres son manifestaciones concretas del rechazo a los «políticos de siempre» y de la presunción de que los gobernantes tradicionales usan la política para su beneficio personal y no en aras del bien común. Quienes votaron a favor del Brexit, Trump y Chávez sentían que solo desalojando a quienes gobernaban mejoraría su situación personal o, al menos, serviría para darle una lección a los poderosos. «Que se vayan todos» y «Nada puede ser peor de lo que hay» son sus consignas.

2. Partidos débiles. En estos tres ejemplos, los inesperados resultados de las consultas electorales fueron posibles gracias a la debilidad

227

de los partidos políticos tradicionales. Los dos grandes partidos británicos —el laborista y el conservador— estaban escindidos y eso les impidió enfrentar eficazmente a quienes promovían el Brexit. Lo mismo le ocurrió al Partido Republicano de Estados Unidos, cuya fragmentación hizo posible que un político advenedizo como Trump llegase a ser su candidato presidencial. Fue igual en Venezuela, donde los dos grandes partidos históricos se derrumbaron, dejándole la puerta abierta a Hugo Chávez.

3. La normalización de la mentira. Casi inmediatamente después de su triunfo en el referéndum sobre el Brexit, se supo que sus promotores habían mentido, exagerando los beneficios que tendría para Reino Unido abandonar la Unión Europea y minimizando los costos y dificultades que esa salida tendría para los británicos. En su primer año como presidente, Donald Trump dijo cerca de seis mentiras o afirmaciones engañosas cada día, según la cuenta que lleva *The Washington Post*. En el segundo año el promedio subió a más de dieciséis al día y en lo que va de 2019 lleva veintidós mentiras diarias. El presidente estadounidense ha normalizado la mentira. Hugo Chávez hizo lo mismo. En internet hay un inmenso acervo de videos y grabaciones en los cuales se puede ver y oír al presidente venezolano mintiendo flagrantemente.

4. La manipulación digital. La cuenta de Twitter de Donald Trump es una de sus más potentes armas políticas. Chris Wylie, el arrepentido exdirector de investigación de la empresa Cambridge Analytica, ha declarado ante el Parlamento británico que esa empresa usó las redes sociales para influir sobre el resultado del referéndum a favor del Brexit. *Aló Presidente*, el programa dominical protagonizado por Chávez, se convirtió en un principalísimo instrumento de propaganda, movilización política y manipulación de la opinión pública. Todos los políticos, en todas partes y desde siempre, han usado los medios de comunicación social para obtener y retener el poder. Pero pocos con la habilidad, el descaro y la sofisticación tecnológica con la que Trump, Chávez y los defensores del Brexit lo han hecho.

5. La intervención extranjera furtiva. Las agencias de inteligencia de Estados Unidos y el fiscal especial Robert S. Mueller concluyeron que el Gobierno ruso influyó clandestinamente en los comicios es-

tadounidenses de 2016. Antes del referéndum sobre el Brexit, más de ciento cincuenta mil cuentas de Twitter en ruso enviaron decenas de miles de mensajes en inglés urgiendo a los británicos a salir de la Unión Europea. La influencia de Cuba en Venezuela se mantuvo en secreto, pero hoy es una realidad ampliamente reconocida. Las invasiones son ahora más baratas, clandestinas y se llevan a cabo con computadores y armas cibernéticas.

6. El nacionalismo. Las promesas de autodeterminación y revancha contra los maltratos recibidos por parte de otros países fueron clave en el éxito electoral de Chávez, Trump y el Brexit. En los tres casos, las denuncias contra la globalización, el comercio internacional y «países que se aprovechan de nosotros» rindieron dividendos políticos. La hostilidad de Chávez contra Estados Unidos y la de Trump y los defensores del Brexit contra los inmigrantes también fueron determinantes.

Estos seis factores ilustran el tipo de toxinas que están afectando la política de muchos países. En algunos de ellos han surgido anticuerpos que las resisten. El resultado de este choque entre toxinas y anticuerpos políticos moldeará el mundo que nos viene.

30 de marzo de 2019

El islam en números

«¿Por qué nos odian?». Este fue el titular de portada de la revista *Newsweek* después de los ataques del 11 de septiembre de 2001 en Estados Unidos. El titular se refería al hecho de que todos los terroristas que perpetraron los ataques eran musulmanes impulsados por un odio visceral contra Estados Unidos y el mundo occidental. Los atentados provocaron una feroz respuesta militar por parte de Estados Unidos y sus aliados, así como un intenso debate acerca de las causas de ese odio y cómo enfrentarlo. El debate popularizó la hipótesis del impacto de civilizaciones, según la cual las religiones y culturas reemplazarían al choque de ideologías —comunismo contra capitalismo, por ejemplo— como fuentes de los conflictos internacionales. El enfrentamiento de la civilización islámica contra la occidental es un importante pronóstico de esta visión.

Hoy sabemos que tal conjetura no fue acertada. Más que un impacto entre civilizaciones lo que ha ocurrido es un sangriento choque dentro de una civilización: la islámica. La inmensa mayoría de las víctimas del terrorismo a nivel mundial son musulmanes inocentes asesinados o heridos por musulmanes radicalizados. Los ataques de terroristas islamistas contra europeos y estadounidenses han sido graves y siguen siendo una amenaza real. Y el reciente ataque a la mezquita en Nueva Zelanda forma parte del nuevo activismo criminal de los supremacistas blancos. Pero el número de víctimas del terrorismo islamista en Estados Unidos y Europa es bajo en comparación con las muertes que causan esos terroristas en países musulmanes.

Para enfrentar con éxito este terrorismo hay que entender a fondo sus orígenes y motivaciones así como la actual situación del islam. La urgencia de esta mejor comprensión no es solo por el terrorismo. En este siglo el islam moldeará temas críticos para la humanidad, tales como el futuro de África y Oriente Próximo, los flujos migratorios, la lucha contra la pobreza y tragedias como las de Siria y Yemen o la de los rohinyá.

Hoy hay 1.800 millones de musulmanes y son el grupo religioso que más rápido crece. Para fines de este siglo habrá más musulmanes que cristianos en el mundo y antes, en 2050, el 10 por ciento de los europeos serán musulmanes.

Hasta finales de los años noventa, el análisis del papel del islam en el comportamiento económico había sido dominado por teólogos, sociólogos y politólogos. Esto está cambiando y hay cada vez más investigaciones de economistas que estudian esta religión aplicando las teorías y métodos modernos de su disciplina. Timur Kuran, profesor de la Universidad de Duke, en Estados Unidos, acaba de publicar la más exhaustiva reseña que se ha hecho hasta ahora de la relación entre el islam y la economía. El ámbito de este trabajo es amplísimo e imposible de resumir, pero el texto completo está en *The Journal of Economic Literature*.

Una de las preguntas clave es si el islam retarda el desarrollo económico, ya que los países con una población mayoritariamente musulmana son más pobres que el promedio del resto del mundo. En 2017, el ingreso por persona de los 57 países miembros de la Organización para la Cooperación Islámica fue, de media, 11.073 dólares. Ese año el ingreso por persona de todos los demás países fue de 18.796 dólares.

En naciones con mayorías musulmanas, la expectativa de vida es más baja y el analfabetismo más alto. Además, en países como India, donde importantes porcentajes de la población profesan diferentes religiones, los musulmanes tienden a ser los más pobres. Una pobreza relativa que está presente tanto en países donde son minoría como en los que constituyen el mayor grupo religioso.

No obstante, el profesor Kuran alerta de que, si bien estos datos son muy sugerentes, no son suficientes para concluir que el islam está reñido con la prosperidad económica. Después de todo, las economías de los países pobres del sur de Asia y las de América Latina también sufren de un mediocre y crónico desempeño.

La revisión de los artículos científicos publicados desde 1997 revela otros interesantes resultados. Algunos ejemplos: quienes participan en la peregrinación anual a La Meca adquieren actitudes que favorecen el crecimiento económico y una mayor tolerancia hacia los no musulmanes. Por su parte, aquellos individuos cuya madre ayunó en el ramadán durante el embarazo tienen vidas más breves, mala salud, menos agudeza mental, pocos logros académicos y un deficiente desempeño laboral.

La filantropía de los musulmanes tiende a favorecer más a la clase media que a los más pobres. Las reglas que rigen las llamadas «finanzas islámicas» no tienen mayor efecto en la conducta financiera de los musulmanes. Los gobernantes de países musulmanes han contribuido a la persistencia del autoritarismo a través del uso del islam con fines políticos.

El estudio incluye las explicaciones y los datos que apoyan estas conclusiones así como muchos otros hallazgos sorprendentes. Necesitamos más y mejores estudios de este tipo. Ahora más que nunca nos hace falta comprender a fondo el islam, sus problemas y sus promesas.

24 de marzo de 2019

¿Usted en quién confía?

Una característica de estos tiempos es la falta de confianza. Según las encuestas, la gente no confía en el Gobierno, en los políticos, los periodistas, los científicos o, mucho menos, en banqueros y empresarios. Ni siquiera el Vaticano se salva de esta pérdida de confianza. En Estados Unidos, por ejemplo, la confianza de los ciudadanos en el Ejecutivo está ahora en su punto más bajo desde que se iniciaron los sondeos de opinión al respecto. Hoy, el 82 por ciento de los estadounidenses no confía en que su Gobierno haga lo correcto. Esta es una tendencia mundial: la desconfianza y el escepticismo son la norma.

Pero en esto hay una gran paradoja: al mismo tiempo que nuestra confianza en el Gobierno es mínima, nuestra credulidad frente a ciertos mensajes que nos llegan por internet es máxima. Es la paradoja de la confianza. No creemos en el Gobierno ni en los expertos, pero sí en mensajes anónimos que llegan por Facebook, Twitter o WhatsApp.

¿Quién no ha reenviado a familiares y amigos mensajes con información que luego descubrimos que es falsa? Basta que el mensaje refuerce nuestros ideales y creencias para que ignoremos la barrera de escepticismo con la que nos protegemos de las mentiras y manipulaciones tan comunes en internet. Si el mensaje está alineado con nuestros prejuicios, sin pensarlo mucho lo reenviamos a nuestra «tribu digital», el grupo de personas que sabemos que piensan como nosotros.

Hay una conexión entre la declinación de la confianza y la fe ciega en los mensajes de las redes sociales que confirman nuestros prejuicios. En el caso de los gobiernos, es muy deseable que estén sometidos al escrutinio y la crítica y hay que celebrar el hecho de que internet facilite que esto ocurra. Un Gobierno normal es un Gobierno defectuoso y merecedor de críticas. Pero hay que tener cuidado con que la crítica al Gobierno basada en falsedades debilite a la democracia, polarice a la sociedad y nutra la antipolítica, ese sentimiento de que nada de lo que hay sirve y que, por lo tanto, vale la pena hacer experimentos políticos extremos, como darles el poder a demagogos y populistas.

Un revelador ejemplo de la paradoja de la confianza es el movimiento en contra de las vacunas. Sus seguidores mantienen que las vacunas contra el sarampión, las paperas y la rubeola son peligrosas y pueden estar asociadas con el autismo, razón por la cual se niegan a vacunar a sus hijos.

No obstante, la evidencia científica sobre este tema es abrumadora: no hay vínculo alguno entre las vacunas y el autismo. Y no vacunar a los niños es peligroso para ellos y para los niños y adultos con quienes interactúan. Los resultados de las investigaciones científicas no hacen mella en las creencias de quienes están convencidos de que las vacunas son nocivas. Para ellos, las recomendaciones de los organismos públicos especializados no son creíbles, mientras que las mentiras acerca de las vacunas que circulan por internet son tratadas como verdades incuestionables. Además, los antivacunas cuentan con aliados formidables. Tanto Donald Trump como el actual Gobierno italiano han cuestionado la necesidad de vacunar a los niños.

La ridiculización y a veces la demonización de los expertos forma parte del guion de los populistas. Después de todo, los expertos son, por definición, una élite y no «el pueblo» que los populistas dicen representar. Estos cuestionamientos del conocimiento científico suelen contar también con el apoyo de los «científicos escépticos» que siempre aparecen en estas controversias. Son los científicos que durante décadas sembraron dudas acerca del vínculo que hay entre el tabaco y el cáncer o los que dudan que el calentamiento global y el resultante cambio climático sean una realidad. O los «expertos» que cuestionan la teoría de la evolución. O los que creen que las vacunas producen autismo. Los escépticos casi siempre son una pequeña minoría que se regodea cuestionando el «pensamiento único» que comparten la gran mayoría de los científicos. Inevitablemente, entre los escépticos también hay farsantes que son simplemente empleados de los intereses que se benefician de sembrar dudas.

La paradoja de la confianza existe en todos los ámbitos, pero en ninguno tiene tantas consecuencias como en la política. La propaganda política siempre ha existido y el uso de la publicidad en las elecciones es una práctica largamente establecida. Pero la paradoja de la confianza ha potenciado a ambas. Está claro, por ejemplo, que una estrategia del Gobierno ruso es invadir a otros países no con tanques y aviones, sino con seductoras mentiras que siembran dudas, confusión y desmoralización en la sociedad.

¿Qué hacer? Seguramente aparecerán tecnologías que facilitarán la detección de estos venenos digitales, así como leyes y normas que reduzcan la impunidad de los agresores cibernéticos y de las empresas que les dan las plataformas desde donde lanzan sus ataques. Pero el antídoto más poderoso son ciudadanos activados y bien informados que no se dejan enceguecer por las pasiones políticas.

23 de febrero de 2019

La globalización de la polarización

El Gobierno de la superpotencia está parado. El de una exsuperpotencia, Reino Unido, quedó paralizado tras sufrir una andanada de autogoles. Angela Merkel, quien hasta hace poco fue la más influyente líder europea, se retira. Su colega francés enfrenta una sorpresiva convulsión social protagonizada por los ahora famosos chalecos amarillos. Italia, el país con la séptima economía más grande del mundo, es gobernada por una coalición de líderes con ideologías diametralmente opuestas y cuyas declaraciones nos dejan perplejos y sin saber si reír o llorar. Los italianos han decidido probar cómo se vive cuando se empuja el desgobierno a sus límites más extremos. El jefe del Gobierno español no ocupa el cargo porque su partido goce de una mayoría parlamentaria, sino porque llegó a él gracias a un tortuoso procedimiento legislativo. El primer ministro de Israel, la única democracia de Oriente Próximo, ha sido acusado por las autoridades policiales de corrupción, fraude y otros cargos. En los próximos meses, Benjamin Netanyahu puede o ser reelecto al cargo de primer ministro o ir a la cárcel.

En todos estos países la sociedad parece sufrir de una enfermedad política autoinmune —una parte de su ser está en guerra contra el resto del cuerpo social—. La polarización de la sociedad, y por ende de la política, es el factor común y el signo de estos tiempos. Esto no quiere decir que antes no existiera. Pero ahora las situaciones excepcionales de parálisis y caos gubernamental que provoca se han vuelto la norma. El cierre de partes importantes del Gobierno de Estados Unidos es tan solo el más reciente y revelador ejemplo de esta tendencia.

Antes, los gobiernos democráticos lograban llegar a acuerdos con sus oponentes o podían organizar coaliciones que les permitían tomar decisiones, gobernar. Ahora los rivales políticos con frecuencia mutan en enemigos irreconciliables que hacen imposibles los acuerdos, compromisos o coaliciones con sus oponentes. La polarización es una pandemia que se ha globalizado: sus manifestaciones son evidentes en la mayoría de las democracias del mundo.

¿A qué se debe esta tendencia a la fragmentación de las sociedades en pedazos que no se toleran? El aumento de la desigualdad económica, la precariedad económica y la sensación de injusticia social son, sin duda, algunas de las causas de la polarización política. La popularización de las redes sociales y la crisis del periodismo y los medios de comunicación tradicionales también contribuyen a alentarla. Aplicaciones como Twitter o Instagram solo permiten mensajes cortos. Tal brevedad privilegia el extremismo, ya que cuanto más corto sea el mensaje, más radical debe ser para que circule mucho. En las redes sociales no hay espacio, ni tiempo ni paciencia para los grises, la ambivalencia, los matices o la posibilidad de que visiones opuestas encuentren puntos en común. Todo es o muy blanco o muy negro. Y, naturalmente, esto favorece a los sectarios y hace más difícil llegar a acuerdos.

Pero hay más. La polarización no solo resulta de los resentimientos causados por la desigualdad o la pugnacidad estimulada por las redes sociales. La antipolítica, el total repudio a la política y los políticos tradicionales, es otra importante fuente de polarización. Los partidos políticos ahora deben enfrentar una plétora de nuevos competidores («movimientos», «colectivos», «mareas», «facciones», ONG) cuya agenda se basa en el repudio al pasado y sus tácticas en la intransigencia. Irónicamente, para retener seguidores y ser competitivos en el ámbito electoral, los partidos políticos tradicionales también deben adoptar posiciones moldeadas por la antipolítica. Además, muchos de estos nuevos contendores agrupan seguidores atraídos por la idea de pertenecer a organizaciones políticas en las que militan personas con quienes comparten una determinada identidad, que puede ser de naturaleza religiosa, étnica, regional, lingüística, sexual, generacional, rural, urbana, entre otras. La suposición es que la identidad que une a los adherentes a un grupo político genera intereses y preferencias similares. Y como suele ser más permanente y menos fluida que las posiciones políticas «normales», a este tipo de agrupaciones políticas se le dificulta más hacer concesiones en asuntos que conciernen la identidad de sus miembros. Esto, naturalmente, las hace más inflexibles y, como sabemos, la rigidez y la polarización suelen ir juntas.

La polarización política no va a atenuarse muy pronto. Muchas de sus causas son potentes e indetenibles. Y ahora se ha globalizado.

La esperanza es que de la misma manera que la polarización genera parálisis en los gobiernos o un ambiente político tóxico, también puede producir cambios y rupturas en países con sistemas políticos corruptos, mediocres e inoperantes. Al igual que el colesterol, que lo hay bueno y malo, hay casos en los cuales la polarización política puede tener efectos positivos.

20 de enero de 2019

El suicidio de Venezuela: lecciones de un Estado fallido

Examinemos estos dos países latinoamericanos. El primero es una de las democracias más antiguas y estables de la región. Tiene una red de protección social más robusta que la de sus vecinos. Sus esfuerzos por ofrecer salud y educación universitaria gratuita a todos sus ciudadanos comienzan a dar resultados. Es un ejemplo de movilidad social y un verdadero imán para inmigrantes de toda Latinoamérica y Europa. Se respira libertad en los medios y en los partidos políticos, que cada cinco años compiten con ferocidad durante las elecciones y el poder cambia de manos regular y pacíficamente. Este país logró esquivar la ola de dictaduras militares que azotó a la mayoría de sus vecinos latinoamericanos. Su alianza política con Estados Unidos es de larga data. Gracias a sus profundos vínculos comerciales y de inversión, numerosas multinacionales de Europa, Japón y Estados Unidos lo escogieron como su base de operaciones para América Latina. Además, posee la mejor infraestructura de Sudamérica. Ciertamente, está muy lejos de ser un país que ha erradicado las plagas que azotan a los países pobres. Sufre de críticos índices de pobreza, corrupción, injusticia social, ineficiencia y debilidad institucional. Aun así, sin importar el criterio con el que se le mida, le lleva enorme ventaja a casi todos los países en desarrollo.

El segundo país es una de las naciones más empobrecidas de América Latina y la dictadura más reciente de la región. La mayoría de sus escuelas y universidades han colapsado. Su sistema de salud está en el olvido tras décadas de desidia, corrupción y falta de inversión; el paludismo y el sarampión, entre otras enfermedades que hacía tiempo habían sido derrotadas, regresaron por la revancha. La gran mayoría de la población no tiene suficiente comida y ha perdido peso muy rápidamente; solo una pequeña élite come tres veces al día. Los servicios públicos (agua, electricidad, transporte, comunicaciones) son precarios o inexistentes. La violencia epidémica lo coloca entre los países con la tasa más alta de homicidios del mundo. Tal es la catástrofe, que millones de ciudadanos huyen a otros países, lo que se traduce en la más intensa ola de refugiados que se haya visto en América Latina. Se respira opresión: las detenciones arbitrarias son ya corrientes y la tortura común. Ningún otro Gobierno (con la excepción de otras dictaduras) reconoce sus farsas electorales. Los pocos medios de comunicación que aún no están bajo el control directo del Estado se autocensuran por temor a represalias. Para finales de 2018, su economía batió récords: la mayor inflación del mundo y una contracción del 50 por ciento en solo cinco años. Es un verdadero paraíso global para el tráfico de drogas. Estados Unidos, la Unión Europea y otros países latinoamericanos han acusado y sancionado a la cúpula en el poder —desde el presidente hasta funcionarios, militares, sus testaferros y sus familiares— por vínculos con las mafias del narcotráfico. El principal aeropuerto está casi siempre desierto y las pocas aerolíneas que aún conectan al país con el resto del mundo transportan solo unos escasos pasajeros que deben pagar precios exorbitantes. Un país antes integrado al mundo es ahora el país más aislado del resto del mundo de América Latina.

Estos dos países son, de hecho, uno solo, Venezuela, en dos momentos diferentes: el de principios de los años setenta y en la actualidad. Su transformación ha sido tan radical, tan completa y tan devastadora que es difícil aceptar que no fuera el resultado de una guerra. ¿Qué le pasó a Venezuela? ¿Cómo es posible que las cosas le salieran tan mal?

En una palabra: el chavismo. Bajo el mando de Hugo Chávez y de su sucesor, Nicolás Maduro, el país ha soportado una mezcla tóxica de políticas públicas devastadoras, autoritarismo y corrupción a gran escala. Todo esto bajo la influencia cubana tan amplia y profunda que, en la práctica, luce como una ocupación. Cualquiera de estos elementos habría creado por sí solo una grave crisis. Al juntarse, configuran una tragedia. Hoy, Venezuela es un país pobre, un Estado fallido y mafioso, dirigido por un autócrata tutelado por una potencia extranjera: Cuba.

EL CHAVISMO EN EL PODER

Para muchos observadores, la explicación de la crisis venezolana es simple: el socialismo impuesto por Chávez y sus asesores cubanos es la causa de la debacle. Pero si esa es la causa, ¿por qué Argentina, Brasil, Chile, Ecuador, Nicaragua y Uruguay, países que también tuvieron gobiernos socialistas en los últimos veinte años, no han colapsado? Cada uno de ellos ha padecido consecuencias políticas y económicas negativas, pero ninguno —con la excepción de Nicaragua— sufrió una crisis tan demoledora como la de Venezuela. De hecho, algunos hasta han prosperado.

Si el socialismo no es el culpable del fracaso venezolano, entonces podríamos achacar el problema al petróleo. Efectivamente, la etapa más aciaga de la crisis coincidió con la fuerte caída de los precios internacionales del crudo a partir de 2014. Pero todos los petroestados del mundo sufrieron serios shocks económicos externos ese mismo año, cuando sus ingresos por exportaciones de hidrocarburos cayeron drásticamente. Sin embargo, Venezuela fue el único que colapsó de manera catastrófica, de modo que esta explicación tampoco es satisfactoria.

En realidad, la decadencia del país comenzó hace cuatro décadas, no hace cuatro años. Para 2003, en Venezuela el PIB por trabajador ya había descendido un 37 por ciento con respecto a su punto más alto en 1978. Esta caída en los ingresos generó unas condiciones sociales y políticas propicias que Chávez supo aprovechar muy bien para llegar al poder.

Pero las causas del fracaso de Venezuela tienen raíces más antiguas y profundas. Varias décadas de gradual descalabro económico le abrieron el camino a un demagogo carismático que, inspirado por una ensalada de malas ideas, consiguió instaurar una autocracia corrupta, controlada por la dictadura cubana. Y si bien es cierto que muchos elementos de la crisis actual anteceden a la llegada de Chávez al poder, cualquier intento por explicarla debe centrarse en su legado y en la influencia cubana.

Hugo Chávez nació en 1954 en una familia de clase media baja, en un pueblo rural. Ingresó a la Academia Militar gracias a una beca como jugador de béisbol y, muy pronto, fue reclutado en secreto por un pequeño movimiento izquierdista que pasó más de una década conspirando para derrocar al régimen democrático. Chávez, entonces teniente coronel, se hizo figura pública el 4 de febrero de 1992, cuando encabezó un golpe de Estado fallido. Su desventura lo llevó a la cárcel, pero también lo convirtió en un improbable héroe popular, que encarnaba la creciente frustración generada por una década de estancamiento económico. Después de ser indultado, se lanzó, en 1998, como *outsider* a una campaña presidencial en la cual la apatía, la antipolítica, la mediocridad de los políticos de turno y la miopía de empresarios e intelectuales le permitió llegar a la presidencia. Derrotado el sistema bipartidista que había anclado la democracia venezolana durante cuarenta años, Chávez tuvo carta blanca para imponer su visión a una Venezuela harta de los políticos de siempre.

¿Cuál fue el detonante de la explosión de furia populista que llevó a Chávez al poder? La decepción. El desempeño económico estelar que Venezuela había experimentado durante cinco décadas hasta los años setenta perdió ímpetu. El camino para acceder a la clase media se hacía cada vez más estrecho. Como lo observaron los economistas Ricardo Hausmann y Francisco Rodríguez: «Para 1970, Venezuela se había convertido en el país más rico de América Latina y uno de los veinte países más ricos del mundo, con un PIB per cápita más elevado que el de España, Grecia e Israel y solo inferior en 13 por ciento al de Reino Unido».

Pero para principios de los años ochenta, otro shock petrolero desestabilizó la economía y, con ello, a la política. Un menor ingreso derivado del petróleo condujo a recortes en el gasto público, reducciones en los programas sociales, la devaluación de la moneda, una inflación galopante, una crisis bancaria y al aumento del desempleo y de la penuria de los pobres. Aun así, la ventaja alcanzada por Venezuela con respecto a otros países de la región fue tal que, cuando Chávez fue electo, el ingreso per cápita era solo superado por el de Argentina.

Otra explicación común para el ascenso de Chávez al poder es que representó una reacción de los electores ante la desigualdad económica generada por la corrupción imperante. Sin embargo, cuando llegó al poder, el ingreso estaba distribuido más equitativamente en Venezuela que en cualquier otro país de la región. Si la inequidad fuese tan determinante de los resultados electorales, un candidato como Chávez habría debido surgir antes en Brasil, Chile o Colombia, donde los índices de desigualdad económica eran más altos.

Puede que Venezuela no estuviera colapsando en 1998, pero estaba estancada y, en algunos aspectos, en regresión. Los precios del petróleo se habían derrumbado a apenas 11 dólares por barril, lo que dio pie, una vez más, a una nueva ronda de austeridad. El descontento popular abrió grandes oportunidades para Chávez y él supo explotarlas como ningún otro político venezolano lo había hecho. Sus elocuentes denuncias de la desigualdad, la exclusión, la pobreza, la corrupción y la anquilosada élite política tuvieron éxito entre los votantes, que veían su poder adquisitivo disminuido y sentían nostalgia de una época más próspera. La inepta y paralizada élite política y económica tradicional nunca tuvo el grado de resonancia con el pueblo que alcanzó el joven y simpático teniente coronel.

Los venezolanos apostaron por Chávez. Lo que obtuvieron fue no solo un *outsider* decidido a arrasar con el *statu quo*, sino también un líder que rápidamente se transformó en ícono izquierdista latinoamericano, con seguidores en el mundo entero. Chávez se convirtió en la nota discordante y en la atracción principal de las cumbres globales, así como en líder de la ola global de sentimiento antiestadounidense, que se había recrudecido debido a las decisiones del presidente George W. Bush y, especialmente, su invasión a Irak.

La vocación militar de Chávez y su carácter lo llevaron a concentrar el poder y a mostrar una profunda intolerancia hacia quienes disentían de su opinión. Así fue neutralizando no solo a los dirigentes opositores, sino también a sus propios aliados políticos cuando estos se atrevían a cuestionar sus decisiones. Muy pronto sus colaboradores se dieron cuenta de cómo debían actuar para sobrevivir en el entorno del mandatario: guardarse las críticas y apoyar sin discusión sus decisiones. Desaparecieron entonces los debates sobre las políticas a seguir y el presidente se dedicó a implementar una agenda radical, con poca reflexión y sin mayor discusión. Y con mucha influencia de Fidel Castro y sus agentes.

En 2001, sin consulta previa ni debate alguno, Chávez promulgó un decreto ley sobre reforma agraria —la Ley de Tierras—, una pequeña muestra de lo que vendría. Expropió extensas haciendas comerciales y las entregó a cooperativas de campesinos que carecían de conocimientos técnicos, de competencias gerenciales y de acceso al capital que les permitiera seguir produciendo a escala industrial. La producción de alimentos colapsó. Sector tras sector, el Gobierno de Chávez aplicó políticas autodestructivas parecidas. Sin ofrecer compensación alguna, expropió empresas mixtas petroleras con participación extranjera y nombró gerentes a sus seguidores políticos, que no tenían la capacitación técnica necesaria para dirigirlas. Nacionalizó las empresas de servicios, incluyendo el principal operador de telecomunicaciones del país, y dejó a Venezuela sumida en una escasez crónica de agua y electricidad y con una de las conexiones a internet más lentas del mundo. Incautó compañías de acero, lo que provocó la caída de la producción de 480.000 toneladas métricas mensuales, antes de la nacionalización en 2008, a prácticamente cero hoy en día. La confiscación de compañías de aluminio, empresas mineras, hoteles y aerolíneas tuvo resultados idénticos. Ninguna de las empresas expropiadas por el Gobierno aumentó su producción. Absolutamente todas la disminuyeron y la gran mayoría dejó de funcionar.

Los gerentes designados por el Gobierno saquearon las compañías expropiadas una tras otra y llenaron las nóminas con seguidores y amigos del presidente y su familia. Cuando, inevitablemente, se topaban con problemas financieros, apelaban al Gobierno, siempre dispuesto a rescatarlos. En 2004, los precios del petróleo habían aumentado de nuevo y llenado las arcas del Estado de petrodólares que Chávez gastaba sin restricciones, controles, ni rendición de cuentas. Seguidamente, empezaron los préstamos fáciles provenientes de China, cuyos lideres estaban encantados de otorgarle créditos a Venezuela, a cambio de un suministro garantizado de petróleo a largo plazo y a buenos precios. Dependiendo de la importación de todo lo que no podía producir la devastada economía venezolana y mediante créditos que fueron mayormente usados para financiar un fuerte —y muy aplaudido— aumento del consumo, Chávez pudo proteger temporalmente al público del impacto de sus desastrosas políticas y seguir gozando de una amplia popularidad.

Pero no todo el mundo estaba convencido. Los trabajadores de la industria petrolera estuvieron entre los primeros en hacer sonar la alarma ante las tendencias autoritarias de Chávez. Fueron a la huelga en 2002 y 2003 para exigir una nueva elección presidencial. En respuesta a estas protestas, Chávez despidió a casi la mitad de la fuerza laboral de la compañía petrolera estatal e impuso un complejo régimen de control de cambio. El sistema de obtención de las divisas necesarias para importar o para viajar se convirtió en un sumidero de corrupción cuando los acólitos del régimen se dieron cuenta de que comprar divisas al Gobierno, a la tasa de cambio oficial, y venderlas inmediatamente, a la tasa del mercado negro, podía rendirles inimaginables fortunas de la noche a la mañana. Este fraude, a través del arbitraje cambiario, creó una de las élites corruptas auspiciadas y protegidas por el Gobierno más ricas del mundo. A medida que esta cleptocracia iba perfeccionando el arte de desviar los ingresos de la renta petrolera hacia sus propios bolsillos, los estantes de los supermercados venezolanos se iban vaciando.

Estos resultados eran tristemente predecibles, y fueron mil veces pronosticados. Pero mientras más fuerte hicieron sonar la alarma los expertos locales e internacionales, más se empecinaba el Gobierno en su agenda. Para Chávez, las advertencias de los tecnócratas eran señal de que la revolución iba por buen camino. «Ladran, Sancho, pues avanzamos», decía, citando a Cervantes.

CHÁVEZ TRANSFIERE EL PODER

En 2011, Chávez fue diagnosticado de cáncer. Los mejores oncólogos de Brasil y Estados Unidos ofrecieron atenderlo. Pero él prefirió ponerse en manos de Cuba, el país en el cual confiaba no solo para su tratamiento, sino también para garantizar la discreción en torno a su condición física. A medida que progresaba su enfermedad, también aumentaba su dependencia de La Habana y se ahondaba el misterio que rodeaba su estado de salud. El 8 de diciembre de 2012, un Chávez muy debilitado apareció por última vez en televisión para pedirle a los venezolanos que eligieran su sucesor a Nicolás Maduro, el entonces vicepresidente. Durante los siguientes tres meses, Venezuela fue gobernada espectralmente y por control remoto: de La Habana emanaban decretos con la firma de Chávez, pero nadie lo había visto y muchos especulaban que había muerto. Cuando finalmente se anunció su muerte, el 5 de marzo de 2013, lo único que quedó claro en medio de un ambiente de secretos, mentiras y ocultamientos fue que el próximo presidente de Venezuela continuaría la tradición de la influencia cubana.

Hacía tiempo que Chávez consideraba a Cuba como un modelo de revolución a seguir y, en momentos críticos, siempre acudía al presidente Fidel Castro para pedirle consejo. A cambio, Venezuela le enviaba petróleo: la ayuda energética a Cuba (bajo la forma de 115.000 barriles diarios, vendidos a crédito y con descuentos sustanciales) alcanzaba los mil millones de dólares al año para La Habana. La relación entre Cuba y Venezuela se convirtió en algo más que una alianza. Había sido, como lo decía el mismo Chávez, una «fusión de dos revoluciones» (en la que extrañamente Cuba, el socio dominante de la alianza, es más pobre y pequeño, pero tiene tanta experiencia y superioridad de competencias que domina la relación). Cuba tiene como prioridad minimizar la visibilidad pública de su presencia: la mayoría de las consultas se llevan a cabo en La Habana y no en Caracas, y sus funcionarios en Caracas son expertos operando en las sombras.

Gran parte de los venezolanos —incluidos muchos líderes de la oposición— tardaron años en darse cuenta de la importancia de la influencia cubana. Para el resto del mundo este fenómeno también era invisible.

El dirigente ungido por Chávez para sucederle había dedicado su vida a la causa del comunismo cubano. De adolescente, Maduro se afilió a un partido extremista marxista procubano en Caracas. A los veinticuatro años, en lugar de ir a la universidad, fue a formarse a la escuela para cuadros internacionales de Cuba y convertirse en un revolucionario profesional. Como ministro de Relaciones Exteriores de Chávez, de 2006 a 2013, raras veces llamó la atención hacia sí mismo: solo su inquebrantable lealtad a Chávez —y a Cuba— propulsaron su ascenso a la cumbre del poder. Bajo su liderazgo, la influencia de Cuba en Venezuela se arraigó aún más. Llenó los cargos clave de la Administración con activistas entrenados por organizaciones cubanas y funcionarios del Gobierno cubano pasaron a asumir responsabilidades de carácter confidencial en el seno del Estado venezolano. Los reportes diarios de inteligencia que informan a Maduro, por ejemplo, no son producidos por venezolanos, sino por funcionarios de seguridad cubanos.

Con asesoría cubana, Maduro ha restringido drásticamente las libertades económicas y ha borrado toda huella de liberalismo que podía quedar en la política y las instituciones del país. Ha continuado y ampliado la práctica de Chávez de encarcelar, exilar o expulsar de la vida política a aquellos dirigentes que se hacían demasiado populares o difíciles de cooptar. Julio Borges, diputado y dirigente clave de la oposición, huyó al exilio para evitar ser encarcelado mientras que Leopoldo López, el líder más carismático de quienes se oponen al régimen, se alterna entre la cárcel militar y el arresto domiciliario. María Corina Machado, otra figura prominente de la oposición, ha sido asaltada físicamente en repetidas ocasiones. Más de cien presos políticos permanecen en las cárceles y las denuncias de tortura son frecuentes. Las elecciones que se dan de vez en cuando se han convertido en una farsa y el Gobierno ha despojado de todo poder a la Asamblea Nacional, elegida legítimamente y controlada por la oposición. Maduro ha reforzado las alianzas de Venezuela con diversos regímenes antiestadounidenses y antioccidentales. Ahora es Rusia la que le provee de armamento, seguridad cibernética y la asesoría y administración de su industria petrolera; China ofrece el financiamiento y la infraestructura; Bielorrusia está para la construcción de viviendas, e Irán para la producción de automóviles.

Al romper con los últimos vínculos de las alianzas tradicionales de Venezuela con Estados Unidos, Europa y otras democracias latinoamericanas, Maduro perdió el acceso a las fuentes tradicionales de asesoría económica experta. Rechazó el consenso de los economistas de todas las tendencias políticas: aunque le habían advertido infinitas veces de su explosivo potencial inflacionario, prefirió confiar en los consejos de Cuba y de asesores políticos marxistas radicales, quienes le aseguraron que financiar sus déficits presupuestarios imprimiendo dinero no tendría consecuencia alguna. Inevitablemente, esta política causó una demoledora hiperinflación.

La fatal combinación de la influencia cubana y una corrupción desenfrenada con el desmantelamiento de los mecanismos de control y salvaguardia, junto a la más crasa incompetencia, han mantenido a Venezuela atada a políticas económicas catastróficas. A medida que las tasas mensuales de inflación superan los tres dígitos, el Gobierno improvisa respuestas que no hacen sino empeorar aún más la situación.

Anatomía de un colapso

Países como Noruega, Reino Unido y Estados Unidos ya eran democracias liberales antes de convertirse en productores de petróleo. Las autocracias que han descubierto riquezas de esta industria, como Angola, Brunei, Irán y Rusia, no han logrado dar el salto a la democracia liberal. Durante cuatro décadas, Venezuela parecía haber vencido milagrosamente ese destino: logró democratizarse y apuntar al liberalismo a partir de 1958, décadas después de haber descubierto el petróleo.

Pero las raíces de la democracia liberal venezolana resultaron ser poco profundas. Dos décadas de políticas económicas mal llevadas diezmaron la popularidad de los partidos tradicionales y un demagogo carismático, cabalgando la ola de un boom petrolero, no perdió la oportunidad de aprovecharse de la situación. En estas inusuales condiciones, logró barrer en pocos años toda la estructura de control y contrapesos democráticos.

Al concluir el boom de los precios del petróleo en 2014, Venezuela no solo se quedó sin los ingresos de los cuales dependía la popularidad y la influencia internacional de Chávez, también perdió el acceso a los mercados crediticios del mundo. Esto dejó al país doblemente expuesto: no solo tenía menos petrodólares, sino que debía dedicar una mayor proporción de sus menguados ingresos a pagar la gigantesca deuda contraída durante el boom. Venezuela terminó con la estructura política típica de las autocracias que descubren petróleo: una oligarquía depredadora, extractiva, que ignora los sufrimientos del pueblo, pero que mantiene contenta a una élite militar, dispuesta a reprimir violentamente a sus compatriotas cuando protestan.

La crisis resultante se está transformando en el peor desastre humanitario del hemisferio occidental. Las cifras exactas del colapso del PIB son difíciles de obtener, pero los economistas estiman que excede la caída del 40 por ciento del PIB de Siria desde 2012, que fue producto de su devastadora guerra civil. La hiperinflación, que ya supera un millón por ciento anual, ha llevado al 61 por ciento de los venezolanos a la pobreza extrema. Un 89 por ciento de los encuestados afirma que no tiene dinero para comprar suficiente comida para sus familias y un 64 por ciento señala que ha perdido un promedio de once kilos de peso debido al hambre. Cerca del 10 por ciento de la población —2,6 millones de venezolanos— ha huido a países vecinos.

El Estado ha dejado de proveer casi todos los servicios públicos fundamentales, como salud, educación y seguridad ciudadana. Lo único que los venezolanos pueden esperar en forma consistente de parte del Estado es su implacable violencia represiva. Ante las protestas masivas de 2014 y 2017, el Gobierno respondió con miles de arrestos, palizas brutales, torturas y el asesinato de más de ciento treinta manifestantes. Para finales de 2018, los reportes de torturas sistemáticas a militares que se oponen al Gobierno son comunes.

Mientras tanto, la criminalización del país ha aumentado ya no solo porque los criminales logran evadir las fuerzas policiales o porque actúan en complicidad con ellas, sino porque el Estado se ha transformado en el principal protagonista de la actividad económica criminal. El tráfico de drogas se ha posicionado, junto con el petróleo y la manipulación del mercado de divisas, como fuente clave de ganancias mal habidas para la élite gobernante. Funcionarios de alto nivel, e incluso miembros de la familia presidencial, han sido implicados en casos de narcotráfico en Estados Unidos. Una pequeña élite bien conectada ha robado al erario en proporciones sin precedentes. En agosto, varios empresarios cercanos al régimen fueron acusados en tribunales federales de Estados Unidos del lavado de más de 1.200 millones de dólares en fondos obtenidos de manera ilegal, y esta es solo una en la vertiginosa variedad de estafas que constituyen parte del saqueo a Venezuela. Todo el sureste del país se ha convertido en un gran campo de minería ilegal, donde gente desesperada por el hambre, que ha dejado las ciudades, ha llegado a probar suerte en peligrosas minas manejadas por bandas criminales que operan bajo protección militar. Dentro de las cárceles, bandas criminales trabajan de la mano con las fuerzas de seguridad oficiales y dirigen lucrativas operaciones de extorsión que los han convertido en las autoridades civiles de facto a lo largo del país. La Oficina Nacional del Tesoro, el Banco Central y la compañía petrolera nacional se han transformado en laboratorios en los que se conciben complicados crímenes financieros. Con el colapso de la economía de Venezuela, la frontera que separa al Estado del crimen organizado ha desaparecido.

El dilema venezolano

Cuando el presidente Donald Trump se reúne con algún dirigente latinoamericano suele insistir en que la región debe hacer algo frente a la crisis venezolana. Trump le ha pedido a su equipo de seguridad nacional que busque alternativas «fuertes», y llegó a declarar en una ocasión que existían «numerosas opciones» para Venezuela y que él «no descartaba la opción militar». El senador republicano Marco Rubio, de Florida, también ha coqueteado con la respuesta militar. Sin embargo, el secretario de Defensa James Mattis se hizo eco de un sentimiento común en el aparato de seguridad norteamericano declarando públicamente que «la crisis venezolana no es un asunto militar». Todos los países vecinos han manifestado su oposición a una operación armada contra Venezuela.

Y con razón. Las fantasías de Trump sobre una invasión militar son profundamente erradas y en extremo peligrosas. Aunque una operación militar dirigida por Estados Unidos seguramente podría derrocar a Maduro sin dificultades, cualquier intervención apoyada en la fuerza militar debería ser parte de un plan y no un evento aislado. Requiere organización, apoyos internacionales reales y no retóricos, así como de un plan de lo que pasaría en los días y meses posteriores a la caída del Gobierno. Una de las más difíciles decisiones es quién gobernaría a Venezuela después de Maduro. Como ya hemos dicho, la oposición ha sido diezmada por sus conflictos internos y por la efectividad de los agentes cubanos para neutralizar a cualquiera que se destaque como líder.

Sin embargo, Estados Unidos continuará bajo presión para encontrar alguna manera de contener el colapso de Venezuela. Hasta ahora, las iniciativas propuestas solo han servido para resaltar el hecho de que, en realidad, es poco lo que puede hacer. Durante la Administración Obama, los diplomáticos estadounidenses trataron de abordar directamente al régimen. Pero las negociaciones fueron infructuosas. Maduro utilizó estos acercamientos bajo mediación internacional para neutralizar las protestas callejeras: los dirigentes suspendían las manifestaciones para darle una oportunidad al diálogo, pero los negociadores chavistas solo presentaban evasivas y otorgaban concesiones mínimas, diseñadas para dividir a sus opositores, mientras ellos mismos se preparaban para la próxima ola represiva. Estados Unidos y los países vecinos parecen haber entendido al fin que, tal como están las cosas, el diálogo juega a favor de Maduro.

Algunos han sugerido utilizar sanciones económicas severas para presionar a Maduro e instarle a que renuncie. Estados Unidos ya lo ha intentado. Aprobaron varias rondas de sanciones, tanto la Administración Obama como la de Trump, para impedir que el régimen adquiriera nuevas deudas y para obstaculizar las operaciones financieras de la petrolera estatal. Junto con Canadá y la Unión Europea, Washington también aplicó sanciones contra funcionarios específicos del régimen, al congelar sus bienes en el exterior e imponerles restricciones de viaje. Pero tales medidas son redundantes: si la tarea consiste en destruir la economía de Venezuela, ningún conjunto de sanciones podrá ser más eficaz que las que le ha propinado al país el propio régimen. Lo mismo se puede aplicar a un posible bloqueo petrolero: la producción de petróleo ya está en caída libre. En la Venezuela de hoy es difícil conseguir gasolina.

Washington puede enfocar su estrategia política en otras áreas. Estados Unidos puede tender una red más amplia contra la corrupción, e impedir no solo a los funcionarios deshonestos, sino también a sus testaferros y familiares, disfrutar de los frutos de la corrupción, del tráfico de droga y de la malversación. También sería útil ampliar el actual embargo estadounidense de armamento y convertirlo en uno global.

Después de un largo periodo de vacilaciones, el resto de los países latinoamericanos han comprendido al fin que la inestabilidad de Venezuela se desbordará inevitablemente por sus fronteras.

A medida que retrocede la «ola rosa» de centroizquierda de los primeros años de este siglo, un nuevo grupo de dirigentes más conservadores en Argentina, Brasil, Chile, Colombia y Perú ha inclinado la balanza contra la dictadura de Venezuela, pero la falta de opciones factibles también los limita. La diplomacia tradicional no ha funcionado e incluso ha sido contraproducente. Por ejemplo, en 2017, los países latinoamericanos amenazaron con suspender la membresía de Venezuela en la Organización de Estados Americanos. El régimen respondió retirándose unilateralmente de la organización, lo que reveló cuán poco le importaba la presión diplomática tradicional.

Los exasperados países vecinos de Venezuela observan la crisis cada día más a través del problema migratorio; su prioridad es detener el flujo de personas hambrientas que huye de Venezuela y crea nuevas presiones sobre sus servicios públicos. A medida que va surgiendo una reacción en contra del flujo de refugiados venezolanos, algunos países latinoamericanos están pensando cerrar sus puertas —una tentación que deben resistir, pues sería un error histórico que solo empeoraría la crisis—. La realidad es que estos países no tienen idea de qué hacer para influir en Venezuela. Tal vez no haya nada que puedan hacer, salvo aceptar a los refugiados, lo cual al menos ayudaría a aliviar el sufrimiento del pueblo venezolano.

PODER PARA EL PUEBLO

Hoy, el régimen está tan sólidamente afianzado que es mucho más probable que se dé un cambio de caras que uno de sistema. Tal vez Maduro pueda ser desplazado por un dirigente ligeramente menos incompetente, capaz de estabilizar la economía y reducir las presiones sociales y asignar un papel menor a Cuba. Tal solución solo significaría una petrocleptocracia bajo dominación extranjera más estable y no un retorno a la democracia.

Aun si las fuerzas de la oposición —o una operación armada de Estados Unidos— lograran de alguna manera reemplazar al Gobierno de Maduro por uno nuevo, la agenda que se les impondría por delante sería abrumadora. El régimen que reemplace al de Maduro tendría que reducir la inmensa influencia de los militares en todas las áreas del sector público. Tendría que partir de cero en la reconstrucción de servicios básicos como la salud, la educación y la seguridad. Tendría también que reconstruir la industria petrolera y estimular el crecimiento de otros sectores económicos. Tendría que enfrentar a los traficantes de droga, a los pranes carcelarios, a los mineros depredadores, a los ricos criminales financieros y a los extorsionistas que se han enquistado en cada órgano del Estado. Y tendría que acometer todos estos cambios en el contexto de un entorno político tóxico y anarquizado y en medio de una grave crisis económica.

Dada la magnitud de estos obstáculos, es probable que Venezuela siga siendo pobre e inestable durante mucho tiempo. El desafío inmediato para sus ciudadanos y sus líderes, así como para la comunidad internacional, es contener el impacto del declive de la nación. A pesar de todas las miserias que ha sufrido —o quizá a consecuencia de ellas— el pueblo venezolano nunca ha dejado de luchar contra el mal gobierno que lo azota. Hasta el día de hoy, los venezolanos han seguido organizando cientos de protestas todos los meses. La mayoría de ellas apuntan a problemas locales, movidas por vecinos o grupos de base con poco liderazgo político, pero todas muestran a un pueblo con la voluntad de pelear por sus intereses.

¿Bastará esto para cambiar el rumbo sombrío por el que va el país? Probablemente no. La desesperanza está llevando a más y más venezolanos a fantasear con una intervención militar dirigida por Trump: un *deus ex machina* fervientemente deseado por un pueblo que ha sufrido por demasiado tiempo. Pero se trata solo de una fantasía de venganza, no de una estrategia seria.

La mejor esperanza de los venezolanos está en asegurarse de que no se extingan las protestas y la disidencia social. La resistencia a la dictadura debe mantenerse viva. Porque esa tradición de protesta podría un día sentar las bases de la recuperación de las instituciones cívicas y de las prácticas democráticas. No va a ser fácil, ni mucho menos rápido. Pero Venezuela ha dado grandes sorpresas en el pasado, y puede volver a hacerlo.

4 de enero de 2019

2018

2018: el año de los charlatanes

En 2018 se cumplieron sesenta años de la emisión por la cadena de televisión estadounidense CBS de un episodio de la serie de western llamada *Trackdown*. «El fin del mundo» es el título del episodio que cuenta la historia de un charlatán que llega a un típico pueblo del Lejano Oeste y convoca a la población a que acuda a oír la urgente noticia que les trae.

Está por ocurrir una «explosión cósmica» que va a acabar con el mundo, les dice. Pero él los puede salvar. Él, y solamente él. Para sobrevivir deben construir un muro alrededor de sus casas y comprarle unas sombrillas especiales que desvían las bolas de fuego que caerán del cielo. ¿El nombre del charlatán que protagoniza este episodio? Trump. Walter Trump.

En el capítulo —que se puede ver en YouTube—, Hoby Gilman, un ranger de Texas que representa el sentido común, trata de persuadir a sus vecinos de que no le hagan caso a Trump. «Es un estafador […] nos está mintiendo», les dice. Al igual que su homónimo de la vida real que capta la atención del mundo medio siglo después, el Trump de la serie suele usar a sus abogados para neutralizar a críticos y rivales: Walter Trump amenaza a Gilman con demandarlo.

Los charlatanes siempre han existido. Son bribones que con gran habilidad verbal logran vender a incautos algún producto, remedio, elixir, negocio o ideología que, sin mayor esfuerzo, les quitará sus penas, aliviará sus dolores o los hará prósperos. Últimamente, el mercado de la charlatanería, sobre todo en la política, ha tenido un gran apogeo. Ha aumentado tanto la demanda como la oferta de soluciones simples a problemas complejos. La demanda la impulsan las crisis y a la oferta la potencian las redes sociales.

Las crisis de todo tipo que aquejan al mundo de hoy son el resultado de potentes fuerzas: tecnología, globalización, precariedad económica y desigualdad, criminalidad, corrupción, malos gobiernos, racismo y xenofobia, entre otras. El resultado es la proliferación de sociedades con grandes grupos de personas que se sienten, con toda razón, agraviadas, frustradas y amenazadas por el futuro. También constituyen un apetitoso mercado para charlatanes que ofrecen soluciones simples, instantáneas e indoloras.

En la serie de televisión de 1958, un anónimo narrador nos relata lo que pasó: «El pueblo estaba listo para creer. Y como corderos corrieron al matadero. Y allí, esperándoles, estaba el sumo sacerdote del fraude». Medio siglo después, estas frases suenan muy actuales. Hay cada vez más sociedades dispuestas a votar por quien les haga la promesa más simple y que, además, ofrezca romper con todo lo anterior y sacar del poder «a los de siempre».

Los embaucadores de hoy son, en esencia, similares a los que siempre han existido, solo que ahora disponen de tecnologías digitales que les dan inimaginables oportunidades. Son charlatanes digitales.

La intervención clandestina de un país en las elecciones de otro es un buen ejemplo de prácticas antiguas que se han repotenciado. Ahora los charlatanes digitales operan a través de los famosos bots. Estos son programas que diseminan a través de las redes sociales millones de mensajes automáticos dirigidos a usuarios que han sido seleccionados porque tienen ciertas características: una determinada edad, sexo, raza, ubicación, educación, religión, clase social, preferencias políticas o hábitos de consumo. Como todos los buenos charlatanes, quienes controlan los bots saben identificar a las personas propensas a creerles. Antes, los charlatanes usaban su intuición para identificar a sus víctimas, ahora usan algoritmos. Una vez identificadas, los creadores de los bots les envían mensajes que confirman y refuerzan sus creencias, temores, simpatías y repudios. Los charlatanes digitales saben cómo estimular ciertas conductas en quienes reciben sus mensajes (votar por un candidato y difamar al rival, apoyar a cierto grupo y atacar a otro, diseminar información falsa, unirse a un grupo, protestar, hacer donaciones, entre muchas otras).

Estas nuevas tecnologías digitales tienen la propiedad de ser, al mismo tiempo, masivas e individuales. Quienes las usan pueden, simultáneamente, contactar a millones de personas y hacerle sentir a cada una de ellas que está interactuando de una manera directa, personal y casi íntima con alguien con quien comparte formas de pensar. Esto fue exactamente lo que pasó en las elecciones estadounidenses que llevaron a Donald Trump a la Casa Blanca. El consenso de las agencias de inteligencia de Estados Unidos y de otros países es que esta fue una brillante operación diseñada y ejecutada —a muy bajo costo— por el Gobierno ruso bajo la supervisión directa de Vladímir Putin.

Pero sería un error suponer que los charlatanes digitales solo influyeron en las elecciones de Estados Unidos. Se estima que veintisiete países han sido víctimas de la interferencia política orquestada por el Kremlin. Tanto en la crisis de Cataluña como en el Brexit se detectaron intensas actividades de los bots y otros actores digitales controlados o influidos por el Gobierno ruso. Sembrar el caos y la confusión y agudizar los conflictos sociales, debilitando así las democracias occidentales, es su propósito.

De hecho, una de las evidencias más reveladoras del impacto de los charlatanes de estos tiempos fueron las búsquedas de información posteriores al referéndum sobre el Brexit, en el cual, por un margen del 4 por ciento del voto popular, Reino Unido decidió divorciarse de Europa. Según Google, «¿Qué es el Brexit?» fue una de las preguntas más frecuentes de los buscadores de aquel país después de que se conocieran los resultados de la votación. También se supo que muchas de las afirmaciones y datos usados por quienes promovieron el Brexit eran falsas. Pero, al igual que los ciudadanos de la serie de televisión, en este caso también «el pueblo estaba listo para creer».

Lo mismo ocurre con las mentiras de Trump. Según *The Washington Post,* Trump hizo cinco mil afirmaciones falsas en sus primeros 601 días como presidente, una media de 8,3 diarias. Recientemente, rompió su récord y en un solo día dijo 74 mentiras. No importa, el presidente sabe que «el pueblo está listo para creerle».

Todo esto apunta a una lamentable realidad: los seguidores de los charlatanes son tanto o más culpables de que una sociedad apoye malas ideas, elija malos gobernantes o crea en sus mentiras. Con frecuencia, los seguidores están irresponsablemente desinformados, son indolentes y se muestran dispuestos a creer en cualquier propuesta que los seduzca, por más descabellada que sea.

Esto tiene que cambiar. En los últimos tiempos le hemos hecho la vida demasiado fácil a los charlatanes y hemos sido muy benevolentes con sus seguidores. Hay que reconstruir la capacidad de la sociedad para diferenciar entre la verdad y la mentira, entre los hechos confirmados por evidencias incontrovertibles y las propuestas que nos hacen sentir bien, pero que ofrecen soluciones que no lo son o que agravan el problema.

Necesitamos más educación ciudadana acerca de los usos y abusos de la tecnología digital y aceptar que la democracia requiere más esfuerzos que votar cada cierto tiempo. Hay que informarse mejor, tener la mente abierta a ideas que no nos incomodan y desarrollar el sentido crítico que nos alerta cuando nos manipulan. También hay que regular las redes sociales. Sobre todo, hay que recuperar la capacidad de diferenciar entre líderes decentes y charlatanes que nos mienten impunemente.

30 de diciembre de 2018

¿En qué se parece el Vaticano a la FIFA?

Hay pocas actividades humanas que despierten tantas pasiones como la religión y el deporte. El catolicismo es una de las religiones con más creyentes y el fútbol es el deporte con el mayor número de aficionados. El Vaticano lidera el catolicismo y la FIFA regenta este deporte.

Los orígenes, historias y razón de ser de estas dos instituciones no podrían ser más distintas. Sin embargo, a pesar de sus profundas diferencias, también tienen interesantes semejanzas. Ambas, por ejemplo, comparten la paradoja de que, siendo instituciones esencialmente europeas, la mayoría de sus seguidores están en los países menos desarrollados. También se parecen en que en ninguna de las dos hay mujeres en posiciones de poder. Actualmente, las figuras más representativas del catolicismo y del futbol a nivel mundial son dos hombres argentinos: el papa Francisco y Lionel Messi.

Estas dos organizaciones administran cantidades ingentes de recursos. Aunque la Santa Sede cuenta con un inmenso patrimonio artístico e inmobiliario, sus principales fuentes de ingresos provienen de sus inversiones, de los alquileres de sus propiedades y de donaciones. Sus finanzas son muy opacas, pero una investigación de *The Economist* estimó que en 2013 el presupuesto de la Iglesia católica en Estados Unidos fue de 170.000 millones de dólares, casi todo dedicado a obras de beneficencia.

Por su parte, la FIFA se financia a través de la venta de los derechos de trasmisión de sus eventos, la comercialización de productos y de inversiones. Entre 2015 y 2018 estos ingresos sumaron más de 5.500 millones de dólares.

Como es bien sabido, en los últimos años tanto el Vaticano como la FIFA han tenido problemas legales. En mayo de 2015, más de una docena de policías de civil irrumpieron en el Baur au Lac, un lujoso hotel de Zúrich, donde estaban reunidos los directivos de la FIFA, y arrestaron a siete de ellos. Meses más tarde, se repitió la escena. A las seis de la mañana del 3 diciembre de 2015, la policía suiza llegó al Baur au Lac y arrestó a dirigentes de la organización que se hospedaban allí. Si bien los policías que practicaron las detenciones eran suizos, estaban actuando a petición de las autoridades estadounidenses. El FBI viene investigando la corrupción en la FIFA desde hace años. El Departamento de Justicia de Estados Unidos acusó a la FIFA de «corrupción desenfrenada, sistémica y arraigada». Sus directivos recibían pagos ilegales a cambio de votar a favor de un determinado país que aspiraba a ser la sede del campeonato mundial, o por otorgar derechos de trasmisión por televisión.

A raíz de las iniciativas de la oficina de un fiscal de Distrito de Nueva York, del FBI y de otras agencias del Gobierno, varios de los dirigentes de la FIFA y sus asociaciones regionales fueron extraditados a Estados Unidos, juzgados y condenados a prisión. La cúpula de la organización fue reemplazada. El escándalo llevó a varios otros gobiernos a investigar casos similares en sus países. Interesa destacar que las revelaciones de corrupción en la FIFA no fueron una gran sorpresa. Era un secreto a voces que muchas de sus decisiones estaban a la venta.

Sí lo fue que quienes enfrentaron la corrupción en la FIFA hayan sido los fiscales, jueces y policías estadounidenses, donde el fútbol aún no tiene la misma importancia que en otras partes. A su vez, las conocidas vicisitudes del Vaticano guardan similitudes con las de la FIFA, aunque los de esta tienen que ver con sobornos y los de la Iglesia católica con abuso sexual.

En ambas hay una larga historia de conductas inaceptables por parte de algunos de sus miembros y una igualmente larga historia de negación del problema, encubrimiento, tolerancia e impunidad. De nuevo, y a pesar de que el catolicismo no es la religión dominante en Estados Unidos, han sido las autoridades de ese país las que con más determinación han enfrentado estos abusos. Según *The Washington*

Post: «La rápida y amplia respuesta de las autoridades civiles contrasta con el comparativamente glacial ritmo del Vaticano». La fiscal general del estado de Illinois ha declarado que «la Iglesia católica ha probado que no se puede vigilar a sí misma. Las autoridades civiles no pueden permitir que la Iglesia oculte las acusaciones del abuso sexual a niños como si fuesen asuntos privados. Son crímenes». En Estados Unidos, quince estados han iniciado amplias investigaciones sobre estos abusos sexuales. En cambio, según las estadísticas, en los países europeos donde los católicos son la mayoría de la población, el silencio y la impunidad siguen siendo la norma. Pero esto va a cambiar.

No solo porque la sociedad civil está más activada y empoderada, la información es más accesible y los crímenes más difíciles de esconder, sino porque tanto en el futbol como en la Iglesia católica los seguidores son mejores que sus líderes.

5 de diciembre de 2018

Ni caravana, ni economía: fueron las mujeres

Donald Trump le apostó a la caravana y perdió la Cámara de Representantes. Mientras el presidente usaba todos sus actos electorales para alertar a sus seguidores sobre la inminente invasión del país por parte de una caravana de refugiados centroamericanos, las mujeres estadounidenses se organizaban para votar por mujeres.

En los días siguientes a las elecciones legislativas de mitad de mandato de Estados Unidos se hicieron evidentes dos realidades. La primera es que ya nadie habla de la caravana, ni siquiera Trump. La segunda es que, a raíz de su reciente éxito electoral, en Estados Unidos ahora hay más mujeres en posiciones de poder que nunca. Este logro le debe mucho al presidente Trump: sus políticas, su conducta, y hasta su estilo, movilizaron a millones de mujeres que, por primera vez, «se politizaron». Pero en su contra.

Primero convocaron multitudinarias «marchas de las mujeres». Luego se organizaron para que sus reclamos tuviesen consecuencias. Después miles de ellas decidieron postularse a cargos de elección en el Congreso, gobiernos federales y legislativos locales. Y, finalmente, votaron masivamente. Y ganaron.

Por ahora, la politización de las mujeres ha beneficiado en mayor medida al Partido Demócrata. Esto se debe a que, por un lado, el Partido Republicano viene sufriendo desde hace décadas de la llamada brecha de género, es decir, la dificultad crónica para atraer mujeres a sus filas o nombrarlas en cargos de importancia. Por otro lado, tal como lo indican las encuestas y los resultados electorales, el control del Partido Republicano por parte de Donald Trump y los suyos ha ensanchado aún más la brecha de género. De nuevo: el resultado de todo esto es que se batieron récords en cuanto al número de mujeres que decidieron ser candidatas a cargos de elección, así como el número de ellas que triunfó en estas contiendas.

Otra sorpresa de estas elecciones fue que las aspiraciones y reclamos de las mujeres tuviesen más peso en el resultado electoral que la economía. Y una sorpresa aún mayor fue que Trump también haya dedicado más atención y tiempo a la caravana que a la boyante situación económica. La economía estadounidense está en franca expansión, el desempleo es el más bajo en décadas y los salarios aumentan a un ritmo que no se veía desde 2009. Trump, por supuesto, hizo frecuente referencia a la economía en sus discursos, pero lo que arrancaba los aplausos más entusiastas de sus seguidores eran las feroces críticas a los inmigrantes, a los periodistas («los enemigos del pueblo») y a los temas que alientan la división y que el presidente tan hábilmente explota.

En 1992, James Carville, el asesor del candidato Bill Clinton, acuñó la frase «¡Es la economía, estúpido!» para recordarle a su equipo que enfatizara la débil situación económica por la que entonces estaba atravesando el país. La frase terminó siendo el eslogan de esa campaña electoral que llevó a Clinton a la presidencia. En adelante, fue adoptada como en una especie de mantra electoral. No hay que distraerse con otros temas: la situación económica es la clave para ganar —o perder— elecciones.

Nunca sabremos qué hubiese pasado si Trump hubiese respetado esta regla de oro electoral, se hubiese concentrado en resaltar y celebrar la próspera situación económica y no le hubiese dado tanta prioridad a los temas que dividen a la sociedad estadounidense. No hay duda de que su agenda, y los mensajes que exacerban la conflictividad social, sirvieron para motivar a su base y ayudaron a que el Partido Republicano aumentara su mayoría en el Senado. Pero tampoco hay duda de que sus políticas y mensajes también actuaron como un potente combustible para enardecer y movilizar a su oposición, y hacerle perder la Cámara de Representantes por un amplio margen.

Finalmente, una reveladora sorpresa de estas elecciones fue la desaparición en el debate electoral de un importante tema pendiente en la agenda del país: las armas.

En febrero pasado un joven de diecinueve años entró en una escuela secundaria en Parkland (Florida), asesinó a diecisiete personas e hirió a otras diecisiete, la mayoría estudiantes. Algunos de sus compañeros que sobrevivieron resultaron ser inteligentes, organizados y muy buenos comunicadores. En los días y semanas siguientes a la tragedia, este grupo de jóvenes logró crear una amplia e intensa discusión nacional acerca de la necesidad de controlar más la compra y tenencia de armas. La intensidad del debate auguraba que el tema formaría parte inevitable de las campañas previas a las elecciones del martes pasado. No fue así. Si bien es cierto que fueron elegidos varios representantes del Partido Demócrata que se atreven a enfrentarse abiertamente a la NRA, el poderoso lobby de las armas, la discusión sobre la necesidad de reformar las leyes en este campo brilló por su ausencia.

Al día siguiente de las elecciones, un hombre armado entró a un bar en California y, sin decir nada, asesinó a una docena de personas y luego se suicidó. En lo que va de este año ha habido 307 ataques como este.

11 de noviembre de 2018

Perdonando a Trump

El próximo martes, millones de estadounidenses votarán por Donald Trump. Pero no lo harán directamente por el actual presidente, sino por los candidatos a senadores, representantes, gobernadores y legisladores locales a quienes él apoya. Pero estas elecciones serán un referéndum sobre Trump. Aunque las encuestas pronostican que al presidente no le irá tan bien como en las pasadas elecciones, lo cierto es que los sondeos indican que cerca del 40 por ciento de los votantes lo apoyan.

Este es un número terrible. Quiere decir que un 40 por ciento de los estadounidenses le perdonan a Trump conductas y decisiones que en un mundo decente deberían ser imperdonables. Como mentir constante y desvergonzadamente. O la crueldad de algunas de sus decisiones. A sus seguidores eso no les importa. Cabe notar, por supuesto, que muchos simpatizantes de Trump sienten que no tienen nada que perdonarle, ya que aceptan, y hasta celebran, las conductas del presidente. Por ejemplo, haber dicho que la notoriedad mediática es una especie de patente de corso que tienen los hombres famosos para tocar los genitales a cualquier mujer que les apetezca.

Han proliferado las teorías que intentan explicar la fuerte atracción que algunas personas sienten por políticos carismáticos a quienes apoyan incondicionalmente. En el caso de los seguidores de Trump se han propuesto teorías psicológicas (la búsqueda de identidad, de dignidad), económicas (el aumento de la desigualdad), internacionales (la globalización) y sociológicas (el racismo), entre otras. Pero también es cierto que muchos de quienes apoyan a Trump lo hacen porque les gustan algunas de sus propuestas y, a cambio de verlas hechas realidad, están dispuestos a perdonar acciones del presidente que en otras circunstancias criticarían.

La rebaja de los impuestos es un buen ejemplo de esto. Los ricos que detestan pagar impuestos están encantados con los recortes impositivos que ha hecho Trump y, agradecidos por esas rebajas, enmudecen ante conductas del presidente que deberían repudiar. Otro ejemplo es la regulación de las empresas. Para muchos líderes empresariales, la eliminación de las regulaciones que limitan la autonomía de sus compañías o aumentan sus costos justifican tener a Trump en la Casa Blanca. Ellos también le perdonan todo, con tal de que les desregule sus negocios. Muchos están felices porque los cabilderos a quienes antes pagaban para influir sobre el Gobierno ahora son el Gobierno mismo. Trump ha puesto a un gran número de cabilderos a cargo de las agencias responsables de regular las empresas para las que antes trabajaban y a las cuales seguramente volverán al terminar su «servicio público».

Pero el apoyo a Trump no está solo motivado por intereses económicos. Los grupos evangélicos cuyos pastores regularmente denuncian conductas como las que ha exhibido Trump (infidelidad, mendacidad, avaricia, materialismo, crueldad o egolatría) forman parte entusiasta de su electorado. Ver que bebés lactantes eran separados de sus madres en la frontera y luego desaparecían, perdidos en un hueco negro de la insensible burocracia estadounidense, no hizo mella en el incondicional apoyo de algunos líderes evangélicos a Trump. Ignorar los vicios y pecados del presidente es un precio que están dispuestos a pagar con tal de que él promueva iniciativas que dificulten el aborto, el matrimonio entre personas del mismo sexo o borren a Darwin de los textos escolares.

Que los ciudadanos voten por candidatos que representan sus intereses particulares o que reflejan sus valores no tiene nada de nuevo. Eso forma parte de la democracia. La sorpresa es que Donald Trump tenga el apoyo de votantes que son los más perjudicados por sus políticas. La rebaja de los impuestos que impulsó el actual presidente es altamente regresiva; beneficia de manera desproporcionada a una minoría muy rica y penaliza a las clases de ingresos medios y bajos a las cuales pertenecen la gran mayoría de sus seguidores. Muchas de las regulaciones al sector privado que han sido eliminadas, protegían a esos consumidores de menores recursos de las prácticas abusivas de algunas empresas. Lo mismo vale para la reforma sanitaria impulsada por Barack Obama y ferozmente atacada por Trump, quien como presidente se ha empeñado en desmantelarla y sabotearla. De nuevo, la gran paradoja es que quienes más perderán acceso a los servicios de salud son sus seguidores que más los necesitan.

La lista de decisiones y conductas de Trump que deben perdonarle quienes le apoyan es larga y creciente. La evidencia de que las actividades empresariales de la Organización Trump con frecuencia violaron la ley son abrumadoras. El número de sus ejecutivos y más cercanos colaboradores en los negocios, la política y el Gobierno que están siendo juzgados, o que ya fueron condenados, ha revelado un ecosistema criminal de larga data que ha girado alrededor del ahora presidente. Pero todo eso también se lo perdonan sus partidarios, confirmando así la execrable afirmación que hizo en enero de 2016: «Podría pegarle un tiro a alguien en la Quinta Avenida y no perdería ni un solo voto».

Este martes veremos si esto sigue siendo cierto.

4 de noviembre de 2018

AMLO y Bolso explican el mundo

Uno ya llegó al poder y el otro parece que está por llegar. Andrés Manuel López Obrador (AMLO) será el próximo presidente de México y Jair Bolsonaro (Bolso) lo puede ser de Brasil. El éxito político de estos dos líderes nos dice mucho del mundo de hoy.

Las diferencias entre el mexicano y el brasileño son profundas y sus parecidos reveladores. Sus orígenes, carreras políticas, ideologías, estilos y propuestas son radicalmente opuestas. López Obrador es de izquierda y Bolsonaro de derecha. AMLO ha antagonizado a los empresarios, mientras que Bolso promete una política económica liberal. También ha declarado una feroz guerra sin cuartel contra los criminales, mientras que AMLO habla de una amnistía. A Bolsonaro le gustan los militares y a López Obrador los sindicalistas. Los medios de comunicación suelen caracterizar a Bolsonaro como homofóbico, misógino, sexista y racista. Naturalmente, está en contra del aborto y del matrimonio entre personas del mismo sexo. AMLO, en cambio, elude fijar posición sobre estos temas y dice que «consultará al pueblo». Jair Bolsonaro admira a Donald Trump y detesta a Hugo Chávez, mientras que Andrés Manuel López Obrador es cauteloso en su relación con Trump, quien habitualmente ofende a los mexicanos.

Sobre Venezuela, el presidente electo de México se ha cuidado mucho de expresar simpatías hacia Hugo Chávez o su revolución bolivariana, cosa que no han hecho algunos de sus colaboradores, conocidos por su solidaridad con el régimen venezolano. En una de sus primeras declaraciones, Marcelo Ebrard, el secretario de Relaciones Exteriores de López Obrador, anunció que su Gobierno tratará la crisis venezolana como un asunto interno de ese país y no intervendrá en su política doméstica. En cambio, el general Hamilton Mourão, quien será el vicepresidente de Brasil si gana Bolsonaro, ha dicho que ellos no reconocerán al Gobierno de Nicolás Maduro y que apoyarán un cambio de régimen en Venezuela.

Las semejanzas de AMLO y Bolso son tan interesantes como sus diferencias. Ambos llegan al poder gracias a tendencias globales que están rompiendo con la política y los políticos tradicionales en todas partes. Los dos se presentan ante los votantes como *outsiders*, como políticos excluidos y hasta ahora victimizados por quienes AMLO llama «las mafias del poder». Sus campañas se basan en el despiadado ataque a un sistema con el cual, según ellos, nada han tenido que ver. Esto último, por supuesto, no es cierto. Ambos son políticos profesionales de larga trayectoria. AMLO militó desde joven en el hegemónico Partido Revolucionario Institucional, el PRI, en el que ocupó importantes cargos. Durante cinco años gobernó la populosa capital de México y fue candidato presidencial en las últimas tres elecciones. Bolsonaro, por su parte, ha sido diputado por casi tres décadas y tres de sus hijos ya son políticos exitosos.

Pero que ambos se presenten como candidatos «antisistema» no tiene nada de particular. Es lo que hay que hacer para ganar elecciones en estos tiempos. Es una tendencia mundial. Reina la antipolítica, el rechazo popular hacia todos los líderes y partidos que hayan estado cerca del poder. No es de sorprender, por lo tanto, que los políticos se estén disfrazando de otros nuevos y de personas sin culpa alguna de los males que tienen hartos a votantes cuyo mantra, ya universal, es: «Que se vayan todos».

Desde esta perspectiva, AMLO y Bolso son candidatos normales.

Lamentablemente, en estos tiempos también se ha hecho normal que ganen elecciones aquellos que muestran una profunda antipatía por las normas e instituciones que limitan el poder del presidente. Socavar la independencia del Congreso, sembrar el poder judicial con jueces amigos, atacar a medios de comunicación críticos con el Gobierno, crear canales alternativos de comunicación afines al presidente, así como el abundante y frecuente uso de mentiras que enardecen y fomentan la polarización son, tristemente, parte del menú político que vemos de Hungría a Tailandia y de Estados Unidos a Turquía.

Tanto Bolso como AMLO han actuado y han dicho cosas que revelan que, en esto también, son políticos normales de estos tiempos.

Esta guerra mundial que busca debilitar los pesos y contrapesos que limitan el poder presidencial se beneficia mucho de la profunda desilusión que los votantes muestran por la democracia. Más de la mitad de los brasileños afirma que aceptaría un Gobierno no democrático si «soluciona los problemas». Las mismas actitudes se encuentran en México.

La búsqueda del nuevo y proverbial hombre fuerte que luche contra la corrupción, los criminales y que le dé esperanza a sociedades traumatizadas por terribles niveles de violencia, domina las preferencias de los votantes en Brasil y México. Ofrecerse como el mesías salvador del país trae consigo más votos que hablar de instituciones que limitan el poder presidencial y protegen al ciudadano, independientemente de quién sea el presidente. Esto lo han entendido bien Bolso y AMLO.

14 de octubre de 2018

¿Y si desaparece el dinero?

¿Qué va a pasar con el dinero? Hasta hace poco la posibilidad de que billetes y monedas dejaran de ser necesarios era un tema de las películas de ciencia ficción. Hoy es una realidad. En algunos países el dinero, tal como lo hemos conocido hasta ahora, es cada vez menos utilizado. Las billeteras de siempre han sido sustituidas por los ubicuos teléfonos inteligentes y el papel de los billetes y el metal de las monedas reemplazados por los ceros y unos de los mensajes digitales.

En Suecia, por ejemplo, el 93 por ciento de los pagos hoy se hacen mediante transferencias electrónicas directas a través de Swish, una aplicación que incluso permite transferir pequeñas sumas de dinero entre individuos de manera instantánea y a muy bajo costo. Y no son solo los prósperos y tecnológicos suecos los que cada vez usan menos dinero «antiguo». China, Kenia, Tanzania, Bangladés e India también han logrado enormes avances en pagos electrónicos a través de los teléfonos móviles. Cada vez más, el uso del efectivo se hace anacrónico: depender de papelitos de colores como medio de pago no parece una práctica con mucho futuro.

Para los gobiernos las ventajas del uso generalizado de tecnologías como Swish son obvias: toda transacción queda registrada y puede ser conocida por otros, especialmente por las autoridades. Para quienes blanquean capitales, evaden impuestos, trafican con drogas o financian a terroristas, las huellas de las transacciones con dinero digital son un problema. En cambio, para los *hackers* que saben cómo entrar en una cuenta y transferir los fondos allí depositados a otra, las nuevas tecnologías abren inmensas oportunidades.

Las llamadas criptomonedas, por ejemplo, presentan retos inéditos. Estas monedas virtuales (o activos digitales) son complejos algoritmos encriptados que pueden ser usados como instrumentos de pago y que, además, verifican y garantizan la transferencia de los fondos. La criptomoneda más usada es la famosa bitcoin, aunque existen más de dos mil y su número sigue creciendo.

La característica más trasformadora de estas monedas es que, salvo algunas excepciones fraudulentas, los gobiernos y sus bancos centrales nada tienen que ver con su creación y uso. Otra muy importante es que las transacciones con criptomonedas pueden ser realizadas desde el anonimato. Las tecnologías digitales e internet facilitan la posibilidad de actuar de este modo en muchos ámbitos (en los negocios, el romance, el crimen o el terrorismo). Así, al mismo tiempo que algunas nuevas tecnológicas dificultan el anonimato, otras son deliberadamente diseñadas para garantizarlo.

Un ejemplo de esto es ZCash, una criptomoneda que promete hacer todo lo que hace el efectivo, el *cash*, solo que de manera virtual… y anónima. Usando complejísimos mecanismos criptográficos, ZCash ofrece absoluta privacidad sobre la cadena de transacciones en las que se usan sus «monedas». Cuando usted recibe un billete de cien dólares no hay forma de saber quién, o quiénes, lo tuvieron antes, ni quién lo tendrá después. ZCash promete lo mismo: el anonimato de toda la cadena de usuarios de sus criptomonedas.

Naturalmente, a los gobiernos no les gusta esto, pero a ZCash tampoco le gustan los gobiernos. Como muchos criptoactivos, este ha sido desarrollado por una comunidad de programadores libertarios hostiles a los controles gubernamentales. Los gobiernos tienen razón en estar alarmados, ya que el potencial desestabilizador de plataformas como ZCash es ilimitado. Para un traficante, transportar diez millones de dólares en billetes a través de aduanas y aeropuertos es tan complicado logísticamente como arriesgado desde el punto desde vista legal. En cambio, con ZCash se puede transferir cualquier suma, a cualquier hora y hacia cualquier destino instantáneamente, sin usar engorrosos maletines llenos de papel moneda. Y sin que se conozca la identidad de los participantes en la transacción.

Los gobiernos han comenzado lentamente a entender los desafíos que implican nuevas tecnologías como ZCash. La gran ventaja que siguen teniendo las autoridades es que controlan la llamada «rampa de salida de la criptoautopista». Dado que el número de negocios que aceptan pagos en criptomonedas es todavía relativamente reducido, para gastar las monedas virtuales es con frecuencia necesario cambiarlas por alguna divisa «tradicional», es decir, aquellas emitidas por gobiernos. Esto les da a los gobiernos la posibilidad de controlar esa rampa de salida.

Es arriesgado suponer que esto continúe siendo así indefinidamente. En todo el mundo ya existen más de cien mil negocios virtuales que aceptan criptoactivos como forma de pago y este número seguirá en constante crecimiento. Es perfectamente imaginable que, en unos años, se pueda pagar con ZCash un automóvil, un viaje o una casa.

Aún no sabemos si el futuro les pertenece a tecnologías de la transparencia como Swish o a las opacas como ZCash. Lo más probable es que lo compartan, dependiendo del país y el sector de la economía. Sobre lo que no hay duda es que en el siglo XXI será más común encontrar billetes y monedas en los museos que en nuestros bolsillos.

7 de octubre de 2018

¿Va usted a perder su trabajo?

Hace poco participé en un ejercicio cuyo propósito era evaluar la capacidad de grandes organizaciones de anticipar los cambios externos que más las impactaron. Para este propósito, se compararon sus planes estratégicos y presupuestos anuales previos a lo que en realidad pasó. El ejercicio reveló muchas cosas, pero hay tres que vale la pena destacar. La primera es que ninguna de las organizaciones estudiadas vio venir grandes eventos como la crisis financiera de 2008, el Brexit o la elección de Donald Trump. La segunda es que, aun las que acertaron en identificar las tendencias que las afectarían, se equivocaron en el cálculo de cuánto tardarían en sentir las consecuencias. Todo pasó más rápido. La tercera es que una de las tendencias cuya velocidad más se subestimó fue la revolución digital. (La otra fue el cambio climático).

El impacto de las nuevas tecnologías digitales se ha amplificado gracias a la rápida diseminación de la inteligencia artificial, la robotización, el *blockchain*, el *big data*, entre otras y demás innovaciones en esta área. Las nuevas tecnologías producirán cambios enormes, y muy pronto.

Pero el consenso acerca de los cambios y su velocidad desaparece al hablar de las consecuencias que producirán. Para unos, la revolución digital abre posibilidades inéditas para la humanidad. Para otros, estas tecnologías constituyen una de las principales amenazas de estos tiempos.

Lo que preocupa es que la revolución digital vaya a destruir una enorme cantidad de puestos de trabajo y que, en las próximas décadas, se creará lo que el historiador Yuval Harari ha llamado «la clase inútil», un grupo social permanentemente desempleado al que el resto de la sociedad deberá mantener.

Esta no es una preocupación nueva. El temor de que la automatización produzca desempleo apareció con la Revolución industrial y no ha menguado. El presidente John F. Kennedy alertó de que uno de los principales retos de la década de 1960 sería mantener el nivel de empleo al mismo tiempo que «las máquinas reemplazan hombres». Estas ansiedades resultaron infundadas, ya que las nuevas tecnologías, no solo «reemplazaron hombres», también crearon empleos en nuevas industrias, compensando así con creces los empleos perdidos.

¿Pasará lo mismo con la revolución digital? ¿Creará más empleos de los que destruirá? Joseph Schumpeter llamó a este proceso la «destrucción creativa».

Hay quienes argumentan que esta vez es distinto y que el shock tecnológico será más amplio y más veloz. De ser así y si, en efecto, se nos viene encima un tsunami de desocupación laboral, ¿qué hacer? Hasta ahora hay solo cuatro ideas.

La primera es el proteccionismo digital. Consiste en encarecer a través de impuestos, aranceles y otros mecanismos, el uso de robots y tecnologías digitales que reduzcan el empleo. Esta es una muy mala idea. Las economías que desincentivan la adopción de nuevas tecnologías pierden competitividad y sufren importantes rezagos y distorsiones económicas.

La segunda idea es reeducar a quienes han perdido su trabajo. Este es un encomiable objetivo y la mayoría de los países ya cuentan con programas para darle a los desempleados nuevas destrezas. Lamentablemente, los resultados han sido limitados. No hay ninguna experiencia exitosa de reeducación a gran escala.

Pero, sin duda, hay que seguir perfeccionado estas iniciativas y hacer lo posible para dotar a los trabajadores de capacidades más acordes a las que demanda el mercado laboral.

La tercera idea no es nueva: el empleo público. Cada vez que una sociedad experimenta un aumento drástico de las tasas de desempleo, el Gobierno intenta paliar la situación creando puestos de trabajo que, si bien no son necesarios, sirven para darle un ingreso a quienes lo han perdido. Esto puede funcionar como una medida de emergencia temporal, pero su adopción como política permanente es onerosa, contraproducente e insostenible a largo plazo.

La cuarta propuesta es garantizar un ingreso básico universal. Esto quiere decir que todos los adultos tendrán un ingreso mínimo asegurado y permanente, con independencia de si trabajan o no. Esta idea es muy costosa y puede desincentivar la búsqueda de empleo. Pero si se usa para reemplazar subsidios ineficientes sus costos pueden ser reducidos. Además, la gente no solo trabaja para obtener un ingreso, sino que tiene otras motivaciones no monetarias.

La buena noticia es que quizá nada de esto haga falta. Hasta ahora no hay síntomas de que la destrucción creativa de Schumpeter haya desaparecido. Es perfectamente posible que las nuevas tecnologías produzcan más y mejores empleos de los que destruirán.

Pero si esta vez es diferente y los nuevos empleos no aparecen a tiempo, estaremos enfrentando uno de los mayores retos de este siglo. Por eso es urgente ir pensando en qué hacer si eso sucede.

30 de septiembre de 2018

Todo comenzó con la pornografía

A finales del año pasado comenzaron a circular por internet vídeos pornográficos cuyas principales protagonistas eran algunas de las actrices y cantantes más famosas de estos tiempos. Naturalmente, los vídeos se hicieron virales y los vieron millones de personas en todo el mundo. A los pocos días se supo que Scarlett Johansson, Taylor Swift, Katy Perry y otras artistas de renombre no eran las verdaderas protagonistas de estos vídeos, sino las víctimas de una nueva tecnología que, utilizando inteligencia artificial y otros avanzados instrumentos digitales, permite insertar la imagen facial de cualquier persona en un vídeo.

Ese fue solo el comienzo. Muy pronto Angela Merkel, Donald Trump y Mauricio Macri también fueron víctimas de lo que se conoce como *deepfake* o falsificación profunda. Barack Obama fue utilizado, sin su consentimiento, para ejemplificar los posibles usos nefastos de esta tecnología. Vemos a Obama diciendo en un discurso lo que el falsificador quería que él dijera, y que el expresidente jamás había dicho. El resultado es un vídeo muy real.

La manipulación de imágenes no es nada nuevo. Los gobiernos autoritarios tienen un largo historial haciendo «desaparecer» de las fotos oficiales a líderes caídos en desgracia. Y ya desde 1990 Photoshop permite al usuario alterar fotografías digitales.

Pero el *deepfake* es diferente. Y mucho más peligroso. Diferente porque, desde que circularon los vídeos falsos de las actrices hasta hoy, esa tecnología ha mejorado muchísimo. La imagen corporal y la expresión de la cara son hiperrealistas y la imitación de la voz y la gestualidad de la persona son tan exactas que resulta imposible descubrir que es una falsificación, a menos que se cuente con sofisticados programas de verificación digital. Y el peligro del *deepfake* es que la tecnología para crearlo está al alcance de cualquier persona.

Un exnovio despechado y psicópata puede producir y diseminar desde el anonimato por las redes sociales un vídeo que imite perfectamente la voz, los gestos y la cara de la mujer que lo dejó y en el cual ella aparece haciendo o diciendo las más vergonzosas barbaridades. Las imágenes de policías propinando una brutal paliza a una anciana que participa en una protesta antigubernamental puede provocar violentos enfrentamientos entre los manifestantes y los agentes policiales. El respetado líder de un grupo racial o religioso puede instigar a sus seguidores a atacar a miembros de otra raza o religión. Algunos estudiantes pueden producir un comprometedor vídeo de un profesor a quien repudian. Extorsionadores digitales pueden amenazar a una empresa con divulgar un vídeo que dañará su reputación si no paga lo que le piden.

Los posibles usos del *deepfake* en la política, la economía o las relaciones internacionales son tan variados como siniestros. La divulgación de un vídeo que muestre a un candidato a la presidencia de un país diciendo o haciendo cosas reprobables poco antes de los comicios se volverá una artimaña electoral común. Aunque el rival de este candidato no haya aprobado el uso de este indecente truco, sus seguidores más radicales pueden producir el vídeo y distribuirlo sin pedirle permiso a nadie.

El potencial de los vídeos falsificados para enturbiar las relaciones entre países y exacerbar los conflictos internacionales también es enorme.

Y esto no es hipotético; ya ha ocurrido. El año pasado el emir de Catar, Tamim bin Hamad Al-Thani, apareció en un vídeo elogiando y apoyando a Hamás, a Hezbolá, a los Hermanos Musulmanes y a Irán. Esto provocó una furibunda reacción de Arabia Saudí, los Emiratos Árabes Unidos, Baréin y Egipto, que ya tenían fuertes fricciones con Catar. Denunciaron el discurso del emir como un apoyo al terrorismo y rompieron relaciones diplomáticas, cerraron las fronteras y le impusieron un bloqueo por aire, mar y tierra. La realidad, sin embargo, es que el emir de Catar nunca dio ese discurso; el vídeo que escaló el conflicto era falso. Lo que es muy real es el boicot que sigue vigente.

La amenaza que constituye el *deepfake* para la armonía social, la democracia y la seguridad internacional es obvia. Los antídotos contra ella lo son mucho menos, aunque hay algunas propuestas. Todas las organizaciones que producen o distribuyen fotografías o vídeos deben obligarse a usar bloqueos tecnológicos que hagan que su material visual sea inalterable. Las personas también deben tener acceso a tecnologías que las protejan de ser víctimas de *deepfakes*. Las leyes deben adaptarse para que quienes difamen o causen daños a otros a través del uso de estas tecnologías tengan que responder ante la justicia. Hay que hacer más difícil el uso del anonimato en la red. Todo esto es necesario, pero insuficiente. Habrá que hacer mucho más.

Hemos entrado en una era en la que la capacidad para diferenciar la verdad de la mentira, los hechos de las falsedades, se ha ido erosionando. Y con ello la confianza en las instituciones y en la democracia. El *deepfake* es otra nueva y potente arma en el arsenal que tienen a su disposición los mercaderes de la mentira. Hay que enfrentarlos.

23 de septiembre de 2018

Vienen tiempos interesantes

«Te deseo que vivas tiempos interesantes». Esta expresión, que parece una bendición, con frecuencia contiene una ponzoñosa ironía. Los tiempos interesantes suelen estar cargados de conflicto, inestabilidad y peligro.

¿Quién puede dudar de que estamos viviendo tiempos interesantes? ¿Qué más interesante que la rueda de prensa en Helsinki en la cual el presidente Donald Trump afirmó, ante el mundo entero, que confiaba más en Vladímir Putin que en sus propios servicios de inteligencia? Estos últimos insisten en que tienen pruebas definitivas de que el Gobierno ruso interfirió en las elecciones presidenciales de 2016. Pero el presidente ruso le dijo a Trump que él no había sido y este le creyó. Por unas horas. El repudio a la conducta de Trump fue tan intenso y generalizado que no le quedó más remedio que retractarse, a su manera. Según él, cometió un error gramatical, no geopolítico. Y al día siguiente invitó a Putin a una segunda reunión, en Washington.

Al mismo tiempo que todo esto sucedía se publicaron dos noticias que, a pesar de no haber tenido mayor difusión, tendrán enormes consecuencias para Rusia, Estados Unidos y la relación entre ambos. La primera es que Wood Mackenzie, una respetada empresa de análisis energético, pronosticó que la demanda mundial de petróleo llegará a su máximo histórico en tan solo dieciocho años, es decir, mucho antes de lo que se esperaba. La empresa asegura que «cambios tectónicos» en el sector transporte, especialmente el uso masivo de vehículos eléctricos y autónomos, que son mucho más eficientes en

282

consumo energético, conducirá a un «pico» en la demanda de crudo en 2036. A partir de ese año, el apetito del mundo por el petróleo comenzará a disminuir. Los hidrocarburos no desparecerán como fuente de energía, pero su importancia irá declinando más rápidamente de lo que los expertos suponían. ¿Qué tiene que ver esta noticia con la reunión de Helsinki? Pues que Rusia es un petroestado, un país que depende críticamente de las exportaciones de petróleo y gas. Putin no ha logrado diversificar la economía y disminuir la dependencia rusa de los hidrocarburos. Así, una caída en la demanda mundial de su principal producto de exportación tendrá un fuerte impacto negativo en la vida de los rusos. Obviamente, aun en las dictaduras, el deterioro de la situación económica tiene consecuencias políticas adversas e impredecibles.

La segunda noticia es la alerta que lanzó del Instituto de Finanzas Internacionales (IFI), una asociación empresarial privada con sede en Washington que recaba y analiza información sobre la salud de la economía mundial. Según el IFI, el mundo sufre de una grave sobredosis de endeudamiento. La deuda global ha crecido a gran velocidad y alcanzado niveles nunca antes vistos. En 2003, el volumen de la deuda acumulada equivalía al 248 por ciento del tamaño de la economía mundial. Hoy alcanza el 318 por ciento.

El endeudamiento de una persona, una empresa o un país no es problemático si cuenta con los ingresos para pagar los intereses. O si hay quien le preste los fondos necesarios para ello. Pero si los ingresos no alcanzan para cubrir los intereses que se vencen, o si quienes prestan pierden la confianza en la capacidad de pago de sus prestatarios, entonces dejarán de hacerlo. Además, tratarán, como sea, de recuperar lo que les deben. Así se gestan las crisis financieras.

¿Quiere decir esto que estamos a las puertas de un *crash* como el de 2008? No necesariamente. El sistema financiero mundial es hoy más fuerte y está relativamente mejor regulado. El alto endeudamiento puede sostenerse sin que se convierta en una crisis siempre que la economía mundial crezca y genere los ingresos necesarios para servir las deudas. La preocupación es que el crecimiento económico global, que venía recuperándose, se puede ver frenado por la guerra comercial que desató Donald Trump.

Laurence Fink, el jefe de BlackRock, la mayor gestora de fondos de inversión del mundo, acaba de advertir que el aumento de las tarifas a las importaciones que ha impuesto la Casa Blanca, así como las represalias comerciales que han tomado los países afectados por estas medidas, afectarían al crecimiento económico y caerían las bolsas de valores. Lo mismo dijo Jerome Powell, el director de la Reserva Federal.

Una lección de la crisis de 2008 es que las enfermedades económicas de un país contagian a otros a gran velocidad. Así, lo que suceda a la economía estadounidense sacudirá al resto del mundo y, por supuesto, también a Rusia. Naturalmente, esto afectará a las relaciones entre los dos países. Otra lección es que las crisis económicas distraen de los problemas políticos, mientras que la inestabilidad política distrae de las dificultades económicas. Y eso está pasando ahora.

No es aventurado pronosticar que nuestros tiempos seguirán siendo muy interesantes.

21 de julio de 2018

Las tentaciones de López Obrador

México no es Venezuela y Andrés Manuel López Obrador no es Hugo Chávez. Las diferencias son muchas y ya han sido bien explicadas.

Pero eso no quiere decir que la experiencia venezolana de los últimos veinte años nada tenga que aportar a nuestra visión de cómo puede ser el México de López Obrador.

Quizá la lección más importante de lo que sucedió en Venezuela es que el continuismo es una amenaza mucho más peligrosa que el populismo. Lo que hundió a Venezuela no fueron las políticas populistas de Chávez y Maduro, sino lo mucho que han durado. El Estado fallido que es incapaz de alimentar a su gente, darle medicinas, protegerla del crimen o cortar la inflación más alta del mundo es el resultado de haber tenido al mismo régimen, haciendo lo mismo, por veinte años. Cinco o seis años de malas políticas le hacen daño a cualquier país. Décadas de mal gobierno de una misma camarilla que ostenta todo el poder lo destruyen.

¿Qué tiene que ver esto con México? Ojalá que nada. Desde 1933, el artículo 83 de la Constitución mexicana prohíbe la reelección del presidente. Hasta ahora, ningún mandatario ha logrado cambiar esta norma. No porque algunos no lo hayan intentado, sino porque esa misma Constitución impone requisitos muy exigentes para su reforma. Para cambiarla es necesario que dos terceras partes de la Cámara de Diputados y otro tanto del Senado voten a favor, así como la mitad de las legislaturas locales. Ningún Gobierno mexicano ha tenido en las últimas décadas tal nivel de control político. Hasta ahora.

El triunfo electoral de López Obrador y las agrupaciones políticas que lo apoyaron fue tan enorme que su coalición solo tendría que «voltear» a unos cuantos diputados y senadores para contar con los votos necesarios para cambiar la Constitución. Y ya tiene el control de la mayoría de las legislaturas locales.

Todo indica que, si el presidente López Obrador quiere, puede cambiar el artículo 83. De hacerlo, él no sería una excepción, sino que formaría parte de una larga lista de presidentes que cambian las reglas para alargar su estadía en el poder. Rusia, Bolivia, Turquía, China y Sudáfrica son ejemplos recientes de lo que, lamentablemente, es una tendencia global.

Los gobernantes que proponen un cambio constitucional suelen justificarlo como un requisito indispensable para enfrentar los males del país. La lucha contra la corrupción, la pobreza y la injusticia social se usan con frecuencia para explicar la necesidad de cambiar la Constitución. Estas justificaciones suelen ser un truco para distraer la atención de la opinión pública de la principal motivación del presidente: continuar en el cargo. Hugo Chávez, por ejemplo, justificó el cambio que culminó permitiendo su reelección y concentrando el poder en sus manos, repitiendo hasta la saciedad que solo aprobando su nueva Constitución se podrían eliminar la pobreza y la desigualdad. No resultó así. Ese cambio constitucional creó las condiciones que hoy diezman a los pobres cuyos intereses Chávez decía representar.

Es posible que la experiencia venezolana con el cambio constitucional sea irrelevante para México y que el presidente López Obrador se limite a gobernar durante el periodo constitucional de seis años. Y que no intente tener más poder del que ya tendrá. Después de todo, como presidente, será jefe de Estado, jefe de Gobierno y jefe de las Fuerzas Armadas. También es el jefe de su partido y líder de la coalición que lo llevó al poder, la cual tendrá la mayoría absoluta en el Congreso. Esto le permitirá promover iniciativas que tendrán garantizada la aprobación del poder legislativo. Además, tendrá la posibilidad de colocar a sus partidarios en cargos clave del poder judicial, incluida la Suprema Corte de Justicia.

El riesgo real es que López Obrador caiga en la tentación de querer quedarse por seis años más. Paradójicamente, la experiencia internacional sugiere que mientras peor les van las cosas a los presidentes, más intenso es su deseo de continuar en el poder. Otra importante lección a tener en cuenta es que los gobiernos populistas suelen comenzar bien y terminar mal. Al cabo de unos años las políticas económicas más comunes entre los populistas resultan difíciles de sustentar y el empeño del Gobierno en continuarlas agrava sus efectos indeseables.

Esto no tiene por qué sucederle a México ni a López Obrador. De hecho, el tono conciliador que ha adoptado desde que ganó las elecciones le ha dado mucha esperanza a los millones de mexicanos que no votaron por él. Lo mismo ocurrió con Chávez después de que ganó las elecciones. Prometió todo a todos, pero nunca dudó en hacer todo lo contrario de lo que había prometido.

Ojalá esta no sea otra lección que los mexicanos tengan que aprender.

7 de julio de 2018

Mundo opaco

A Crimea no la invadió el ejército ruso. Fueron grupos de civiles armados que en febrero de 2014 se sublevaron contra el Gobierno de Ucrania para «independizar» su región y lograr que fuese anexada a la madre patria rusa. Esta es la versión de los medios de comunicación alineados con el Kremlin. No importa que haya evidencias irrefutables de que los presuntos patriotas que tomaron Crimea fueron efectivos militares rusos a quienes antes de la invasión se les ordenó quitar todas las insignias e identificaciones de sus uniformes, tanques y equipos.

Algo parecido sucede en el mundo de las finanzas. El 40 por ciento de las inversiones extranjeras directas en el mundo, en realidad no lo son. Cuando una empresa o persona invierte en activos tangibles (maquinaria o edificios, por ejemplo) en un país distinto al suyo, está haciendo una inversión extranjera directa. Pero resulta que el 40 por ciento de las inversiones extranjeras directas registradas en el mundo son un disfraz. Los economistas Jannick Damgaard y Thomas Elkjaer acaban de publicar los resultados de su investigación sobre «inversiones fantasmas». Descubrieron que «un asombroso monto que alcanza los doce millones de billones de dólares [en inglés, doce trillones] de inversiones extranjeras directas son artificiales: es dinero que se mueve a través de empresas vacías que no llevan a cabo ninguna actividad real». Son usadas para esconder activos, lavar fondos o evadir impuestos. No obstante los esfuerzos de las autoridades, el funcionamiento del sistema financiero internacional sigue siendo muy opaco. Con la irrupción de las criptomonedas, bitcoin, ethereum y otras, llevar a cabo transacciones financieras anónimas se ha hecho más fácil que nunca.

La proliferación de entidades que dicen ser una cosa pero que en realidad son otra también viene dándose entre organizaciones no gubernamentales. A veces son vehículos usados para defender subrepticiamente intereses particulares y causas poco benevolentes. Algunos gobiernos también las usan, y se llaman Ongog: organizaciones no gubernamentales organizadas y controladas por gobiernos. Un ejemplo es una organización sin fines de lucro llamada Mundo Sin Nazismo. Con base en Moscú, la dirige un político vinculado a Putin y tiene como misión la «difusión de la ideología antifascista en los países que formaron parte de la antigua Unión Soviética». Es un instrumento de propaganda y apoyo a las iniciativas internacionales del Kremlin.

«El papa Francisco sorprende al Mundo y apoya a Donald Trump para la presidencia de Estados Unidos». Esta es una de las «noticias» que circularon ampliamente en las redes sociales justo antes de los comicios estadounidenses de 2016. Era falsa, por supuesto. Fue uno de los millones de mensajes dirigidos a los votantes y que, según las agencias de inteligencia de Estados Unidos, formaron parte de un ataque orquestado desde Moscú. En enero de 2017, las agencias del país anunciaron que podían afirmar con seguridad que el Kremlin prefería que Donald Trump ganase las elecciones y que el presidente Vladímir Putin ordenó personalmente la «campaña de influencia» dirigida a debilitar a Hillary Clinton y «socavar la confianza de la población en el proceso democrático de Estados Unidos». En noviembre de 2017, el Gobierno de España también acusó a Rusia de intervenir en la crisis catalana diseminando subrepticiamente información falsa.

El mejor antídoto contra el mundo opaco son medios de comunicación independientes que operen sin la interferencia de gobiernos, partidos políticos, empresas privadas o carteles criminales. Por ello, lo más preocupante de estas tendencias a la opacidad es que también están afectando a los medios de comunicación que nos alertan de las andanzas y fechorías de estos malos actores. En Rusia, Hungría, Turquía, Venezuela y muchas otras autocracias que intentan parecer democracias, la toma furtiva del control de un periódico, revista, cadena de radio o televisión por «inversionistas privados» afines al Gobierno y financiados con dinero público es la norma.

El peligro es que este truco también se haga común en las democracias reales. Impedir que proliferen esta y otras prácticas que hacen al mundo más opaco es una de las luchas más importantes y definitorias de nuestro tiempo.

29 de junio de 2018

Cleptocracia y cacocracia

Mientras el mundo se desgañita debatiendo sobre socialismo, capitalismo, independentismo, populismo y otros ismos, los ladrones y los ineptos están tomándose cada vez más gobiernos. Ladrones en el poder los ha habido siempre y gobernantes incompetentes también. Pero, en estos tiempos, la criminalidad de algunos jefes de Estado ha alcanzado niveles dignos de los tiranos de la antigüedad. Y las consecuencias de la ineptitud de quienes mandan se ven ahora amplificadas por la globalización, la tecnología, la complejidad de la sociedad, así como por la velocidad con la que suceden las cosas.

Ya no estamos hablando solo de la corrupción «habitual»; la del ministro que cobra una comisión por la compra de armas o por otorgar a dedo el contrato para construir una carretera. Ni de un caso aislado en el que el más tonto de la clase llega, para sorpresa de sus antiguos compañeros, a ser presidente.

No. En el caso de la cleptocracia se trata más bien de conductas criminales que no son individuales, oportunistas y esporádicas sino colectivas, sistemáticas, estratégicas y permanentes. Es un sistema en el cual todo el alto Gobierno es cómplice y se organiza de manera deliberada para enriquecerse —y usar las fortunas acumuladas para perpetuarse en el poder—. Para los cleptócratas el bien común y las necesidades de la población son objetivos secundarios y solo merecen atención cuando están al servicio de lo más importante: engordar sus fortunas y seguir mandando.

El caso de los ineptos en el poder es algo distinto. Las cacocracias (los gobiernos de los malos) proliferan en sistemas políticos degradados y caóticos que repelen a los talentosos y les abren paso a los peores ciudadanos, o a los menos preparados. Obviamente es posible que a veces se combinen los dos y el Gobierno no solo sea criminal sino también incompetente. Cuando coinciden, la cleptocracia y la cacocracia se refuerzan entre sí.

Un ejemplo que ilustra la conducta de gobiernos cleptócratas lo ofrece el respetado periodista brasileño Leonardo Coutinho. Recientemente, Coutinho recogió el testimonio de Marco Antonio Rocha, un oficial de la aviación boliviana que reveló el tráfico de grandes volúmenes de cocaína de Bolivia a Venezuela y a Cuba. Cuenta Rocha que semanalmente debía pilotar un avión de La Paz a Caracas y La Habana cargado con las «maletas diplomáticas», entregadas por los agregados militares de la Embajada de Venezuela en La Paz. Solo que en este caso no eran ni maletas ni llevaban documentos diplomáticos. Eran enormes bultos que contenían quinientos kilos de cocaína. Una operación de este tipo requiere la complicidad de los más altos niveles del Estado en, al menos, tres países. Esta no es solo la historia de una operación más de narcotraficantes, también revela las actividades de una alianza de gobiernos cleptocráticos. El primer ministro de Malasia, Najib Razak, quien acaba de perder las elecciones, ha sido acusado de haber organizado un sistema financiero que le permitió pasar 42.000 millones de dólares de cuentas públicas a cuentas privadas controladas por sus familiares y cómplices. En Brasil, el escándalo conocido como Lava Jato reveló una vasta, sofisticada y permanente red de corrupción que involucró durante años a centenares de los más poderosos políticos, gobernantes y empresarios del país y de toda América Latina.

Un error común es suponer que las cleptocracias solo se dan en los rincones más pobres y subdesarrollados. Rusia es un país avanzado cuyos dirigentes muestran claros signos de constituir una cleptocracia. Uno de sus pilares fundamentales son los exagentes secretos de la KGB convertidos en oligarcas cuyas enormes empresas trabajan de la mano del Kremlin. En un testimonio ante el Senado de Estados Unidos en 2017, Bill Browder, empresario de vasta experiencia en Rusia y acérrimo crítico de su Gobierno, afirmó que «Putin se ha convertido en el hombre más rico del mundo y su fortuna alcanza los doscientos mil millones de dólares».

Es también un error pensar que solo en países con instituciones débiles y sistemas políticos inmaduros pueden llegar a ocupar las posiciones más importantes personas que no tienen la capacidad y la preparación necesarias. Lo que estamos viendo en Estados Unidos y en países europeos con una larga tradición democrática muestra que ninguna nación es inmune a la cacocracia. En Estados Unidos, la búsqueda en internet del significado de esta palabra derivada del griego antiguo ha tenido un enorme auge desde la llegada de Donald Trump a la Casa Blanca.

Como buenos prestidigitadores, los cleptócratas saben cómo distraernos de sus fechorías y los cacócratas de su incapacidad. Lo hacen hablándonos de su ideología y atacando a la de sus rivales. Mientras nosotros vemos y participamos en estos torneos ideológicos, ellos roban. O tontean.

Y nosotros pagamos las consecuencias.

3 de junio de 2018

Dos paradojas

Es normal que en épocas de grandes cambios aumenten las contra-dicciones, confusiones y perplejidades. El mundo se vuelve más pa-radójico. Entre las muchas paradojas de estos tiempos hay dos que me han llamado la atención.

1.ª: ¿Por qué, hoy en día, los dictadores parecen estar enamorados de la democracia? En su último informe anual, la ONG Freedom House concluye: «En 2017, la democracia en el mundo sufrió su crisis más grave, con ataques a principios fundamentales como las elecciones libres y justas, la libertad de prensa y el imperio de la ley. 71 países registraron un retroceso en los derechos políticos y liberta-des civiles de sus ciudadanos y solo 35 mostraron progresos en este campo. Durante doce años consecutivos la libertad ha ido retroce-diendo. En ese periodo, la calidad de la democracia se ha resentido en 113 países y solo ha mejorado en 62. Las encuestas revelan que las dudas de la gente sobre el sistema democrático van en aumento».

La paradoja es que, entre los dictadores, algunas prácticas de la democracia —o, para ser más precisos, las votaciones para escoger al presidente— son muy comunes. Y no les importa que se sepa que son fraudulentas. A mediados de marzo hubo elecciones presidencia-les en Rusia y Egipto y, en mayo, en Venezuela. Vladímir Putin ganó con el 75 por ciento de los votos, Abdelfatah el Sisi con el 97 por ciento y Nicolás Maduro con el 68 por ciento. Ciertamente un buen desempeño, pero nada como el de Sadam Husein, quien en 2002 logró el 100 por ciento de los votos en Irak. ¿Por qué se molestan en montar estas pantomimas? ¿Por qué, simplemente, no se declaran presidentes de por vida y ejercen su dictadura sin hacer el ridículo disfrazándose de demócratas? La respuesta es que la democracia les da lo que la represión no puede: una mínima apariencia de legitimidad que, sin convencer a nadie, les simplifica la vida ante cierto público. Las elecciones, aunque trucadas, les permiten presentarse ante su pueblo y ciertas audiencias clave en el resto del mundo con un maquillaje democrático que esperan que distraiga un poco del hecho de que quienes se oponen a ellos son torturados en sus cárceles y asesinados en las calles.

La segunda: ¿Por qué los *hackers* y soplones espontáneos han tenido más éxito en la lucha contra el lavado de dinero que los gobiernos?

Después de los ataques del 11 de septiembre de 2001 los gobiernos decidieron que «seguir el dinero» era una de las mejores estrategias para identificar y neutralizar las redes terroristas. Así, muchos países adoptaron leyes y reglamentos más restrictivos con el fin de que a los dueños de los fondos les resultara más difícil esconder su identidad o mover el dinero.

El resultado fue que, si bien los gobiernos tuvieron algún éxito en hacer más transparente el sistema, sus esfuerzos se vieron obstaculizados por las dificultades que normalmente tienen los estados para coordinarse y por las estrategias de los abogados y expertos en contabilidad, finanzas y computación contratados para proteger a sus acaudalados clientes.

Hasta que aparecieron los soplones y los *hackers*.

John Doe es el seudónimo de alguien que hizo públicos once millones de archivos de la firma panameña de abogados Mossack Fonseca. Cada archivo contenía la información detallada de activos depositados en diferentes bancos, la identidad de sus propietarios y todos los movimientos de las cuentas entre 1970 y 2015. La divulgación de esta información, los denominados Papeles de Panamá, repercutió en todo el mundo: incluía datos de las cuentas de doce jefes o exjefes de Estado, algunos de ellos con fortunas inexplicables; más de sesenta familiares y socios de conocidos políticos, incluido Vladímir Putin; ocho miembros de la élite que gobierna China y varias compañías vinculadas con Donald Trump. Pero quizá el principal aporte de los Papeles de Panamá fue que revelaron cómo funciona el sistema financiero internacional que se esconde detrás de testaferros y empresas con dueños desconocidos, así como los sofisticados instrumentos legales y financieros que sirven para lavar dinero o simplemente esconderlo y moverlo furtivamente.

Los Papeles de Panamá no fueron la única filtración de secretos bancarios. Hubo otras antes y habrá otras después. Estas filtraciones —que siempre se basan en la sustracción no autorizada de información privada— crean importantes dilemas éticos. Pero también le abren los ojos al mundo. Es paradójico que hayan sido los *hackers* y los soplones, actuando ilegalmente, los que han dado una inyección de transparencia al sistema financiero internacional.

Quienes lavan activos, los evasores de impuestos y los corruptos que esconden su dinero en estas instituciones ya no pueden dormir tranquilos. No tanto por las amenazas de los gobiernos, sino por las de otros ciudadanos que se han dedicado a la tarea de obtener y revelar los secretos bancarios del mundo.

Tampoco pueden dormir tranquilos los dictadores de estos tiempos, por más que se disfracen de demócratas.

26 de mayo de 2018

Nicolás Maduro y la banalidad del mal

Que la maldad puede ser banal ya nos lo explicó Hannah Arendt. Después de asistir al juicio contra Adolf Eichmann en 1961, Arendt escribió que su principal sorpresa fue descubrir lo anodino que era ese monstruoso ser humano. Este oficial de las SS fue uno de los principales organizadores del Holocausto, en el que fueron asesinados más de seis millones de niños, mujeres y hombres. Arendt cuenta que Eichmann no era muy inteligente; no pudo completar los estudios secundarios o la escuela vocacional y solo encontró empleo como vendedor itinerante gracias a los contactos de su familia. Según ella, Eichmann se refugiaba en «frases hechas, clichés y el lenguaje oficial». Uno de los psicólogos que lo examinó reportó que «su única característica inusual era ser más normal en sus hábitos y en su lenguaje que el promedio de la gente».

Por supuesto que hay grandes diferencias entre Adolf Eichmann y Nicolás Maduro. Pero también similitudes. A Maduro tampoco le fue muy bien en los estudios o en su vida laboral y sus tropiezos gramaticales siguen haciendo las delicias de quienes lo siguen en redes sociales. Las «frases hechas, clichés y el lenguaje oficial» saturan su vocabulario. Su banalidad es ya legendaria.

El presidente de Venezuela acaba de publicar un muy revelador artículo de opinión en *El País*. En él documenta su mendacidad, confirma su banalidad y despliega su inmensa crueldad.

Comienza afirmando: «Nuestra democracia es distinta a todas. Porque todas las demás [...] son democracias formadas por y para las élites». Resulta que la opulenta élite creada por Hugo Chávez, y perpetuada por Nicolás Maduro, lleva dos décadas enriqueciéndose ilícitamente y ejerciendo el poder de manera nada democrática. Su control sobre todas las instancias es absoluto. Un ejemplo: entre 2004 y 2013, el Tribunal Supremo de Justicia dictó 45.474 sentencias. ¿Cuántas de estas fallaron en contra del Gobierno? Ninguna.

Maduro continúa: «La revolución cambió y se volvió feminista. Y entre todos y todas decidimos remover la violencia machista de nuestro sistema de salud y empoderar a las mujeres a través del programa nacional de parto humanizado». Según la prestigiosa revista médica *The Lancet*, la mortalidad de las madres en Venezuela en los últimos años ha aumentado un 65 por ciento y la infantil en un 30 por ciento. ¿Parto humanizado y feminista?

Pero Nicolás Maduro no solo se preocupa por las madres. También lo angustian los jóvenes: «Hace veinte años, antes de nuestra revolución bolivariana, era normal echar la culpa de la cesantía de los jóvenes a los propios jóvenes [...] que por flojos merecían una salud paupérrima, sueldos de hambre y vivir sin techo. Pero con nosotros en el Gobierno la cosa cambió». En esto el presidente tiene razón, la cosa cambió: ahora el poder de compra del salario mínimo es un 94,4 por ciento más bajo de lo que era en 1998. En la práctica, el salario mínimo «en la calle» es de poco más de tres dólares al mes (2,5 euros). Un mes de salario mínimo «oficial» solo alcanza para comprar dos kilos de pollo. Y ni siquiera todos lo alcanzan. Una enfermera que trabaja por su cuenta, por ejemplo, gana el equivalente de seis centavos de dólar al día. Pero hay más: los jóvenes que tanto preocupan al presidente son las víctimas más frecuentes del desenfreno criminal que sacude al país. Venezuela sufre uno de los más altos índices de asesinatos del mundo. ¿Qué ha hecho Maduro al respecto? Nada.

Naturalmente, la prioridad del presidente es el pueblo: «Es esencial que la economía esté al servicio del pueblo y no el pueblo al servicio de la economía [...]. La economía es el corazón de nuestro proyecto revolucionario. Pero en mi corazón está primero que todo la gente». Esa gente que puebla el corazón del presidente está siendo diezmada por la primera hiperinflación latinoamericana del siglo XXI y por la falta de alimentos, medicinas y productos básicos. Según el Fondo Monetario Internacional, los precios subirán un 13.000 por ciento este año. El año pasado, el 64 por ciento de la población perdió, en promedio, once kilos de peso por falta de comida. Este año el desabastecimiento es aún peor y hay severos racionamientos de agua y electricidad. Menos mal que la economía que dirige Maduro está al servicio del pueblo. ¿Cómo sería si no fuese así?

Además de desplegar su liderazgo económico y social, el presidente de Venezuela usa su columna para reafirmar sus credenciales democráticas: «Para nosotros solo hay libertad y democracia cuando hay un otro que piensa distinto al frente, y también un espacio donde esa persona pueda expresar su identidad y sus diferencias». Para centenares de presos políticos, ese «espacio» es una celda inmunda en la que viven hacinados en condiciones inhumanas y donde algunos de ellos son regularmente torturados, tal como lo han denunciado todas las organizaciones internacionales de derechos humanos. En la Venezuela de Chávez y Maduro, pensar distinto se volvió muy peligroso.

Para profundizar en la democracia que reina en su país, Maduro ha convocado elecciones anticipadas y es uno de los candidatos con más posibilidades de ganar, a pesar de que sus votantes se están muriendo de hambre: «Nos hemos empeñado con pasión en transparentar, en respetar y en hacer respetar las leyes electorales para las elecciones del próximo 20 de mayo [...]. Y ese proceso será limpio y modelo». El pequeño detalle que omite el presidente y candidato es que quince gobiernos de América Latina, más la Unión Europea, Estados Unidos y Canadá han denunciado como fraudulentos los inminentes comicios y han declarado que no reconocerán sus resultados. Maduro el demócrata inhabilitó a los principales partidos de la oposición; sus candidatos más populares están presos, exiliados o descalificados, y no permite que observadores internacionales independientes monitoreen el proceso electoral. Pero el presidente no está solo. La gran democracia rusa mandará un equipo de observadores para garantizar la pulcritud del proceso. Cuba y Nicaragua también.

Es muy revelador que, en su larga columna, Maduro no haya dedicado ni una línea a comentar sobre el infierno que están viviendo los venezolanos. En las encuestas que miden la felicidad expresada por la gente en distintos países, Venezuela solía estar entre los primeros. Hoy es uno de los lugares más infelices del mundo; ocupa la posición 102 entre 156 países encuestados. Los millones de venezolanos que han abandonado su tierra tampoco merecen comentario alguno de Maduro.

Y es que una de las peculiaridades más indignantes del régimen de Chávez y Maduro es la criminal indiferencia que han mostrado ante el sufrimiento de los venezolanos que ellos dicen amar. La indolencia, el desinterés, la pasividad con la que Maduro trata las trágicas crisis que crecen y se multiplican, matando a diario cada vez a más ciudadanos, parecieran no afectarlo, no motivarlo a actuar, a buscar ayuda. Al contrario: Maduro niega que Venezuela sufra una crisis humanitaria y no permite la ayuda internacional que podría ya haber salvado miles de vidas.

Sí, Maduro es banal. Pero también letal.

Es cierto que puede estar abriendo espacios para nuevos líderes democráticos que traigan otras propuestas.

Los choques externos son una amenaza creciente para América Latina. Pero no tanto como las amenazas que constituyen la complacencia y la falta de previsión.

El más de lo mismo ya no va a funcionar. Quienes antes rompan con el conformismo y salgan de su zona de comodidad tendrán más oportunidades de evitar que los choques externos los arrollen.

4 de mayo de 2018

Memorando secreto a Raúl Castro

Para: presidente Raúl Castro
De: X en Caracas
Asunto: Una propuesta para Venezuela

Ya falta poco para que usted entregue la presidencia de Cuba a su sucesor. Esto coincide con el final de mi etapa como jefe de nuestras operaciones clandestinas en Venezuela. Pero no le escribo para despedirme y celebrar nuestros logros. Ya tendremos tiempo para eso.

Le escribo porque estoy preocupado. La situación no es sostenible y requiere un cambio drástico. El propósito de este memorando es hacerle una propuesta al respecto para garantizar la continuidad de nuestra relación con Venezuela.

La estabilidad de Cuba depende de que sigamos teniendo allí un gobierno «nuestro». A esa prioridad le hemos dedicado, durante casi dos décadas, nuestros mejores talentos, instituciones y recursos. Y lo hemos hecho bien.

Logramos controlar la nación con las mayores reservas de petróleo del planeta sin un solo disparo y sin involucrar abiertamente a nuestras Fuerzas Armadas. Y lo hemos hecho sin que, hasta ahora, el mundo se diese cuenta de que las más importantes decisiones en la economía, la política, la seguridad interna o las relaciones internacionales de Venezuela las determinamos nosotros. Lo mismo vale para los nombramientos más importantes en las Fuerzas Armadas, el poder judicial o en los servicios de inteligencia y seguridad. En lo que nos interesa, se hace lo que nos conviene.

Los beneficios para nuestra patria han sido inmensos. No son solo los millones de barriles de petróleo que apuntalaron nuestra economía. Venezuela también nos paga muy generosamente los médicos, entrenadores y asesores de todo tipo que les enviamos. Las comisiones que nuestras empresas le cobran a Caracas por actuar como intermediarias en las importaciones de alimentos y otros productos nos generan enormes ganancias. Nuestra diplomacia se ha fortalecido por el control que tenemos sobre la Cancillería y las embajadas venezolanas. Gracias al petróleo venezolano nuestra influencia en los países del Caribe y Centroamérica ha sido enorme. Hemos expulsado de allí a Estados Unidos.

Esto nos permitirá seguir usando a Venezuela como laboratorio para la Cuba del futuro.

Pero todo esto está en peligro.

Usted lo sabe, pero debo repetirlo. La situación, ya difícil, se ha hecho imposible. El 88 por ciento de los hospitales reporta que no tiene medicinas para sus pacientes, el 90 por ciento ya no puede ofrecer servicios de emergencia, el 79 por ciento dice que con frecuencia no hay agua y en el 96 por ciento no hay suficiente comida. La mortalidad infantil es una de las más altas del mundo. El absentismo en las escuelas y liceos es enorme ya que alumnos y docentes pasan la mayor parte del día buscando alimentos. En 2017, los venezolanos perdieron, en promedio, once kilos de peso y el 89 por ciento vive en condiciones de pobreza. El índice de homicidios es uno de los más altos del mundo. La inflación también.

La industria petrolera, que genera el 90 por ciento de las divisas del país, ha colapsado. Hoy su producción de crudo es la mitad de lo que era cuando el comandante Chávez llegó al poder en 1999. Se calcula que cerca tres millones de venezolanos se han ido del país.

Estamos a punto de matar a la gallina de los huevos de oro. Afortunadamente, las próximas elecciones nos ofrecen una oportunidad para evitarlo. Maduro es claramente incapaz de manejar la crisis y está perdiendo apoyos rápidamente. Necesitamos que en las elecciones presidenciales de mayo haya un cambio de caras.

Recomiendo lo siguiente:

1. Hacer que Maduro pierda las elecciones y obligarlo a entregar el poder al ganador de estos comicios. Esto legitimaría ante el mundo la democracia venezolana. Para persuadir a Maduro le ofreceremos un cargo simbólico y una mansión en La Habana. Pero, sobre todo, le haremos saber que, si no colabora, estamos dispuestos a hacerle perder la enorme fortuna que ha acumulado. Él sabe que podemos hacerlo. Cuando sus aliados vean que ya no goza de nuestro apoyo, lo abandonarán. A ellos también deberemos darles «incentivos».

2. Llegar a un acuerdo con el candidato presidencial de la «oposición» que más «flexible» sea. Nosotros le garantizamos que ganará las elecciones (aún controlamos el Consejo Nacional Electoral, el órgano que cuenta los votos y declara al vencedor) y le daremos la libertad de actuar como prefiera en varios frentes, especialmente la economía. Pero nuestro apoyo dependerá de que sigamos recibiendo el petróleo y que continuemos ejerciendo el control sobre los nombramientos más importantes de los militares, los servicios de inteligencia y, por supuesto, del equipo de seguridad personal del presidente. También seguiremos decidiendo quiénes son los directivos de la empresa petrolera nacional, y los principales jueces.

Un beneficio adicional de este esquema es que nos permitirá seguir usando a Venezuela como laboratorio para aprender a manejar a Cuba en el futuro. Un sistema político parcialmente abierto, donde se guardan las apariencias de la democracia y donde hay ciertas libertades.

Pero donde nosotros seguimos en el poder.

25 de marzo de 2018

Cuatro tragedias americanas

La elección de Donald Trump es solo una manifestación de las fuerzas que tienen a la sociedad estadounidense dividida, crispada y confundida. Los grandes problemas de ese país son conocidos: desigualdad, racismo, terrorismo, dificultad para llegar a acuerdos políticos, menguada influencia internacional.

Con la excepción del racismo y la desigualdad, estos grandes problemas no afectan a la vida diaria de los estadounidenses. Hay otros, sin embargo, que les alcanzan de manera cruel, tangible y frecuente.

Uno de ellos es la regulación irresponsablemente laxa de las armas de fuego. Las cifras son aterradoras. Estados Unidos concentra el 4,4 por ciento de la población del planeta y el 42 por ciento de las armas. También el mayor número de asesinatos masivos, especialmente en las escuelas. Desde 2002, más de cuatrocientos estudiantes, maestros y personal escolar han muerto asesinados por armas de fuego, cinco al mes. En lo que va de 2018, ya ha habido nueve ataques. Pero en Estados Unidos, el lugar más peligroso para niños y jóvenes no es el colegio. Es su casa. Muchos más mueren asesinados por armas de fuego en sus hogares que en las aulas. Los asesinos suelen ser familiares o conocidos.

El presidente Trump y la NRA, la Asociación Nacional del Rifle, sostienen que este no es un problema de armas sino de salud mental. Ningún otro país sufre regularmente este tipo de ataques tanto como Estados Unidos y, estadísticamente, los trastornos mentales no son más frecuentes allí que en otros lugares del mundo. Todos los estudios independientes concluyen que la facilidad con la que se puede comprar un arma —incluso ametralladoras— es la explicación de estas masacres.

Farmacéuticas, fabricantes de armas y tabacaleras tienen detrás un gran lobby.

El 75 por ciento de los estadounidenses desea más controles sobre la venta y la posesión de armas, así como más restricciones en el acceso a armas de guerra. Pero las preferencias de esa abrumadora mayoría son sistemáticamente aplastadas por la NRA, que, disfrazada de ONG, es el lobby de los fabricantes de armas. Cuenta con cinco millones de asociados que se movilizan de manera disciplinada para votar en contra de los políticos que no apoyen ciegamente sus posiciones extremas. Además, tiene mucho dinero para influir en las elecciones. Donó treinta millones de dólares a la campaña de Donald Trump y otros tres millones a la de Marco Rubio. Son cantidades insignificantes comparadas con los rendimientos que genera la venta de armas a los fabricantes, cuyos lucrativos intereses están bien protegidos por la NRA. Es decir, una minoría impone sus valores a la mayoría.

Otra realidad nociva para millones de estadounidenses es el uso abusivo de opiáceos. Quienes los consumen acceden a ellos mediante receta médica o por vías ilícitas. El consumo ilegal de heroína y opiáceos sintéticos como el fentanilo se ha disparado en el país. En 2015, dos millones de estadounidenses sufrieron problemas de salud derivado del uso desmedido de esta clase de fármacos. Un tercio de los pacientes que empezaron a consumir opiáceos para aliviar el dolor terminó abusando de ellos. El 80 por ciento de los adictos a la heroína había experimentado previamente un consumo excesivo de opiáceos. Cada día mueren 115 estadounidenses por sobredosis relacionadas con opioides. En ningún otro país se recetan y se consumen tantos opiáceos como en Estados Unidos.

Hacia el final de los años noventa, las empresas farmacéuticas lanzaron una vasta campaña dirigida a persuadir a médicos y hospitales de que estos medicamentos eran idóneos para aliviar el dolor y, sobre todo, que no eran adictivos. El resultado fue un enorme aumento de la prescripción de opiáceos, las sobredosis y los casos de adicción. También de los beneficios económicos para esas compañías. Los intentos del Gobierno de poner límites a las prescripciones de este tipo de medicamentos se encontraron con el veto del poderoso lobby farmacéutico. De nuevo, los beneficios económicos de unos pocos, con dinero e influencia en los políticos, tuvieron más peso que el bienestar de la sociedad.

Pero, al mismo tiempo que en Estados Unidos abundan los opiáceos que matan, también hay una grave carencia de medicamentos que salvan. Esta escasez no se debe a que no estén disponibles, sino a que están fuera del alcance de millones de estadounidenses que no los pueden pagar. Los precios de las medicinas en Estados Unidos son los más altos del mundo. Allí, el gasto medio anual en fármacos es de 858 dólares por persona, mientras que en otros diecinueve países industrializados es de cuatrocientos dólares. El 20 por ciento de los estadounidenses dice que el precio excesivo los obliga a racionar las dosis que los médicos les han prescrito o a no renovar la receta cuando se les acaban las medicinas.

En las urnas no se castiga a los políticos que defienden intereses particulares.

La conducta de algunas empresas farmacéuticas es indignante. En los últimos años, han incrementado, sin explicación, el costo de la insulina para los diabéticos en un 325 por ciento. El precio de Lomustine, una medicina para el tratamiento del cáncer, ha aumentado un 1.400 por ciento desde 1993, sin que lo hayan hecho sus costos de producción. El precio de EpiPen, un fármaco antialérgico, saltó de 57 dólares en 2007 a 500, mientras que el precio de treinta cápsulas de cycloserina, usada para tratar la tuberculosis, subió de 500 dólares a 10.800. Solo en 2015, el precio de la cesta de los medicamentos más usados aumentó 130 veces más que la inflación en general.

El 82 por ciento de los estadounidenses quiere unas leyes que bajen los precios de los medicamentos. Pero... el lobby de las compañías farmacéuticas se disputa con el de la NRA el primer lugar entre los grupos empresariales con más dinero para bloquear iniciativas gubernamentales que protejan al consumidor.

Otro fenómeno que está matando a los estadounidenses es el cambio climático. El año 2017 fue el que se cobró un mayor coste en accidentes climáticos de la historia de Estados Unidos: huracanes, incendios forestales, tornados, inundaciones y sequías. La frecuencia de fenómenos meteorológicos extremos ha aumentado. California sufrió más incendios que nunca, varias ciudades registraron la temperatura más alta y sequías prolongadas. El huracán Harvey rompió récords de lluvia y devastó Puerto Rico, donde, además, dejó mil muertos. En febrero, en el polo norte hizo más calor que en algunas partes de Europa. ¿Cómo se explica la timidez con la que Estados Unidos afronta este problema que, de seguir como hasta ahora, hará un daño enorme a su gente, especialmente a los más pobres?

Reducir la emisión de gases que contribuyen al calentamiento global puede derivar en costes muy altos para algunos sectores empresariales, que, naturalmente, preferirían evitarlos o posponerlos al máximo y así salvaguardar sus beneficios. De ahí que hayan contribuido con tanta eficacia a fomentar el escepticismo, que atenúa la sensación de urgencia y permite a los políticos cómplices retrasar las iniciativas necesarias. Esta táctica no es nueva. Durante décadas, las empresas de tabaco financiaron campañas para hacer creer al público que existía un «debate científico» sobre si fumar producía cáncer. Participaban en él «científicos escépticos» que argumentaban que no había suficientes pruebas de un vínculo causal entre tabaco y cáncer. Años después —y cientos de miles de muertos después— se supo que aquellos «científicos escépticos» estaban patrocinados por los vendedores de cigarrillos, cuyo único propósito era confundir a la opinión pública e impedir que el Gobierno actuara para proteger la salud de la población. Algo parecido está pasando con el «debate científico» sobre el cambio climático. La agencia Reuters ha informado de que veinticinco de las principales empresas estadounidenses (Google, PepsiCo, DuPont, Verizon, entre otras) financian a más de ciento treinta miembros del Congreso, casi todos del Partido Republicano, que se declaran escépticos ante el cambio climático y bloquean sistemáticamente las iniciativas para reducir las emisiones. ExxonMobil ha reconocido que durante décadas financió organizaciones cuya misión era sembrar dudas sobre el consenso científico a propósito del cambio climático.

¿Qué tienen en común estas cuatro tragedias? El dinero. O, mejor dicho, la propensión de algunos empresarios que, en su afán de aumentar y proteger sus ganancias, abusan de sus clientes y de la sociedad. Lo pueden hacer porque se las han arreglado para «secuestrar» a las instituciones del Estado encargadas de regular y limitar sus prácticas abusivas. Y también porque el Gobierno y los políticos no lo impiden. Así, a un fallo del mercado (conductas empresariales que dañan a la sociedad) se suma uno del Gobierno (inacción debido a su secuestro por parte de intereses particulares). Este secuestro de los reguladores perdura cuando la democracia falla (en las elecciones no se penaliza a los políticos que apoyan más a intereses particulares que a los de los votantes).

La solución es tan obvia como difícil de instrumentar: reparar la democracia donde está rota. No hay prioridad más importante.

10 de marzo de 2018

Lo que sabe Zapatero

¿Cómo se sentirían los españoles si un Gobierno con propensiones autoritarias convoca unas elecciones adelantadas en las que los partidos opositores están invalidados, sus principales dirigentes están presos o exiliados y el árbitro electoral es un ente controlado por el presidente que busca ser reelecto? Para ser más concreto, ir a unas elecciones que se celebrarán dentro de unas semanas y en las cuales el PSOE está invalidado, Pedro Sánchez preso y Albert Rivera en el exilio.

Eso sería inaceptable. Y, seguramente, eso lo sabe el expresidente José Luis Rodríguez Zapatero. Sin embargo, esa es la propuesta que Zapatero quiere que acepte la oposición venezolana.

Cuando decidieron negociar con el régimen de Nicolás Maduro su participación en las próximas elecciones, los grupos opositores tenían objetivos muy concretos: que se organizaran unos comicios presidenciales transparentes, libres y competitivos; que se liberara a todos los presos políticos; que se restituyeran los derechos políticos a los candidatos opositores arbitrariamente inhabilitados; que se reconociera la Asamblea Nacional elegida por el pueblo y, lo más importante, que se atendiera la crisis que está diezmando a los venezolanos. Nada de eso resultó aceptable para el Gobierno de Venezuela.

Y eso lo sabe Zapatero.

Todos los sondeos de opinión muestran que la mayoría de los venezolanos no quiere que Nicolás Maduro siga siendo su presidente. Y la gran mayoría desea que la salida del actual régimen sea democrática y sin violencia. ¡Quieren votar! Pero no en elecciones en las que las trampas y los trucos garanticen la continuidad de este Gobierno. El Consejo Nacional Electoral es el árbitro, en teoría independiente, que está a cargo de garantizar la pulcritud de las elecciones. En la práctica es, desde hace casi dos décadas, un desvergonzado y transparente apéndice del Gobierno.

Eso lo sabe Zapatero.

La gran mayoría de los medios de comunicación están controlados directa o indirectamente por el régimen, que los usa como un potente instrumento de propaganda. También son la fuente de constantes e inmisericordes ataques a la oposición, a la que no se le permite el derecho de réplica o la rectificación de las infamias que diariamente diseminan los órganos del Estado. Eso lo sabe Zapatero.

El Gobierno no ha permitido la presencia de observadores internacionales neutrales y cualificados en ninguna de las elecciones que ha habido y no lo permitirá en las que están por venir. Eso también lo sabe Zapatero.

Más aún, los líderes de la oposición más populares y electoralmente competitivos están presos, han sido inhabilitados por jueces leales al Gobierno o han debido huir al exilio. Y sí, eso lo sabe Zapatero.

A los veintiocho años, David Smolansky fue electo alcalde de El Hatillo, una zona adyacente a Caracas. El alcalde más joven en la historia de Venezuela llevó a cabo una gestión exitosa y supo sobreponerse a las más burdas maniobras del Gobierno para hacerlo fracasar. La popularidad y el éxito de Smolansky resultaron intolerables para Maduro y sus esbirros. El joven alcalde fue acusado por el Tribunal Supremo de Justicia, otro apéndice del Gobierno, de no reprimir con violencia las protestas pacíficas que ocurrieron en su jurisdicción. Fue destituido al instante y se ordenó su arresto y traslado a una cárcel donde los presos políticos son torturados de forma rutinaria. Smolansky se negó a entregarse y estuvo treinta y cinco días en fuga. Finalmente, se lanzó a un arriesgado periplo por el sur de Venezuela que le permitió entrar a Brasil por la ruta de la selva. En un gesto que les honra, las autoridades brasileñas lo acogieron. Hoy el joven político vive en el exilio y sueña con volver a trabajar por Venezuela. El de Smolansky no es un caso aislado. Otros doce alcaldes han sido arbitrariamente destituidos, y la mitad de ellos han sido encarcelados y maltratados.

Y, por supuesto, todo esto lo sabe Zapatero.

Hace pocos días, el exjefe del Gobierno español participó junto con Pablo Iglesias, el líder de Podemos, en un acto de apoyo a Evo Morales, el presidente de Bolivia. Morales lleva doce años en el poder y aspira a un cuarto mandato. La Constitución boliviana no contempla esa posibilidad: un presidente solo puede permanecer en el cargo dos periodos consecutivos. En 2016, Morales convocó un referéndum nacional para eliminar esa limitación. Lo perdió. Sin amilanarse, el presidente apeló entonces al Tribunal Constitucional, cuyos magistrados no tuvieron problema alguno en decidir que puede postularse una vez más a la presidencia de Bolivia.

La conducta de Evo Morales no merece el aval y el aplauso de un demócrata.

24 de febrero de 2018

¿Cuál es la mayor estafa del mundo? La educación

Cada día, mil quinientos millones de niños y jóvenes en todo el mundo acuden a edificios que se llaman escuelas o colegios. Y allí pasan largas horas en salones donde algunos adultos tratan de enseñarles a leer, a escribir, matemáticas, ciencias y más. Esto cuesta el 5 por ciento de todo lo que produce la economía mundial en un año.

Una gran parte de este dinero se pierde. Y un costo aún mayor es el tiempo que desperdician esos mil quinientos millones de estudiantes que aprenden poco o nada que les vaya a ser útil para moverse eficazmente en el mundo de hoy. Los esfuerzos que hace la humanidad para educar a sus niños y jóvenes son titánicos y sus resultados son patéticos.

En Kenia, Tanzania y Uganda, el 75 por ciento de los alumnos de tercer grado no sabe leer una frase tan sencilla como: «El perro se llama Fido». En India rural, el 50 por ciento de los alumnos de quinto grado no puede restar números de dos dígitos, 46 −17, por ejemplo. Brasil ha logrado mejorar las habilidades de los estudiantes de quince años, pero al actual ritmo de avance les llevará setenta y cinco años alcanzar la puntuación promedio en matemáticas de los alumnos de los países ricos; en lectura, les llevará más de 260 años.

Estos y muchos otros datos igual de desalentadores están en el *Informe sobre el desarrollo mundial* del Banco Mundial. El mensaje central del informe es que escolarización no es lo mismo que aprendizaje. En otras palabras, que un estudiante vaya al colegio o a la escuela secundaria, y que hasta obtenga un diploma, no quiere decir que ese estudiante haya aprendido mucho.

La buena noticia es que los progresos en escolarización han sido enormes. Entre 1950 y 2010, el número de años de escolaridad completados por un adulto promedio en los países de menores ingresos se triplicó. En 2008, esos países estaban incorporando a sus niños a la educación primaria a la misma velocidad que lo hacían las naciones de mayores ingresos. Claramente, el problema ya no es la falta de escolaridad. No se trata de que niños y adolescentes no puedan ir a la escuela, el problema es que, una vez llegan allí, no aprenden. Más que una crisis de educación, lo que hay es una crisis de aprendizaje.

El Banco Mundial enfatiza otros dos mensajes: uno es que la escolarización sin aprendizaje no es solo una oportunidad perdida, sino también una gran injusticia. Los más pobres son quienes más sufren las consecuencias de la baja eficacia del sistema educativo. En Uruguay, por ejemplo, los niños de sexto grado con menores niveles de ingresos fracasan en matemáticas cinco veces más que los que provienen de hogares con mejores ingresos.

Lo mismo sucede con las naciones. El estudiante promedio de los países más pobres tiene un peor desempeño en matemáticas y lenguaje que el 95 por ciento de los estudiantes en los países ricos. Todo esto se convierte en una diabólica maquinaria que perpetúa y aumenta la desigualdad, que, a su vez, es un fértil caldo de cultivo para conflictos de toda índole.

Las razones para esta bancarrota educacional son múltiples, complejas y aún no plenamente entendidas. Van desde el hecho de que muchos de los maestros y profesores son tan ignorantes como sus estudiantes y que sus niveles de absentismo laboral son muy altos, hasta que los alumnos sufren de malnutrición o que no tienen libros y cuadernos. En países como México o Egipto los sindicatos de trabajadores de la educación son formidables obstáculos al cambio y, con frecuencia, la corrupción en el sector es alta. Partes importantes de los sustanciales presupuestos para la educación no benefician a los estudiantes sino a los burócratas que controlan el sistema.

¿Qué hacer? Lo primero es medir. Por razones políticas, muchos países se resisten a evaluar de manera transparente a sus estudiantes y profesores. Y si no se sabe qué estrategias educativas funcionan y cuáles no, es imposible mejorar la puntería. Lo segundo es comenzar a darle más peso a la calidad de la educación. Si bien es políticamente atractivo anunciar que un alto porcentaje de los jóvenes de un país van al colegio, eso de nada sirve si la gran mayoría de ellos aprende poco. Tercero: empezar más temprano. Cuanto más mejore la educación a edades tempranas, más capaces de aprender serán los estudiantes de primaria y secundaria. Cuarto: usar la tecnología de manera selectiva y no como una solución mágica. No lo es.

Quizá el mensaje más importante es que los países de menores ingresos no están condenados a que sus jóvenes no aprendan. Corea del Sur era en 1950 un país devastado por la guerra y con altos índices de analfabetismo. Pero en solo veinticinco años logró crear un sistema educativo que produce algunos de los mejores estudiantes del mundo. Entre 1955 y 1975 Vietnam también sufrió un terrible conflicto. Hoy sus estudiantes de quince años tienen el mismo rendimiento académico que los de Alemania. Sí se puede.

18 de febrero de 2018

2017

Compras navideñas que explican el mundo

En estos días, algunas de las más grandes corporaciones del planeta han salido de compras. No las anima el espíritu navideño sino el objetivo de prepararse para aprovechar ciertas tendencias que están cambiando el mundo. Más aún, están dispuestas a pagar por otras empresas los precios más altos de la historia.

Pero ¿a qué le apuestan? Una de las transacciones en curso apuesta a que nuestro apetito por estar «conectados» es creciente e insaciable. Otra, a que la manera como consumimos entretenimiento e información está cambiando de forma drástica e irreversible.

¿Usted había oído hablar de Broadcom? Supongo que no; yo tampoco. Entre los centenares de productos que vende está el muy celebrado 16nm Nx56G PAM-4 PHY que, como se sabe, se usa para la infraestructura de redes de internet (o algo así…). La empresa define su negocio como la venta de «las tecnologías que conectan al mundo». Si usted usa un teléfono móvil o internet es muy probable que sus aparatos contengan productos de Broadcom. Esta empresa quiere comprar a Qualcomm, otro gigantesco fabricante de semiconductores y productos para telefonía móvil, telecomunicaciones e internet. Ha ofrecido pagar más de 103.000 millones de dólares en lo que sería el mayor precio pagado por una empresa de tecnología en la historia. Qualcomm se está resistiendo ferozmente pero, si la operación sale adelante, casi todos los teléfonos inteligentes del mundo tendrían un producto o tecnología de la empresa resultante, cuyas ventas superarían los doscientos mil millones de dólares al año (para ponerlo en perspectiva: ese monto equivale a las exportaciones anuales de Arabia Saudí).

Este voraz apetito por empresas cuyos ingresos dependen de tecnologías que facilitan la «conectividad» y la «movilidad» de la gente se debe a que la demanda de sus productos crece a una velocidad vertiginosa, y todo indica que seguirá creciendo aceleradamente. No solo porque aumenta la población del mundo, sino también porque crece mucho el número de usuarios de internet y de los productos que hace posible. También se espera una explosión en el «internet de las cosas» (I de C), es decir, de la conexión entre diferentes aparatos que se coordinan entre sí. Por ejemplo: su teléfono móvil lo despierta por la mañana, enciende la cafetera, consulta en su agenda las citas que usted tiene durante el día y comunica al navegador de su coche los lugares a los que irá para que este fije las rutas más convenientes. Las aplicaciones industriales del I de C son aún mayores.

No sabemos si Broadcom logrará comprar a Qualcomm. Pero, ciertamente, su intención devela interesantes características del futuro.

Estos cambios tecnológicos también han alterado la manera en que nos entretenemos e informamos. La televisión «por cita» ya es cosa del pasado. Que para ver su programa favorito usted se deba «citar» con su televisor el día y a la hora fijados por la estación que lo emite, comenzó a desaparecer con el auge del vídeo. Y ahora, gracias al *streaming* proliferan empresas, como Netflix, que basan su negocio en que el usuario sea quien decida cuándo y dónde ver el programa que le interesa.

En la industria de las comunicaciones se venía dando un fuerte debate acerca de qué es más importante (y lucrativo): ¿controlar la producción del contenido o los canales a través de los cuales ese contenido llega al consumidor? Las empresas de telecomunicaciones más grandes del mundo han decidido que ese debate no les compete: van a controlar tanto el contenido como la distribución. Y tienen el dinero para hacerlo.

ATT, la más grande de todas (y, por lo tanto, de distribución de contenidos), está negociando la compra de la icónica Time Warner, la tercera mayor empresa de entretenimiento (y de producción de contenidos). A su vez, la segunda más grande, The Walt Disney Company, está interesada en comprar parte importante de 21st Century Fox, propiedad del magnate Rupert Murdoch y su familia. Murdoch se quedaría, en esencia, con Fox News, la superrentable y controvertida cadena de noticias. Esta transacción ha provocado muchas especulaciones. Una es que el hijo de Rupert, James Murdoch, el actual jefe de 21st Century Fox, reemplazaría a Bob Iger como ejecutivo principal de Disney. La otra es que Iger está considerando seriamente la posibilidad de ser el candidato a la presidencia de Estados Unidos en las elecciones de 2020. Nada de lo anterior es definitivo y seguramente habrá sorpresas. Aunque las negociaciones con Disney están muy adelantadas, tanto Comcast como Verizon han manifestado su interés en comprar 21st Century Fox y podrían entrar en la competencia ofreciendo cifras aún mayores que los sesenta mil millones de dólares que pagaría Disney. Y aunque Disney sea el comprador, tampoco está asegurado que su directorio nombre a James Murdoch como ejecutivo (o si el coqueteo de Iger con la política se concretará). Quizá la mayor incertidumbre es si las autoridades antimonopolio autorizarán la enorme concentración empresarial que conllevan estas gigantescas adquisiciones, impulsadas, en su esencia, por el profundo cambio tecnológico que a su vez ha transformado radicalmente los hábitos del consumidor.

De lo que no hay duda es que, con independencia del resultado de estas negociaciones, la televisión, tal como la conocieron nuestros padres, muy pronto dejará de existir.

9 de diciembre de 2017

Diásporas: algunas salvan, otras matan

La sangrienta guerra civil en Sri Lanka entre los Tigres de Liberación de la Tierra Tamil y el Gobierno de ese país duró más de un cuarto de siglo (1983-2009). Parte importante del dinero que financió a los Tigres Tamiles provino de tamiles radicados en Canadá, Reino Unido y otros países. El apoyo financiero de la diáspora tamil prolongó este conflicto armado. Lo mismo sucedió en Irlanda del Norte. Grupos de irlandeses afincados en Estados Unidos financiaron al Ejército Republicano Irlandés, el brazo armado de la lucha secesionista que durante cuatro décadas azotó Irlanda y Reino Unido.

La lista de guerras civiles que se alargan y se agudizan en distintos países gracias al apoyo financiero que la diáspora brinda a una de las partes en el conflicto es larga, dolorosa y mundial. De los Balcanes al cuerno de África y de Centroamérica al sureste asiático, los conflictos se han prolongado por la intervención de lo que en Etiopía llaman «la diáspora tóxica». Obviamente, los sanguinarios regímenes que enfrentan las diásporas son con frecuencia aún más tóxicos.

Diáspora, que en griego significa «dispersión», fue la palabra originalmente usada para referirse al exilio de los judíos fuera de Israel. Con el tiempo, se fue aplicando también a otros grupos que salieron de sus países, esparciéndose por el mundo. Actualmente se usa, de manera algo confusa, para referirse tanto a esos lugares de destino como a un grupo humano.

La vida en el exilio fomenta las relaciones entre compatriotas en la misma situación, con quienes se comparten nostalgias por la tierra ancestral, características étnicas, afinidades culturales y, por supuesto,

320

el idioma. Con frecuencia, esto genera sentimientos de empatía y solidaridad, lo cual, a su vez, les da a estos grupos una cohesión que les permite actuar colectivamente. Algunos se organizan para apoyar iniciativas sociales en su país de origen y otros se involucran en su política. Esto último se intensifica cuando hay revoluciones, guerras civiles o conflictos políticos que dividen profundamente a la sociedad.

Así, muchas veces, la única oposición real que las dictaduras enfrentan es la diáspora, que dispone de dinero y contactos internacionales. A veces tiene éxito y logra derrocar a regímenes autocráticos.

Este fue el caso del ayatolá Jomeini, quien desde París impulsó un movimiento que en 1979 derrocó al sha de Irán.

La posibilidad de hacer política a distancia y «sin ensuciarse las manos» también les permite a las diásporas ciertos lujos que no tienen quienes enfrentan a un Gobierno autocrático en el terreno. Es más fácil tronar contra un régimen represivo a miles de kilómetros de distancia que en las calles del país o en la cárcel por haberlo hecho. Hoy, YouTube, Twitter o Facebook facilitan la política a control remoto.

Los estudios sobre la intervención de la diáspora en la política del lugar de origen han encontrado que exacerba la polarización y aumentan la intransigencia de las partes, todo lo cual agudiza y prolonga los conflictos. Claro está, la intransigencia no es monopolio la diáspora; es, más bien, la característica básica de los tiranos.

Pero no siempre toman parte únicamente en la política de su país; en algunos casos también logra influir en la política exterior de la nación donde residen. En Estados Unidos, los exiliados cubanos y el lobby pro Israel son buenos ejemplos. Ambos han tenido enorme éxito influyendo en las decisiones de Washington que atañen a Cuba e Israel. El fallido embargo económico que desde hace seis décadas mantiene el Gobierno estadounidense sobre Cuba, por ejemplo, no habría durado tanto sin el eficaz y radical activismo de los exiliados cubanos. Irónicamente, son los mismos exiliados cuyo dinero que envían a sus familiares en la isla sirve de sustento a la economía del país.

Como la cubana, otras diásporas son una invaluable fuente de alivio a la pobreza. Actualmente, más de doscientos cincuenta millones de personas viven en un país distinto al suyo y una enorme proporción manda dinero regularmente a sus familias y allegados. El año pasado enviaron 440.000 millones de dólares, tres veces más que el monto que los gobiernos más ricos dedican a ayudar a las naciones más pobres.

Para un gran número de países, las remesas son una de las principales fuentes de divisas (en veinticinco de ellos representan más del 10 por ciento del tamaño de su economía). Y para millones de familias —de India a Colombia y de China a México— el dinero que les llegan del exterior es su principal —cuando no la única— fuente de ingresos.

Hay diásporas tóxicas. Pero también las hay salvadoras.

2 de diciembre de 2017

Corrupción: ¿héroes o leyes?

La buena noticia es que el mundo está harto de la corrupción. La mala es que la manera en que la estamos enfrentando es ineficaz. Buscamos gobernantes que sean héroes honestos en vez de promover leyes e instituciones que nos protejan de los deshonestos.

En todas partes aumenta el repudio popular hacia políticos y empresarios ladrones. Las protestas contra la corrupción son masivas, globales y frecuentes: India, México, Rusia y Tailandia son solo algunos de los muchos países donde la gente ha tomado las calles. Ya no creen ni que la corrupción sea inevitable ni que sea inútil intentar combatirla.

El impacto de algunas de estas protestas populares ha sido sorprendente: los presidentes de Guatemala y de Corea del Sur, por ejemplo, fueron depuestos y encarcelados. En Brasil, enormes marchas crearon las condiciones para que la presidenta Dilma Rousseff fuese destituida.

En el mundo entero hay un enorme deseo de acabar con los líderes corruptos y reemplazarlos por otros cuya honestidad esté fuera de duda. Pero ¿buscar y nombrar a personas que creemos íntegras es el mejor antídoto contra la corrupción? No.

Elegir gobernantes honrados es una lotería. Puede que, en efecto, resulten serlo; o puede que no. En todo caso, no basta con votar por aquellos que presumimos honestos, también hacen falta leyes y prácticas que prevengan y castiguen la deshonestidad. Las sociedades que solo le apuestan a un líder honrado casi siempre salen perdiendo. Silvio Berlusconi, Vladímir Putin y Hugo Chávez llegaron al poder prometiendo eliminar la corrupción. Y ya conocemos los resultados.

Además, en estos tiempos también necesitamos instituciones que impidan que la lucha contra la corrupción sirva como mecanismo de represión política. Estamos viendo, por ejemplo, cómo esta nueva intolerancia popular hacia los políticos venales está siendo aprovechada por los autócratas del mundo para eliminar a sus rivales. Vladímir Putin suele acusar de corruptos y encarcelar a quienes llegan a tener demasiada influencia. En China, desde que en 2012 Xi Jinping asumiera la presidencia, más de 201.000 funcionarios han sido llevados a juicio. Algunos han sido condenados a muerte. En una redada anticorrupción, el príncipe saudí Mohamed bin Salmán acaba de detener a más de doscientos potentados, incluido uno de los hombres más ricos del mundo, el príncipe Al Waleed bin Talal. Los gobiernos de Cuba, Irán y Venezuela regularmente usan las acusaciones de corrupción para encarcelar a sus opositores. Quizá entre los encarcelados por los dictadores haya corruptos. Pero las verdaderas razones de su detención seguramente tienen que ver más con su activismo político que con su presunta deshonestidad.

La lucha contra la corrupción no tiene por qué ser corrupta y, afortunadamente, están proliferando los esfuerzos genuinos por disminuir esta plaga. En Argentina, Chile, Colombia, Perú y Uruguay, por ejemplo, el Banco Interamericano de Desarrollo está apoyando «laboratorios de innovación pública» que experimentan con nuevos métodos de monitoreo y control de la gestión del Gobierno. En Brasil, un grupo de expertos en análisis de datos decidió usar las técnicas de inteligencia artificial para el control social de la Administración. Escogieron un caso muy concreto para probar sus teorías: ¿cómo limitar el fraude en los reembolsos que piden los diputados para cubrir sus gastos de transporte y alimentación cuando viajan por motivos de trabajo? Llamaron a su proyecto Operación Serenata de Amor y recaudaron pequeñas donaciones a través de internet. Con estos fondos crearon a Rosie, un bot que analiza las solicitudes de reembolso de los parlamentarios y calcula la probabilidad de que sean injustificadas. Para sorpresa de nadie, Rosie detectó que, con frecuencia, los diputados hacían trampa. El equipo dotó a Rosie con su propia cuenta de Twitter y allí los seguidores se enteran instantáneamente de los intentos de sus parlamentarios de cargar al Estado gastos que no tienen nada que ver con su gestión.

Rosie es un pequeño ejemplo que ilustra grandes y positivas tendencias en la lucha anticorrupción: la potencia de la sociedad civil organizada combinada con las oportunidades que ofrecen internet y los nuevos avances en computación, así como la prioridad que hay que darle a la transparencia de la información en la gestión pública.

Sin duda, resulta fácil desdeñar a Rosie como un esfuerzo marginal que no hace mella en la macrocorrupción. Así, mientras algunos diputados cargaban sus gastos personales al Estado, la empresa brasileña Odebrecht pagaba 3.300 millones de dólares en sobornos por toda América. No obstante, conviene matizar el escepticismo. Marcelo Odebrecht, el jefe de la empresa, ha sido condenado a diecinueve años de cárcel. Y los diputados ahora se cuidan de no abusar con el reembolso de sus gastos.

Las cosas están cambiando.

18 de noviembre de 2017

La segunda guerra civil estadounidense

La segunda guerra civil que estallará en Estados Unidos será más devastadora que la que comenzó en 1861. En ese primer conflicto murieron más estadounidenses que los que han fallecido en todas las guerras en las que ha participado ese país desde entonces.

Pero la segunda guerra civil que ocurrirá a finales de este siglo será mucho peor. La nación quedará dividida entre los estados rojos del sur y los azules del norte. El cambio climático habrá alterado drásticamente fronteras y formas de vida. El estado de Florida, por ejemplo, ya no existirá y más bien se podrá navegar por lo que para entonces se llamará el mar de la Florida. Un ataque terrorista esparcirá un nuevo agente biológico que desencadenará una pandemia que durará una década y matará a más de ciento diez millones de personas.

Estos no son los pronósticos de un futurólogo, sino los de un novelista. Omar el Akkad (treinta y cinco años) nació en Egipto, creció en Catar y trabajó como periodista en Canadá. Ha cubierto la guerra en Afganistán, la prisión de Guantánamo, la primavera árabe y los conflictos raciales en Ferguson (Misuri). Esos y otros acontecimientos le sirven de inspiración para su inquietante primera novela, *American War*.

Últimamente han proliferado las novelas distópicas, historias que ocurren en un futuro espantoso, y esta, ciertamente, puede incluirse en esta categoría.

La guerra que el libro describe ocurre entre 2074 y 2095 y, si bien el desencadenante más inmediato es el asesinato del presidente de Estados Unidos a manos de un terrorista suicida, el contexto que la nutre es una sociedad profundamente dividida en sus valores, estilos de vida y preferencias políticas. Esta extrema polarización se desborda a raíz de la promulgación de una ley que prohíbe el uso de combustibles fósiles en todo el país. Inmediatamente Misisipi, Alabama, Georgia, Carolina del Sur y Texas rechazan la ley y declaran su independencia, comenzando así la segunda guerra civil.

El Akkad desarrolla la trama a partir de los Chestnut, una familia «normal» de esos tiempos. Parte de esa «normalidad» es que la guerra les alcanza y terminan viviendo durante largos años en un campamento de refugiados que, cruel ironía, se llama Campo Paciencia. El autor conoce bien los campamentos de refugiados de Oriente Próximo y usa lo que ha visto para transmitirnos vívidamente las terribles condiciones de estas precarias ciudades temporales que casi siempre terminan siendo permanentes.

Las circunstancias de la familia Chestnut se ven constantemente sacudidas por conflictos políticos que se nutren de odios ancestrales, potenciados por el cambio climático y las nuevas tecnologías. El personaje central es una de las hijas, Sara T. Chestnut, a quien todos llaman Sarat. Dana, su hermana gemela, muere cuando su autobús es atacado con misiles disparados desde un avión sin tripulantes, un dron. En esta historia los drones son una presencia constante. También el terrorismo. En el Campamento Paciencia, la joven Sarat es reclutada y radicalizada por un hombre mayor que resulta ser un agente del Imperio Buazizi. Este inesperado imperio ha surgido después de que múltiples revoluciones en los países árabes y regiones de Asia Central crearan las condiciones para formar una sola nación, cuya capital es El Cairo. China y el Imperio Buazizi tienen las economías más prosperas del planeta, y millones de europeos emigran al norte de África para buscar allí las oportunidades de trabajo que no tienen en sus países, después del colapso de la Unión Europea.

El nombre de este nuevo imperio está cargado de significado: Mohamed Buazizi fue el joven tunecino cuya inmolación a finales de 2010 provocó las revueltas populares que terminaron derrocando al dictador de ese país y estimulando la primavera árabe. En la novela, el Imperio Buazizi hace lo que puede para fomentar los conflictos y divisiones en Estados Unidos e impedir que este potencial rival se recupere. Y obtiene un triunfo en este sentido cuando su agente Sarat logra infiltrarse en la ceremonia que marca la reunificación de Estados Unidos e introduce el agente biológico que desencadena la pandemia que postrará al país durante largos años.

El propósito implícito de muchas novelas distópicas es ilustrar el mundo de hoy a través de la descripción del futuro. Esto lo logra muy bien El Akkad. Él ha dicho que cuando comenzó a escribir el libro, hace tres años, su propósito era «acercar a sus lectores a los horrores producidos por la violencia sectaria y mostrarles que el deseo de venganza es universal». También reconoce que no había anticipado que su entonces muy especulativa premisa —que una potencia foránea interviene en la política estadounidense para ampliar las fisuras existentes— pudiese llegar a ser la realidad que hoy domina la conversación nacional estadounidense.

Pero quizá el mayor logro de esta novela es que nos hace sentir que ominosas situaciones extremas que ahora nos parecen inverosímiles quizá no sean tan improbables y remotas como creemos. Y que todo depende de nosotros y lo que hagamos ahora.

4 de noviembre de 2017

Fronteras movedizas

Si las arenas movedizas son peligrosas, las fronteras movedizas lo son aún más. Mientras que las primeras tragan gente, las segundas, cuando se mueven, se tragan sociedades enteras. Hace setenta años Hitler quiso cambiar las fronteras de Europa, y el imperio japonés, las de Asia. Esos intentos le costaron la vida al 3 por ciento de la humanidad. Al terminar esas guerras millones de sobrevivientes se encontraron con nuevas líneas divisorias, algunas de las cuales eran asfixiantes e infranqueables. El muro que partió a Berlín en dos fue la más famosa de las fronteras de la posguerra construidas para encarcelar a una nación.

Después de la Segunda Guerra Mundial vino un periodo en el que muchas colonias se independizaron, cambiando así los confines de los imperios que aun sobrevivían. En la segunda mitad del siglo XX, el movimiento de líneas fronterizas a gran escala disminuyó, pero los intentos de redefinirlas no desaparecieron.

En 2014, por ejemplo, Vladímir Putin se tragó a Crimea, moviendo así la frontera rusa. Al otro lado del mundo, los chinos han estado creando otras. Lo que hasta hace unos años eran pequeños y deshabitados arrecifes en medio del mar del Sur de China, son ahora microislas capaces de albergar bases militares del Gobierno de Pekín. Drenando sedimentos y arena del fondo del mar y compactándolos alrededor de los arrecifes y atolones coralinos, los hicieron crecer hasta el punto de que pudieron construir puertos y aeropuertos en los nuevos islotes. De esta forma, China ha creado una nueva realidad geográfica y con ella nuevas fronteras que le permiten reclamar la soberanía sobre el área marítima adyacente.

Los chinos no son los únicos ni los primeros en alterar los lindes en la zona creando islas: Vietnam, Malasia, Filipinas y Taiwán también lo han hecho, aunque de manera más modesta. Todos quieren o bien proteger el territorio sobre el cual ya ejercen su soberanía o ampliarlo. Otros pretenden que su región tenga fronteras que la conviertan en un país soberano. Solo en Europa hay veintiuna regiones con movimientos independentistas que, de tener éxito, alterarían el mapa del continente y transformarían su política y su economía.

Pero en estos tiempos, una tendencia mundial aún más fuerte que el independentismo es el fortalecimiento de las fronteras para hacerlas inexpugnables —no para los ciudadanos que desean salir, sino para los extranjeros que quieren entrar—. Según un análisis de Reuters, desde la caída del muro de Berlín los países europeos han construido mil doscientos kilómetros de cercas y vallas antinmigrantes, la gran mayoría desde 2015. Esa distancia equivale al 40 por ciento del largo de la frontera de Estados Unidos y México. Uno de los más entusiastas constructores de cercas antinmigrantes es Viktor Orbán, el primer ministro de Hungría, quien, además, acaba de enviar una factura de cuatrocientos millones de euros a la Unión Europea para que le reembolsen los gastos en los que ha incurrido.

Como sabemos, Donald Trump también quiere que México pague los 21.000 millones de dólares (18.000 millones de euros) que costará el muro que quiere construir en la frontera común. Tanto la Unión Europea como el Gobierno de México han declinado la invitación a pagar por el enrejado de Orbán y el muro de Trump.

Una de las ironías de estos tiempos tan confusos es que mientras los nacionalismos, el proteccionismo y el aislacionismo están a flor de piel, las fuerzas que los socavan son cada vez más potentes. Los virus cibernéticos y las pandemias no respetan las fronteras. Los cada vez más frecuentes y más destructivos huracanes, ciclones y tifones tampoco. Los eventos climáticos extremos unen a los países en catástrofes compartidas.

Proteger las economías nacionales de los efectos de las crisis financieras que ocurren en otros países es imposible. Impedir la llegada de nuevas tecnologías o ideas tóxicas que alteran el rumbo económico y político de una nación es cada vez más difícil. ¿Qué frontera del mundo ha logrado repeler a los contrabandistas de personas, drogas, productos falsificados, armas y mucho más? Ninguna.

¿Quiere decir todo esto que el Estado nación está en proceso de extinción y que los nacionalismos no son viables en la práctica? Por supuesto que no. Los estados, el patriotismo y los nacionalismos están aquí para quedarse. Y las fronteras también.

Pero también han venido para quedarse las fronteras movedizas. Y las que, independientemente de las promesas de los políticos, en la práctica no logran darles a los ciudadanos la seguridad que ansían.

28 de octubre de 2017

Peor que los malos líderes son los malos seguidores

El mundo tiene un problema de líderes. Hay demasiados que son ladrones, ineptos o irresponsables. Algunos están locos. Muchos combinan todos estos defectos. Pero también tenemos un problema de seguidores. En todas partes, las democracias están siendo sacudidas por los votos de ciudadanos indolentes, desinformados o de una ingenuidad solo superada por su irresponsabilidad.

Son los británicos que al día siguiente de haber votado a favor de romper con Europa buscaron masivamente en Google qué significa eso del Brexit. O los estadounidenses que votaron por Donald Trump y ahora están a punto de perder su seguro de salud. O quienes le creyeron cuando prometió que no gobernaría con las élites corruptas de siempre y ahora ven cómo lobistas que representan voraces intereses particulares ocupan importantes cargos en la Casa Blanca. Son los ciudadanos que no pierden el tiempo votando, ya que «todos los políticos son iguales» o quienes están seguros de que su voto no cambiará nada. Seguramente usted conoce gente así.

Por supuesto que hay que esforzarse en buscar mejores líderes. Pero también hay que mejorar la calidad de los seguidores. Ciudadanos mal informados o políticamente apáticos los ha habido siempre. Al igual que aquellos que no saben por quién están votando —o contra quién—. Pero las cosas han cambiado y los votos de los indolentes, los desinformados y los confundidos nos amenazan a todos.

Internet hace más fácil que los peores demagogos, oscuros intereses y hasta dictaduras de otros países manipulen a los votantes más desinteresados o distraídos. La red no es solo una maravillosa fuente de información, también se ha convertido en un tóxico canal de distribución de mentiras transformadas en armas políticas.

En internet todos somos vulnerables, pero lo son más quienes por estar muy ocupados o por simple apatía no hacen mayor esfuerzo por comprobar si es verdad lo que dicen los seductores mensajes políticos que les llegan.

Y no son solo los apáticos. En el polo opuesto están los activistas, cuyas posiciones intransigentes hacen más rígida la política. Quienes están muy seguros de lo que creen encuentran en internet refugios digitales en los que solo interactúan con quienes comparten sus prejuicios y donde solo circula la información que refuerza sus creencias. Más aún, las redes sociales como Twitter, Instagram y otras obligan a escribir mensajes muy breves —los famosos ciento cuarenta caracteres de Twitter, por ejemplo.

Esta brevedad favorece el extremismo, ya que cuanto más corto sea el mensaje, más radical debe ser para que circule mucho. En las redes sociales no hay espacio, ni tiempo, ni paciencia para los grises, las ambivalencias, los matices o la posibilidad de que visiones encontradas encuentren puntos en común. Todo es o muy blanco o muy negro.

Naturalmente, esto favorece a los sectarios y hace más difícil llegar a acuerdos.

¿Qué hacer? Para comenzar, cuatro cosas.

Primero: una campaña de educación pública que nos haga a todos menos vulnerables a las manipulaciones que nos llegan vía internet. Es imposible lograr una completa inmunidad contra los ataques cibernéticos que, usando mentiras y tergiversaciones, tratan de influir en nuestro voto o en nuestras ideas. Pero eso no significa que la indefensión sea total. Hay mucho que se puede hacer, y divulgar las mejores prácticas de defensa contra la manipulación digital es un indispensable primer paso.

Segundo: es inútil ofrecer mejores prácticas a quienes no están interesados en usarlas. Una campaña sostenida que explique las nefastas consecuencias de la indolencia electoral es igualmente indispensable.

Tercero: hay que hacerles la vida más difícil a los manipuladores. Quienes orquestan las campañas de desinformación deben ser identificados, denunciados y, en los casos de abusos más flagrantes, demandados y enjuiciados. Estos manipuladores florecen en la opacidad y se benefician del anonimato. Por lo tanto, hay que hacer más transparentes los orígenes, las fuentes y los intereses que están detrás de la información que consumimos. Es necesario disminuir la impunidad con la que operan quienes están socavando nuestras democracias.

Cuarto: impedir que las empresas de tecnología informática y de redes sociales sigan actuando como facilitadores de los manipuladores. La interferencia extranjera en las elecciones de Estados Unidos o en otros países no hubiese sido posible sin Google, Facebook, Twitter y otras empresas similares. Hoy sabemos que al menos estas tres compañías se lucraron al vender mensajes de propaganda electoral pagados por clientes asociados a operadores rusos. Hay que obligar a estas empresas a que usen su enorme poder tecnológico y de mercadeo para proteger a los consumidores. Y hay que hacerles más costoso que sigan sirviendo de plataformas para el lanzamiento de agresiones antidemocráticas.

21 de octubre de 2017

El huracán político que está cambiando el mundo: la clase media

¿Qué tienen en común un agricultor de Iowa, un diseñador gráfico de Chile, un jubilado de Reino Unido y un trabajador en una cadena de montaje de China? Dos cosas: son miembros de la clase media de su país y están furiosos con sus gobernantes. Sus desilusiones están transformando la política y provocando acontecimientos sorprendentes, como la elección de Donald Trump, el Brexit, la defenestración de presidentes y una oleada mundial de protestas callejeras.

En muchos países del mundo desarrollado, la clase media está rebelándose contra el estancamiento o incluso el empeoramiento de su calidad de vida. La globalización, la inmigración, la automatización, las desigualdades, los nacionalismos y el racismo abren oportunidades para aventureros de la política que venden malas ideas como si fueran buenas.

Por supuesto que también hubo ricos y pobres que votaron por Trump en Estados Unidos y por el Brexit en Reino Unido, y que muchas personas de clase media votaron en contra en ambos casos. Sin embargo, no cabe duda de que, en los países ricos, y especialmente en Estados Unidos, quienes tienen rentas medias integran el segmento que más perjuicios económicos está sufriendo.

Pero estas convulsiones no solo suceden en los países ricos. La clase media de Brasil, Turquía, China o Chile comparte las angustias que acosan a sus pares de Norteamérica y Europa occidental. La paradoja es que, en las últimas tres décadas, cientos de millones de personas en Asia, Latinoamérica y África han salido de la pobreza y hoy forman parte de la clase media más numerosa de la historia. Pero esas

335

personas tampoco están satisfechas, y están protestando en las urnas y en las calles.

En las elecciones y los referendos celebrados en Europa y Estados Unidos proliferan candidatos y programas que antes eran impensables.

Investigadores e instituciones como el Banco Mundial definen la clase media como una franja con unos límites de ingresos muy amplios por arriba y por abajo, que pueden ir de 11 a 110 dólares diarios. Y las convulsiones en este segmento de población no son nuevas. En 2011 escribí que «la principal causa de los conflictos que se avecinan no será el choque entre civilizaciones, sino la indignación generada por las expectativas frustradas de una clase media que está en declive en los países ricos y en ascenso en los pobres». «Es inevitable —escribí— que algunos políticos de los países desarrollados achaquen el declive económico de su clase media al despegue de otros países». Y advertía de que la prosperidad no siempre significa más estabilidad política.

La dimensión y la velocidad de la expansión de las clases medias en el planeta han sido verdaderamente espectaculares. El economista Homi Kharas, experto en la clase media, calcula en un reciente estudio que hoy pertenecen a ella 3.200 millones de personas, es decir, el 42 por ciento de la población mundial. Cada año se incorporan 160 millones más. Al ritmo actual de crecimiento, de aquí a unos años, la mayor parte de la humanidad vivirá, por primera vez en la historia, en hogares de clase media o superior.

Esa expansión ha tenido distinto alcance en diferentes países. Mientras que en Estados Unidos, Europa, Japón y otras economías avanzadas la clase media crece a un mero 0,5 por ciento anual, en China e India ese mercado aumenta a un ritmo anual del 6 por ciento. Si bien ha alcanzado una dimensión sin precedentes en países como Nigeria, Senegal, Perú y Chile, la expansión de la clase media es un fenómeno especialmente llamativo en Asia. Según Kharas, los mil millones de personas que se van a incorporar a la clase media en los próximos años vivirán, en su inmensa mayoría (¡un 88 por ciento!), en Asia.

Las consecuencias económicas son tremendas. En los países en vías de desarrollo, el consumo está creciendo entre un 6 por ciento y un 10 por ciento anual, y ya constituye un tercio de la economía mundial.

Las consecuencias políticas pueden ser igual de importantes. En Europa y en Estados Unidos son ya visibles en elecciones y referendos —Francia, Holanda, Reino Unido, Hungría, Polonia—, con la proliferación de candidatos y programas que antes eran impensables. Como escribió hace poco Bill Emmott, antiguo director de *The Economist*: «Vivimos una era llena de turbulencias políticas. Sendos partidos con apenas un año de antigüedad se han hecho con el poder en Francia y en la enorme área metropolitana de Tokio. Un partido con menos de cinco años encabeza los sondeos en Italia. La Casa Blanca está ocupada por un neófito político, algo que causa un tremendo malestar entre los republicanos y los demócratas de toda la vida».

Las turbulencias políticas también se hacen notar en países de rentas bajas y medias que están creciendo muy rápidamente. Cada vez que la clase media aumenta, también lo hacen sus expectativas y demandas. Unos actores sociales que están más conectados, con más poder adquisitivo, más educación e información, más conscientes de sus derechos, ejercen unas presiones inmensas sobre sus gobiernos, que a menudo no tienen los recursos ni la capacidad institucional necesarios para responder a esas demandas.

Dichos países están empezando a mostrar fisuras similares a las de Estados Unidos y Europa. En Chile —cuyos éxitos económicos lo han convertido hace tiempo en modelo para otras naciones y cuenta con una de las sociedades más estables de Latinoamérica— ha habido protestas violentas, abstención masiva en las urnas e incluso un asalto al Congreso porque los ciudadanos quieren expresar su decepción con un Gobierno que sienten les ha fallado.

En China, los investigadores han observado que entre 2002 y 2011 se produjo una drástica caída de la confianza de la clase media en las instituciones, el Gobierno y la policía, a pesar de que fue un periodo de fuerte crecimiento y mejora de los programas sociales. El Gobierno chino está preocupado, sin duda. De hecho, muchos piensan que el vertiginoso crecimiento del país es un pilar fundamental de la estrategia de Pekín para aplacar a la clase media: puesto que el

Gobierno no te va a ofrecer una democracia constitucional, libertad de expresión y derechos humanos, al menos hará que tengas un mejor salario, o incluso que puedas enriquecerte. El riesgo es que una contracción económica prolongada podría desatar la agitación política que las autoridades tanto temen.

Los motivos del descontento en el mundo en desarrollo —a pesar de la mejora de la calidad de vida— son numerosos, pero sin duda el acceso a la información es un factor crucial. Las personas educadas e informadas son más difíciles de controlar. Es más, cuando miles de millones puede ver en su teléfono móvil cómo viven los demás, hay muchas más probabilidades de que se sientan insatisfechos con su situación. Seguramente piensan: «Trabajo tanto como ellos, así que también me lo merezco». Ese «lo» pueden ser salarios más altos, sanidad más asequible, mejor educación para sus hijos, igualdad, mejores servicios públicos o libertad de expresión. Ahora bien, la «conectividad» barata y generalizada y la revolución de la información no son los dos únicos factores. También cuentan la urbanización, las migraciones, el aumento de las desigualdades, e incluso el nuevo entorno cultural y las expectativas sobre la corrupción, la autoridad y las jerarquías.

¿Qué va a pasar? El rechazo al «más de lo mismo» y los reacomodos políticos están siendo inevitables: Donald Trump y el Brexit no son más que dos manifestaciones, espoleadas en parte por la revuelta de las clases medias en los países ricos. La furia de la clase media en los países pobres y de rentas medias también está en ebullición. Sus consecuencias son imprevisibles.

22 de septiembre de 2017

¿Es inevitable una guerra entre Estados Unidos y China?

Tucídides, un ateniense que vivió aproximadamente cuatrocientos años a. C., fue un mal general y un buen historiador. Su *Historia de la guerra del Peloponeso* relata la conflagración que estalló entre Esparta y Atenas en el siglo v a. C. Muchos consideran este libro el primer intento de explicar hechos históricos recurriendo al análisis y a los datos y no a los designios de los dioses.

Basándose en su estudio de las causas que llevaron a Atenas y Esparta a la guerra, Tucídides mantiene que es difícil que una potencia en pleno auge, en ese caso Atenas, coexista pacíficamente con la potencia dominante, que en ese caso era Esparta. Graham Allison, profesor de la Universidad de Harvard, ha popularizado este concepto llamándolo «la trampa de Tucídides». Allison estudió dieciséis situaciones ocurridas en los últimos quinientos años en las cuales surge una nación con la capacidad de competir con éxito con la potencia dominante. En doce casos el resultado fue la guerra.

Todo esto tiene profundas implicaciones para nuestro tiempo y ese es el tema del reciente libro de Allison: *Destinados a la guerra: ¿Pueden América y China evitar la trampa de Tucídides?* Según él, «de continuar el rumbo actual, el estallido de una guerra entre los dos países en las próximas décadas no solo es posible, sino mucho más probable de lo que se piensa».

El libro del profesor Allison no es el único que alerta sobre las consecuencias del auge de Oriente y el declive de Occidente. El tema ha estimulado un gran número de libros, artículos y conferencias. Gideon Rachman, periodista de *Financial Times*, ha escrito un libro titulado *Easternization*, refiriéndose a la «orientalización» del mundo. Su mensaje central es que está llegando a su fin la ascendencia internacional que han tenido por varios siglos las potencias occidentales, concretamente Estados Unidos y Europa. Según Rachman, el centro de gravedad del poder mundial residirá en Asia, concretamente, en China. A Bill Emmott, exeditor de *The Economist*, también le preocupa el destino de Occidente y así titula su nuevo libro. Según él, «Occidente es la idea política más exitosa» y aclara que no es un lugar sino una serie de conceptos, valores y condiciones sociales y políticas guiadas por la preservación de la libertad individual, la apertura económica y la búsqueda de igualdad y justicia para todos.

Naturalmente, el aumento de la desigualdad económica que están sufriendo los países de Occidente y los problemas políticos que esto ha acarreado preocupan a Emmott: «Sin una sociedad abierta, Occidente no puede prosperar, pero sin igualdad no puede durar». A diferencia de los otros autores, Emmott no cree que Asia desplazará a Occidente.

Los pronósticos de una China que logre convertirse en una potencia hegemónica a nivel mundial subestiman las debilidades del gigante asiático. También suponen que las dificultades que limitan la influencia internacional de Estados Unidos y Europa son taras sin solución posible y, por lo tanto, permanentes. Pero ni los problemas de Occidente son insolubles ni los de China son insignificantes.

La realidad es que, si bien el crecimiento económico de China es asombroso, su progreso social indiscutible y la modernización de sus Fuerzas Armadas intimidante, sus problemas son igualmente abrumadores. Ian Buruma, un experto en asuntos asiáticos, mantiene que, de todos los libros recientes sobre el auge de esa región, el peor es el de Allison. Según Buruma, el profesor evidencia una gran ignorancia sobre China y minimiza los problemas que plagan a ese país. A pesar de su acelerada expansión, la economía china es frágil y está llena de desajustes y distorsiones. La desigualdad económica se ha disparado y en las zonas rurales persiste una generalizada miseria. El país es un desastre ecológico donde cada año mueren más de un millón de personas por enfermedades causadas por la contaminación ambiental. Militarmente, China sigue estando muy por detrás de Estados Unidos, país que además tiene una amplia red de aliados en Asia que ven a China con temor y profundos resentimientos históricos. Basta un ejemplo: Vietnam ha tenido diecisiete guerras con China.

Pero quizá la objeción más importante a la visión de una China convertida en líder del mundo es que su modelo autocrático es cada día menos seductor y difícil de sostener. Mantener a cientos de millones de personas subyugadas a los designios de un dictador es una ruta que en estos tiempos conduce a la inestabilidad política. Y un país políticamente inestable no es un buen candidato para prevalecer en las conflagraciones que pronosticó Tucídides.

9 de julio de 2017

Cinco ideas que Trump mató

Es aún muy temprano para evaluar la presidencia de Donald Trump. No obstante, gracias a su conducta, a los resultados de su gestión y a sus constantes autogoles, algunas cosas ya están claras. Por ejemplo, hay ciertas ideas que antes de su llegada al poder eran comúnmente aceptadas. Ya no.

1. La verdad: Trump, sus voceros y sus aliados en los medios y las redes sociales (incluido Vladímir Putin) han demostrado que para ellos no existen hechos ni datos incontrovertibles. No hay tal cosa como «la verdad». Toda afirmación, dato científico y hasta evidencias visuales como, por ejemplo, fotos que muestran el tamaño de la multitud el día de la toma de posesión del nuevo presidente pueden ser cuestionados. Confrontada en una entrevista con lo que parecía ser una verdad indudable, Kellyanne Conway, consejera del presidente Trump, la negó y ofreció en cambio lo que llamó «hechos alternativos». El entrevistador le respondió que en ese caso los hechos alternativos eran simplemente una falsedad (no se atrevió a llamarlos «mentira»), a lo cual Conway explicó que esa era la típica reacción de los medios de comunicación críticos del presidente. La idea de que hay verdades verificables por la razón y el método científico está bajo ataque. Y, como hemos visto, los políticos que defienden sus mentiras con «hechos alternativos» ahora cuentan con el invalorable recurso de las redes sociales. Es irónico que en esta era en la que sobra la información, falte tanto la verdad.

2. Dirigir una gran empresa enseña a dirigir un gobierno: esta es una idea zombi: la creíamos muerta, pero cada cierto tiempo revive.

Es la creencia de que para ser un buen gobernante ayuda haber sido un empresario exitoso. «Soy muy rico», «Soy un gran negociador», «He creado muchos empleos» son algunas de las frases que Trump repite incesantemente y que, según él, garantizan su éxito como presidente.

Pero, tal como lo demuestran otros casos (véase Berlusconi, Silvio), las habilidades y el temperamento que llevan al éxito en el sector privado no aseguran una buena gestión pública. El caos y la ineptitud que hasta ahora caracterizan a la Administración Trump son solo superadas por sus reveses en las negociaciones que ha tenido tanto dentro como fuera de Estados Unidos.

La próxima vez que un empresario aspire a liderar un país tendrá que lidiar con la lección que sobre esto casi seguramente nos dejará Donald Trump: el talento empresarial no viaja bien al sector público.

3. El presidente de Estados Unidos es el hombre más poderoso del mundo: Trump demostrará que esto no es así. Por supuesto que este presidente tiene a su disposición enormes recursos y miles de funcionarios, incluidos los militares mejor armados que ha conocido la humanidad. Pero las fuerzas que limitan sus actuaciones son igualmente enormes, si no aún más potentes. Estas limitaciones al poder presidencial son domésticas y foráneas, legales y burocráticas, políticas y económicas. A pesar de ser uno de los presidentes con el temperamento imperial más pronunciado, pocas de sus órdenes se están convirtiendo en realidades. Esto no quiere decir que Trump no pueda tomar decisiones que tendrán enormes consecuencias, como la de sacar a Estados Unidos del Acuerdo de París sobre el clima, por ejemplo. Pero estas serán muchas menos de las que él supone. Y también está evidenciando que hay muchas iniciativas que desea impedir y no puede. Como la investigación sobre sus vínculos con Rusia, por mencionar una. También está descubriendo que obtener al poder le resultó más fácil que ejercerlo.

Con Trump morirá la idea de que el presidente de Estados Unidos es todopoderoso.

4. La longevidad de una democracia la protege de la corrupción y el nepotismo: en las democracias defectuosas, el Congreso, los jueces u otras instituciones del Estado no logran impedir que un presi-

dente venal use las prerrogativas del cargo en beneficio de sus negocios privados. O que nombre a sus familiares en importantes cargos públicos para los que no están calificados. En mayor o menor medida sucede en todas partes. En países de África y América Latina estos abusos llegan a ser frecuentes y extremos, mientras que en Estados Unidos o en Reino Unido son comparativamente menos graves. Hasta ahora.

Como sabemos, Donald Trump ha designado a su hija Ivanka y a su yerno Jared Kushner en altísimos cargos. Y doscientos congresistas han demandado al presidente acusándolo de violar la Constitución por lucrarse de negocios con gobiernos extranjeros.

Queda por verse si las instituciones estadounidenses son lo suficientemente fuertes como para contener el asalto a las sanas prácticas de control al poder ejecutivo que han imperado allí hasta ahora. En todo caso, Trump también acabó con la idea de que la corrupción y el nepotismo solo florecen en repúblicas bananeras.

5. La apatía política: el Gobierno de Trump dejará dolorosamente claro para millones de estadounidenses que las elecciones tienen consecuencias muy concretas sobre sus vidas. La indiferencia, la desinformación, la falta de curiosidad y de participación en la política o el voto protesta sin mayor reflexión, tienen costos muy altos para los ciudadanos. Gracias a Donald Trump, hoy millones de personas saben esto y se han activado políticamente.

18 de junio de 2017

Sale Estados Unidos y entra... ¿quién?

En mi columna de la semana pasada analicé una de las mayores sorpresas de la política internacional de estos tiempos: la decisión de Estados Unidos de ceder unilateralmente espacios de poder en los que hasta ahora había gozado de un claro liderazgo. Concluí esa columna preguntando: ¿quién llenará estos vacíos de poder? Anticipé que no sería China. Tampoco creo que sea Rusia. Entonces ¿quién?

Cuando escribí esa columna no sabía que, pocos días después, el presidente Donald Trump anunciaría su decisión de retirar a Estados Unidos del Acuerdo de París sobre el cambio climático, uniéndose así a Nicaragua y Siria, los dos únicos países que no lo firmaron.

Esta iniciativa de Trump ilustra bien el raro fenómeno de una superpotencia que cede poder sin que se lo quiten sus rivales. El ex secretario de Estado John Kerry la calificó de «grotesca abdicación de liderazgo». Fareed Zakaria, un respetado analista, dijo que ese día Estados Unidos había renunciado «a ser el líder del mundo libre».

Las reacciones a la salida de Estados Unidos del Acuerdo de París también revelan incipientes pero interesantes tendencias. Miguel Arias Cañete, el comisario europeo de Acción por el Clima, dijo que la decisión de Trump «ha galvanizado» a los europeos y prometió que el vacío creado por Estados Unidos sería llenado por «un nuevo, amplio y comprometido liderazgo».

En Estados Unidos, tres gobernadores, treinta alcaldes, ochenta rectores universitarios y los directivos de más de cien grandes empresas anunciaron que llevarían a la ONU un plan conjunto para que su país cumpla con las metas de reducción de emisiones indicadas en el acuerdo aunque la Casa Blanca no lo apoye. Jeff Immelt, el jefe de la gigantesca empresa GE, escribió en Twitter: «Me ha decepcionado la decisión sobre el Acuerdo de París. El cambio climático es una realidad. La industria debe ahora tomar el liderazgo y no depender del Gobierno». Y en China, Shi Zhiqin, investigador del centro Carnegie-Tsinghua, pronosticó: «Si bien el Gobierno de Pekín solo puede expresar su pesar por la acción de Trump, China va a mantener sus compromisos y cooperar con Europa».

Así, el liderazgo en este campo está pasando de la Casa Blanca a las autoridades regionales y locales, a las empresas y a la sociedad civil. Y de Estados Unidos a Europa y China.

Pero la lucha contra el calentamiento global no es el único ámbito del que Estados Unidos se está replegando. Otro, y muy importante, es Europa. Esto lo hizo muy explícito Angela Merkel después de sus recientes contactos con Trump: «Los tiempos en los cuales podíamos contar con otros han terminado, tal y como lo he experimentado en estos últimos días. Los europeos debemos tomar el destino en nuestras propias manos. Claro que debemos tener relaciones amigables con Estados Unidos, con Reino Unido y con nuestros vecinos, también con Rusia. Pero nosotros debemos luchar por nuestro futuro».

Es una interesante ironía que, sin quererlo, Trump pueda estar contribuyendo al resurgimiento geopolítico de una Europa que él desdeña y que ha estado agobiada por sus problemas económicos e institucionales, por la crisis de los inmigrantes, así como por el terrorismo islamista y el expansionismo ruso. Pero aún más importante es el espacio que se le abre a China para aprovechar el vacío dejado por la retirada de Estados Unidos.

Este declive de la influencia internacional de Estados Unidos antecede a la llegada de Trump, aunque sus decisiones iniciales, como sacar al país del Acuerdo de París o del TPP, el Acuerdo Transpacífico de Cooperación Económica, acelerarán el proceso.

¿Será entonces China el nuevo líder que dominará el mundo?

La expectativa de que así sea ignora importantes realidades que limitan la capacidad hegemónica del gigante asiático. Si bien China es una potencia económica y militar, también es un país muy pobre que enfrenta severos problemas sociales, financieros y medioambientales. Su modelo político tampoco parece muy atractivo para los ciudadanos de otros países. Esto no quiere decir que China no vaya a tener un claro liderazgo en algunos temas globales —como el cambio climático, por ejemplo—, o un enorme ascenso en partes de Asia. O que no vaya a formar parte de las decisiones que afectan al mundo entero.

Pero una cosa es formar parte de las decisiones y otra muy distinta es ser quien las toma. Todo indica que hemos entrado en una era post hegemónica en la cual ninguna nación tendrá el dominio del mundo, como solía suceder antes. Desde esta perspectiva, la retirada de Estados Unidos no implica su irrelevancia. No será la superpotencia que solía ser, pero tampoco dejará de tener poder. El Pentágono, Wall Street, Silicon Valley, Hollywood y sus universidades continuarán siendo inmensas fuentes de influencia internacional.

¿Y la Casa Blanca? Menos que antes.

4 de junio de 2017

¿Cómo se desmantela una superpotencia?

Una de las sorpresas que los historiadores estudiarán durante muchos años es la decisión de Estados Unidos de renunciar a su liderazgo mundial. Más aun, tendrán que explicar por qué lo hizo unilateralmente y sin que nadie le arrebatara el inmenso poder que acumuló durante el siglo pasado.

Esta abdicación no fue el resultado de una decisión específica, sino de un complejo y largo proceso. Y si bien la llegada de Donald Trump a la Casa Blanca aceleró las cosas, la cesión de poder ya venía dándose desde hace un tiempo.

La fragmentación política interna de Estados Unidos y su dificultad para tomar decisiones fundamentales tienen mucho que ver con el declive de su influencia. En 2015, Larry Summers, ex secretario del Tesoro de Estados Unidos, alertaba de que la rigidez ideológica, y la consecuente incapacidad para forjar consensos, debilitaba el papel de su país en el mundo. Según él: «Mientras uno de nuestros dos partidos políticos siga oponiéndose siempre a los tratados comerciales con otros países y el otro partido se resista a financiar a los organismos internacionales, Estados Unidos no estará en posición de moldear el sistema económico mundial». Cuando Summers dijo esto, el ejemplo que ilustraba los daños que se autoinfligía Estados Unidos era la renuncia del Congreso a aprobar reformas destinadas a fortalecer instituciones como el Fondo Monetario Internacional. Organizaciones como esa, o como el Banco Mundial, forman parte importante de un orden mundial que beneficia a Estados Unidos. Por lo tanto, su fortaleza y relevancia deberían ser una prioridad para Washington. Sorprendentemente, esto no es así.

En el caso del Fondo Monetario, 188 de sus 189 países miembros aprobaron las reformas. Estados Unidos no lo hizo y, sin su voto, no se podían llevar a la práctica. Después de esperar cinco años a que el Congreso estadounidense actuara, el Gobierno de China decidió crear un nuevo organismo financiero internacional en el cual Washington no tendría influencia. Así, hoy existe el Banco Asiático de Inversión en Infraestructuras (BAII), del cual son miembros 57 países y en el que están a punto de integrarse otros veinticinco, incluidos Canadá e Irlanda. Desde el inicio Estados Unidos fue invitado a formar parte del BAII, pero esto aún no ha sucedido.

Otro ejemplo reciente de la cesión unilateral de poder fue la decisión de Donald Trump de sacar a Estados Unidos del TPP, el Acuerdo Transpacífico de Cooperación Económica. El TPP no incluye a China y el propósito de Barack Obama al proponerlo fue crear un organismo permanente para fomentar la integración de Estados Unidos con sus aliados en Asia. Naturalmente, un acuerdo de este tipo también aspiraba a servir de contrapeso a la creciente influencia de China en esa región.

Una de las primeras decisiones que tomó Trump como presidente fue retirar a Estados Unidos del TPP. China reaccionó de inmediato y se activó para aprovechar el inusitado regalo. Pekín inició contactos al más alto nivel con los otros once países miembros del TPP para proponerles un atractivo acuerdo comercial. Estados Unidos no fue invitado.

Pero para Xi Jinping, el presidente chino, este acuerdo comercial no era suficiente y decidió impulsar una iniciativa que había propuesto en 2013: la nueva ruta de la seda.

Invocando la legendaria red de caminos que en la antigüedad conectaba a China con el resto de Asia y llegaba hasta el Mediterráneo, el presidente Xi convocó a 64 países a unirse a un enorme proyecto de construcción de carreteras, ferrocarriles, puertos y aeropuertos, que unirían a China con Asia, el Medio Oriente, África, Europa y hasta con países latinoamericanos como Argentina y Chile. En estos 64 países más China vive el 60 por ciento de la población mundial y juntos representan un tercio de la economía del mundo. Hace poco, 44 jefes de Estado y de Gobierno asistieron a una reunión en Pekín y firmaron un comunicado en el cual declaran: «Nos oponemos a todas las formas de proteccionismo [...] y defendemos un comercio internacional universal y abierto, basado en reglas, que no discrimine y que sea equitativo». Esto, por supuesto, contrasta con las posturas más proteccionistas del actual Gobierno de Estados Unidos.

El comercio internacional no es el único ámbito en el que Washington está perdiendo liderazgo e influencia internacional. La lucha contra el calentamiento global y la proliferación nuclear, la ayuda al desarrollo y el control de pandemias globales, la intervención para contener las crisis financieras, la regulación de internet, la gestión de la actividad humana en los océanos, el aire, el espacio, el Ártico y la Antártida son solo algunas de las áreas en las cuales la importancia de Estados Unidos ha menguado.

¿Quién llenará estos vacíos de poder? La respuesta a esta pregunta definirá el nuevo orden mundial. En la columna de la semana próxima ofreceré algunas respuestas. Anticipo una: no será China.

28 de mayo de 2017

¿Por qué a los dictadores les gusta parecer demócratas?

Una interesante paradoja de la política mundial en estos tiempos son las extraordinarias contorsiones que hacen algunos autócratas por parecer demócratas. ¿Por qué tantos dictadores montan elaboradas pantomimas democráticas a pesar de que saben que, tarde o temprano, se revelará la naturaleza autoritaria de su régimen?

Algunas de las razones son muy obvias y otras no tanto. La más obvia es que, cada vez más, el poder político se obtiene —al menos inicialmente— por los votos y no por las balas. Por ello, los aspirantes deben mostrar gran devoción por la democracia, aunque esa no sea su preferencia. La otra razón es menos evidente: los dictadores de hoy se sienten más vulnerables. Saben que deben temerle a la potente combinación de protestas callejeras y redes sociales. La mezcla de calles calientes y redes sociales encendidas no les sienta bien a las dictaduras. Quizá por eso, guardar las apariencias democráticas los tonifica.

La democracia aporta el ingrediente más preciado por los tiranos: legitimidad. Un Gobierno que se origina en las preferencias del pueblo es más legítimo y, por lo tanto, menos vulnerable que un régimen cuyo poder depende de la represión. Así, aun cuando sean fraudulentas, las democracias generan algo de legitimidad, aunque sea transitoria.

La Rusia de Vladímir Putin es un buen ejemplo. Los trucos a los que ha recurrido para que su Gobierno parezca democrático son insólitos. Rusia hoy cuenta con todas las instituciones y rituales de una democracia. Pero es una dictadura. Por supuesto, en Rusia periódicamente hay elecciones. Y estas están acompañadas de costosas campañas mediáticas, de mítines y debates. El día de los comicios, millones de personas hacen cola para votar. El pequeño detalle es que siempre gana Putin. O la persona que él designe para guardarle el puesto.

Eso pasó en 2008 cuando Dmitri Medvédev, el primer ministro del Gobierno presidido por Putin, ganó las presidenciales e inmediatamente le dio a su exjefe el cargo de primer ministro. Con Medvédev nunca hubo dudas sobre quién mandaba realmente. Cumplido su periodo presidencial, hubo elecciones y, por supuesto, el «nuevo» presidente electo fue… Putin. Así, el poder de la presidencia y el poder real volvieron a coincidir. Obviamente, mantener las apariencias de que, en el Kremlin, el poder se alterna es muy importante para Putin. Pero ¿por qué? ¿Por qué en vez de hacer tantos esfuerzos, Putin no se quita la careta y sincera la situación? Eso le ahorraría tener que usar abusivamente los recursos del Estado para lograr insuperables ventajas sobre sus rivales electorales y emplear todo tipo de triquiñuelas.

Quitarse la careta no le sería difícil. A nadie sorprendería, por ejemplo, que si Putin convocara un referéndum para prorrogar indefinidamente su mandato, lo ganaría (y por abrumadora mayoría, como siempre). Tampoco sorprendería a nadie que el Parlamento y la Corte Suprema respaldaran esa maniobra. Después de todo, ambas instituciones son elementos fundamentales de la artificiosa fachada democrática detrás de la que se esconde la autocracia rusa. En diecisiete años ni una sola vez han impedido que Putin haga lo que quiera.

Rusia no es la única dictadura que quiere parecer democracia. Recientemente, las autoridades chinas mostraron su preferencia respecto al destino de Siria: «Creemos que el futuro de Siria debe dejarse en manos del pueblo sirio. Respetamos que los sirios escojan a sus líderes». Es curioso ver a una dictadura aconsejar a otra que deje que el pueblo decida su destino. De hecho, tal como señala Isaac Stone Fish, un periodista que vivió siete años en China, «uno de los eslóganes favoritos de Xi Jinping se refiere a "los doce valores socialistas" que deben guiar a su país, siendo la democracia el segundo de estos». Stone Fish también cuenta que en una conferencia a la que asistió, varios líderes del Partido Comunista le insistieron que, igual que con

Estados Unidos, es perfectamente adecuado definir al sistema político chino como una democracia». Lo mismo mantiene el Gobierno sirio, mientras Corea del Norte se autodefine como República Popular Democrática. Nicolás Maduro, Daniel Ortega y Raúl Castro también sostienen que sus represivos regímenes son democracias.

Evidentemente, la democracia es una marca que se ha puesto de moda. No siempre fue así. En los años setenta, por ejemplo, los dictadores de Iberoamérica, de Asia y de África no se preocupaban mucho por aparentar ser demócratas. Quizá porque se sentían más seguros que los dictadores de ahora.

23 de abril de 2017

¿Qué puede aprender Trump de Al Capone y Richard Nixon?

«Me podría parar en medio de la Quinta Avenida en Manhattan y dispararle a alguien y aun así no perdería votos», afirmó el actual presidente de Estados Unidos cuando aún era candidato. Tal vez tenía razón entonces y hoy seguramente sigue contando con un gran número de seguidores incondicionales. Esto no quiere decir que Donald Trump sea invulnerable. Su estancia en la Casa Blanca puede verse truncada por una masiva revuelta política o por un proceso judicial que conduzca a su destitución.

Esto último es más probable que lo primero. Es sorprendente la frecuencia con la cual, en Estados Unidos, gobernadores y alcaldes, congresistas, miembros del Ejecutivo y otros altos funcionarios pierden su cargo por incumplir alguna ley. Ni siquiera los presidentes han sido inmunes a catastróficos tropiezos legales.

Estos enredos suelen ocurrir cuando un político o gobernante trata de encubrir un delito «menor» o una conducta que daña su reputación. Para ello miente bajo juramento u obstruye a la justicia, cometiendo así un delito más grave que el que intenta esconder. «Lo que te hace caer no es el delito, es su encubrimiento» es una frase que se oye regularmente en los círculos del poder en Estados Unidos (y que es ignorada con la misma regularidad).

Esto le pasó a Richard Nixon, quien renunció justo antes de ser destituido por obstruir a la justicia cuando intentó ocultar su participación en el caso Watergate. Y también le pasó a Bill Clinton, acusado de mentir cuando fue interrogado bajo juramento sobre su relación con Monica Lewinsky. La Cámara de Representantes votó a favor de su destitución como presidente, pero el Senado lo absolvió, permitiéndole así terminar su mandato. Y esto mismo le acaba de ocurrir al gobernador de Alabama, Robert Bentley, que ha tenido que dimitir tras ser acusado de mentir y usar recursos públicos para ocultar la relación extramatrimonial que mantuvo con su asesora política. De nuevo, los esfuerzos por esconder su conducta, y no la conducta en sí, fueron la causa de su salida del poder. Y le ha sucedido también al general Michael Flynn, consejero de Seguridad Nacional nombrado por el presidente Trump. Flynn batió un récord al durar solo veinte días en el cargo. Tuvo que renunciar al descubrirse que, a pesar de haberlo negado, las conversaciones que mantuvo con el embajador ruso en Estados Unidos sí incluyeron la posibilidad de aliviar las sanciones económicas impuestas a Rusia por haber invadido Crimea. Las conversaciones con el diplomático no fueron la causa de la salida de Flynn, sino haber mentido sobre su contenido.

Los casos del gobernador Bentley y del general Flynn son solo los ejemplos de esta semana y del mes pasado, pero la lista de poderosos que dejan de serlo al tratar de encubrir relaciones sexuales escandalosas, tráfico de influencias, actos de corrupción, uso indebido de recursos públicos o responsabilidad en decisiones erradas es increíblemente larga. Donald Trump haría bien en aprender la lección.

La otra lección que debería tener muy presente es que el dinero deja huellas. Por eso «seguir la pista del dinero» se ha convertido en otra popular consigna en Washington. Trazar los orígenes y los intermediarios, las contraprestaciones y todos los movimientos de fondos es la mejor manera de encontrar las vulnerabilidades de los poderosos. En Estados Unidos, las relaciones sexuales escandalosas y el manejo indebido de fondos son las dos razones más frecuentes por las cuales se estrellan los líderes políticos. «Seguir el dinero» fue la consigna que finalmente llevó a Al Capone a la cárcel, por ejemplo. El gánster más famoso del siglo XX fue acusado de todo tipo de crímenes, incluyendo 33 asesinatos, pero nunca se le pudo comprobar nada. Solo cuando las autoridades lograron demostrar que había evadido el pago de impuestos, Capone fue condenado a una larga pena en prisión.

La semana pasada, la agencia de noticias Associated Press reveló que Paul Manafort, el jefe de la campaña electoral de Donald Trump entre marzo y agosto del año pasado, recibió 1,2 millones de dólares de un grupo político prorruso basado en Ucrania. Manafort, quien inicialmente dijo que el informe era falso, ahora acepta haber recibido el dinero, pero alega que fue el pago de sus honorarios. Se sabe que el FBI está investigando a Manafort por sus posibles contactos con agentes rusos que podrían haber estado apoyando la campaña presidencial. También se sabe que Donald Trump se ha negado a hacer pública su declaración de impuestos. Es difícil que esos documentos no salgan a la luz. Cuando eso suceda, «seguir el dinero» que allí se muestra puede ofrecer interesantes revelaciones.

Trump haría bien en tener en cuenta cómo se hundieron Al Capone y Richard Nixon.

16 de abril de 2017

Las tres guerras de Donald... y las que vienen

Es normal que los presidentes choquen con sus opositores políticos y que tengan fricciones con otros países. También es usual, y muy sano, que los gobiernos y los medios de comunicación no se entiendan. O que los presidentes se enfrenten a la burocracia estatal que, según ellos, no ejecuta con entusiasmo las políticas que ellos mismos han prometido.

Todo esto es normal. Lo que no es normal es la diversidad, intensidad, peligrosidad y, a veces, la banalidad de los conflictos que origina el nuevo presidente de Estados Unidos. Pero Donald Trump no es un gobernante al uso.

Los presidentes suelen gozar de un periodo de alta popularidad al inicio de su mandato. Trump, en cambio, tiene el porcentaje de aprobación más bajo jamás registrado en estos sondeos de opinión. Los intentos de hacer realidad sus principales promesas electorales están naufragando, afronta fundadas investigaciones criminales contra miembros de su equipo —algunos de los cuales ya se han visto obligados a renunciar— y no logra llenar las vacantes que le permitirían tener una mejor gestión. Las filtraciones de información que salen de la Casa Blanca son incesantes. China está ocupando rápidamente los espacios de liderazgo mundial que Estados Unidos está abandonando y la Rusia de Putin se crece y trata de influir en las elecciones europeas tanto como lo hizo en las presidenciales estadounidenses.

En vista de todo lo anterior, cabría pensar que Trump intentaría estabilizar la situación y construir alianzas. Pero el presidente está haciendo todo lo contrario. En vez de conciliar, busca la confrontación; en vez de cerrar frentes de batalla, está abriendo otros nuevos; en vez de unir, está dividiendo. Estas son tres de las principales guerras internas de Donald Trump.

1. La guerra contra su propio partido: todas las formaciones políticas tienen facciones y el Partido Republicano no es una excepción. Sus divisiones internas impidieron que se aprobara la ley que desmantelaría la reforma sanitaria impulsada por Barack Obama. ¿La reacción de Trump? «Debemos pelear contra ellos», refiriéndose a los miembros de su partido que no estuvieron a favor de su propuesta. También ha dicho que en las elecciones parlamentarias de 2018 promoverá candidatos que hagan perder la reelección a los congresistas que no lo apoyen. Las reacciones de los republicanos disidentes no se ha hecho esperar: «La intimidación no funciona», «esas amenazas pueden dar resultados en la escuela primaria, pero nuestro Gobierno no funciona así»... Si bien ambas partes harán esfuerzos por mostrar que han superado sus diferencias, la realidad demostrará que estas divisiones tienen efectos duraderos. Trump seguirá en guerra contra quienes no apoyen sus iniciativas. Aunque esto implique luchar abiertamente contra los líderes de su propio partido.

2. La guerra contra las agencias de inteligencia: los servicios de inteligencia de Estados Unidos emplean a más de cien mil personas que trabajan en diecisiete organizaciones diferentes. Si bien, en el pasado, han existido fricciones entre esta comunidad y la Casa Blanca, nunca antes el conflicto había sido tan fuerte como ahora. El presidente Trump ha dicho que estas agencias son tan deshonestas como los medios de comunicación que diseminan noticias falsas. También las ha llamado «nazis». Por su parte, las agencias de inteligencia emitieron un informe cuya conclusión es que el Kremlin influyó en las elecciones de Estados Unidos y que Vladímir Putin tiene una clara preferencia por Donald Trump. James Comey, el director del FBI, ha confirmado que su organización está investigando la posible colusión de miembros del equipo de Trump durante la campaña electoral con agentes de inteligencia rusos. El presidente ha dicho que ahora confía más en las agencias de inteligencia y explica la razón: «Ya hemos puesto allí a gente nuestra». Sin duda. Pero hay cerca de cien mil personas que todavía no son «gente de Trump».

3. La guerra contra la Reserva Federal: esta guerra contra el banco central de Estados Unidos aún no ha comenzado, pero se ve venir. A los presidentes les gusta que las tasas de interés sean más bien bajas, lo cual suele estimular el consumo, la actividad económica y el empleo. Pero si el déficit fiscal aumenta, el dinero en circulación también y los precios comienzan a subir, es deber del banco central aumentar las tasas de interés para mitigar los riesgos de una alta inflación y otros males económicos. De nuevo, esta tensión entre la presidencia y el banco central, que es común en todas partes, en el caso de Trump puede escalar hasta convertirse en un conflicto con graves consecuencias económicas. Cuando aún era candidato, el actual presidente ya había expresado su opinión sobre la gobernadora de la Reserva Federal, Janet Yellen. «Debería avergonzarse de sí misma», dijo Trump. ¿Por qué? Porque Yellen declaró que quizá habría que subir las tasas de interés.

Estas tres son guerras internas, pero la pugnacidad de Trump también se manifiesta en las relaciones internacionales de su país. Y el peligro más grande es que sus derrotas domésticas lo motiven a buscar peleas afuera. No sería el primer líder de un país que usa un conflicto externo para distraer de sus problemas internos. Putin le puede dar lecciones sobre eso.

2 de abril de 2017

Los americanos blancos se están muriendo

En Estados Unidos, los hombres blancos de mediana edad y con menos educación se están muriendo a un ritmo inusitado. De hecho, la tasa de mortalidad de este grupo poblacional es mayor que la de los hispanos o los afroamericanos de su misma edad y de su mismo nivel educativo. También es mucho más alta ahora de lo que había sido hasta comienzos de este siglo. Este es un fenómeno exclusivamente estadounidense. En otros países desarrollados no sucede.

Esta es una de las conclusiones de un importante estudio que acaban de presentar en Washington el premio Nobel de Economía Angus Deaton y Anne Case, una destacada economista de la Universidad de Princeton (y esposa de Deaton).

Ya en 2015, los dos economistas habían causado revuelo con un estudio que por primera vez documentaba el trágico aumento de la tasa de mortalidad entre los estadounidenses blancos sin estudios universitarios. Mientras que en 1999 era un 30 por ciento más baja que la de los negros con las mismas características, para el año 2015 fue un 30 por ciento más alta que la de los afroamericanos. Estos cambios en Estados Unidos revierten décadas de progreso. Durante el siglo pasado, y en la actualidad, la mortalidad a nivel mundial ha venido cayendo al 2 por ciento anual, en todos los países y en todas las categorías demográficas. Pero los estadounidenses blancos con poca preparación académica son la excepción. ¿Qué pasó? Pues que, en este grupo, los suicidios y las muertes derivadas del consumo de drogas y el alcoholismo aumentaron drásticamente. El cáncer y las enfermedades cardiacas también se agudizaron, así como la obesidad.

Desde 2000, las muertes por estas causas entre los blancos no hispanos, entre cincuenta y cincuenta y cuatro años, se han duplicado. Y para 2015 morían a una tasa dos veces mayor que la de las mujeres blancas con las mismas características (y cuatro veces más que la de los hombres blancos que fueron a la universidad).

Una explicación común para esta tragedia es el desempleo que afectó duramente a este grupo etario, tanto a causa de la crisis como por la globalización y la automatización de la producción, que están haciendo desaparecer los puestos de trabajo de baja cualificación.

Deaton y Case no dudan de que el desempleo y la consecuente caída en los ingresos son factores importantes. Pero, según ellos, no son suficiente explicación y mantienen que la mayor mortalidad de los blancos en Estados Unidos tiene «causas más profundas». ¿Cómo se explica, si no, que los hispanos y los afroamericanos que también perdieron sus empleos e ingresos aumentaran su longevidad? ¿Y por qué entre los trabajadores europeos que fueron víctimas de los embates de la gran recesión de 2008 y las políticas de austeridad no se dan las letales tendencias que afectan a los trabajadores blancos estadounidenses? Es más, en Europa la longevidad de quienes tienen menos años de estudio (y menos ingresos) ha seguido subiendo —y a más velocidad— que la de los europeos con mayor nivel educativo.

Según los dos economistas, las causas más profundas de este fenómeno tienen que ver con lo que ellos llaman «desventajas acumulativas». Estas son condiciones debilitantes y hábitos disfuncionales que este grupo humano ha ido acumulando durante toda su vida como reacción a profundas transformaciones económicas y sociales. Con frecuencia comenzó con el abandono de los estudios secundarios y la entrada temprana en el mercado de trabajo en épocas de empleos abundantes y salarios atractivos. Pero esta «bonanza laboral» se fue extinguiendo y otros cambios en la sociedad —el papel de las mujeres, el aumento de los divorcios y la fragmentación familiar, la movilidad geográfica— dificultaron la vida a los hombres blancos, y los hicieron más vulnerables a lo que Deaton y Case describen como «muertes por desesperanza». Son hombres que no ven un futuro mejor ni para ellos ni para su familia.

La desesperanza causa gran sufrimiento. En Estados Unidos, la mitad de los hombres desempleados toma medicamentos contra el dolor y dos tercios consume opioides. El abuso de estas medicinas se ha convertido en una gravísima epidemia. En 2015, más estadounidenses fallecieron por sobredosis que por armas de fuego y accidentes de tránsito. ¿La abrumadora mayoría de las víctimas? Hombres blancos.

Dos preguntas finales. Primera: ¿por qué mueren menos hombres blancos de origen hispano, con poca educación formal y mala situación económica? Porque tienen más esperanzas de lo que les depara el futuro. Ellos no están añorando una mejor situación económica que tuvieron en el pasado. Nunca la tuvieron. Para ellos, el futuro solo puede ser mejor. Y para sus hijos aún más.

Segunda: ¿cuál es la reacción política de los blancos estadounidenses con altas tasas de mortalidad? Votar por Donald Trump. Más del 60 por ciento de ellos así lo hizo.

26 de marzo de 2017

Árabes asfixiados

En los veintidós países que conforman el llamado mundo árabe vive tan solo el 5 por ciento de la población mundial. Pero en esos países se produjeron el 68,5 por ciento de las muertes globales por combates armados y se originaron el 57,5 por ciento de los refugiados y el 45 por ciento de los ataques terroristas (cifras de 2014). Estas son algunas de las aterradoras realidades que documenta el *Informe sobre el desarrollo humano en el mundo árabe*, realizado por el Programa de Naciones Unidas para el Desarrollo (PNUD).

Sorprendentemente, el foco de este informe no es la guerra. Es la juventud. Y es muy apropiado que así sea. Dos tercios de la población árabe tiene menos de treinta años y la mitad de ellos tiene entre quince y veintinueve años. Es el grupo humano con el mayor índice de desempleo del mundo y, dentro de él, quienes tienen las peores perspectivas de conseguir trabajo son las mujeres. El promedio mundial del desempleo entre las jóvenes es del 16 por ciento. En los países árabes es el 47 por ciento.

Según el Banco Mundial, en los próximos tres años los países árabes tendrían que generar sesenta millones de nuevos puestos de trabajo para absorber a los hombres y mujeres que buscarán empleo por primera vez. El informe del PNUD explica que el problema no es solo que las economías árabes no generan suficientes empleos, sino que sus sistemas educativos, que están entre los peores del planeta, no les dan ni el conocimiento para navegar con éxito por el mundo de hoy ni destrezas que les sirvan para encontrar trabajo.

Pero si la economía y la educación no van bien, los conflictos armados están en apogeo. Actualmente, once de los veintidós países árabes están en guerra. Más aún, la gran mayoría de la población árabe ha sufrido recientemente conflictos armados, aún los sufre o tiene un alto riesgo de verse involucrada en uno. De los trescientos cincuenta millones de personas que viven en esa región, setenta millones están en Sudán, Yemen y Somalia. Otros sesenta y siete millones viven en Siria e Irak. Así, entre 1988 y 2014 el gasto militar de la región aumentó dos veces y media y el gasto per cápita en armamento llegó a ser un 65 por ciento más alto que el promedio mundial. Desde 2009 ha subido un 21 por ciento.

En suma, el informe del PNUD no solo destaca el devastador impacto de los conflictos armados sobre los jóvenes, también documenta las pocas oportunidades económicas que tienen, los muy defectuosos servicios de salud y educación que reciben, la discriminación contra las mujeres y las limitaciones de los jóvenes para participar en política y canalizar sus deseos de cambio social y político. Este último es un factor crítico que nutre las frustraciones y la desesperanza que, según datos del informe, reinan entre los jóvenes árabes. Para la mayoría de ellos el futuro solo está fuera de su país.

Es importante destacar que el primero de estos documentos del PNUD sobre la situación de los países árabes fue publicado en 2002 y rompió dos tradiciones: la primera, que los estudios críticos sobre la región fuesen realizados predominantemente por expertos extranjeros. La segunda, que la respuesta automática de políticos y líderes de opinión de esos países fuera culpar al resto del mundo. En cambio, desde ese primer informe de 2002, cada año un grupo de respetados expertos árabes ofrece una nueva perspectiva sobre los problemas y sus posibles soluciones. Los autores no dudan de que muchas de las tragedias del mundo árabe sean secuelas del colonialismo, el imperialismo, la Guerra Fría o de intervenciones militares de Estados Unidos y Europa que derrocaron las dictaduras en Irak y Libia, por ejemplo. Y también saben que las potencias extranjeras sometieron —y lo siguen haciendo— la región a sus intereses y conflictos.

Pero la novedad de estos informes es que reconocen que muchos de los problemas de la región no son importados, sino producidos en casa. Y que, por lo tanto, pueden aliviarse cambiando algunas de las condiciones que no son producto de la influencia extranjera, sino de las realidades locales. Uno de los grandes méritos de estos análisis es su pragmatismo.

Pero el pragmatismo puede ser un arma de doble filo. Como pasa con todos los trabajos de organismos internacionales, hay temas que el informe del PNUD prefiere, por practicidad, ignorar. Quizá el más importante es el impacto que tienen sobre millones de jóvenes árabes las dictaduras depredadoras y las monarquías corruptas que los asfixian y les roban el futuro.

19 de marzo de 2017

¿A qué clase media pertenece usted?

Hace seis años escribí esto: «La principal fuente de los conflictos venideros no van a ser los choques entre civilizaciones, sino las expectativas frustradas de las clases medias que declinan en los países ricos y crecen en los países pobres».

Mi argumento en ese entonces —y que ahora se ha confirmado— es que las clases medias en Estados Unidos, Europa y otros países de mayores ingresos verían empeorar su calidad de vida, mientras que en China, Turquía, Colombia y otros países emergentes la situación económica de los más pobres mejoraba. En ese mismo artículo señalé que tanto el aumento como la disminución de los ingresos generan expectativas que alimentan la inestabilidad social y política. La sorpresa, por supuesto, es que el aumento de los ingresos de la gente en los países pobres sea una fuente de inestabilidad. Más adelante vuelvo sobre esta paradoja. En ese artículo de 2011 también alerté de que «inevitablemente, algunos políticos en los países avanzados aprovecharán este descontento para culpar del deterioro económico al auge de otras naciones». Y finalicé pronosticando que las consecuencias internacionales de este choque de clases, que entonces no eran obvias, acabarían siéndolo.

Bueno... lamentablemente, ya lo son.

En estos tiempos de Brexit, Donald Trump, Marine Le Pen, Geert Wilders, Podemos y otras sorpresas políticas proliferan los análisis que intentan descifrar las fuerzas que nutren la «gran furia», ese profundo descontento que lleva a los votantes a escoger a quien sea con tal de que no se parezca «a los de antes». La globalización, la inmigración, la automatización, la desigualdad, el nacionalismo y el racismo son solo algunas de las causas que más comúnmente se mencionan para explicar la gran furia. Pero me ha llamado la atención que los análisis no incluyen en su explicación lo que está sucediendo en Asia, América Latina o África. Una vez más, la narrativa dominante trata como si fuera mundial un fenómeno regional que ocurre principalmente en Estados Unidos y en el Viejo Continente.

Los análisis ignoran que la clase media, esa que en Europa y Estados Unidos está luchando para no perder su preeminencia económica, social y política está en pleno apogeo en el resto del mundo. Para una familia en India que, por primera vez, tiene ingresos que le permiten tener medicinas, casa, coche, televisión, teléfonos inteligentes y algo de ahorros, la defensa de la supremacía blanca que en Estados Unidos motivó a muchos a votar por Donald Trump resulta ininteligible.

El apogeo de la clase media en países pobres es la principal revelación de un importante estudio que acaba de ser publicado por Homi Kharas, uno de los más respetados estudiosos de la cuestión. Sus cálculos indican que hoy tres mil doscientos millones de personas forman parte de la clase media en el mundo, es decir, el 42 por ciento de la población mundial. Para estos cálculos, los investigadores e instituciones como el Banco Mundial definen como clase media a las personas con ingresos diarios de entre 11 y 110 dólares al día. Este segmento ha venido creciendo rápidamente, pero a diferentes ritmos. Mientras que en Estados Unidos, Europa y Japón crece anualmente al 0,5 por ciento, en China e India suma un 6 por ciento cada año.

Globalmente, la clase media crece a un ritmo de ciento sesenta millones de personas al año y, de seguir a este ritmo, en pocos años, la mayoría de la humanidad vivirá, por primera vez en la historia, en hogares de esta categoría. Si bien las clases medias son hoy más numerosas que nunca en países como Nigeria, Senegal, Perú o Chile, su expansión es un fenómeno primordialmente asiático. Según Kharas, la abrumadora mayoría (¡el 88 por ciento!) de los mil millones de personas que formarán parte de este estrato en los próximos años vivirá en Asia.

El impacto económico de todo esto es enorme. El consumo de la clase media en países de menores ingresos crece al 4 por ciento anual y ya equivale a un tercio del total de la economía global.

Naturalmente, los cambios que está experimentando la clase media tienen importantes consecuencias políticas. En Europa y Estados Unidos ya las vemos en los resultados de las elecciones, los referendos y en la proliferación de improbables candidatos que promueven agendas inéditas. En los países de menores ingresos, en los cuales la clase media aumenta a gran velocidad, también crecen rápidamente las expectativas y exigencias. Estos nuevos protagonistas sociales más tecnológicamente conectados, con más poder adquisitivo, más educación, más información y más conciencia de sus derechos son una fuente de inmensas presiones sobre gobiernos que no tienen la capacidad de satisfacer esas expectativas.

La clase media de los países ricos se siente amenazada y va a exigir a sus gobiernos acciones y resultados que mantengan sus estándares de vida históricos. Al mismo tiempo, la clase media de los países emergentes está más esperanzada que nunca y luchará para que su progreso continúe.

Como ya lo estamos viendo, estas agendas políticas divergentes son el origen de importantes fricciones internacionales. Y lo seguirán siendo.

12 de marzo de 2017

2016

Venezuela: los progresistas del mundo no pueden seguir callados

Hasta hace poco, el régimen que fundó Hugo Chávez era objeto de fascinación para los progresistas del mundo entero. Viajar a Venezuela para ver los logros de la revolución bolivariana se hizo parte de la agenda de una buena cantidad de activistas altermundialistas. La Venezuela de Chávez era celebrada.

Eso se acabó. La calamidad no se celebra. Y culpar de la catástrofe venezolana a Estados Unidos, a la oposición o a la caída de los precios del petróleo solo convence a un menguante grupo de ingenuos —o fanáticos—. El régimen chavista ha perdido su máscara: su militarismo, autoritarismo, corrupción y desprecio por los pobres están a la vista.

¿Por qué tardó tanto el mundo en enterarse? Porque Chávez acuñó un nuevo modo de actuar en política en el siglo XXI conjugando un simulacro de democracia con poder ilimitado y un boom petrolero.

El primer ingrediente fue la manipulación del sistema electoral. Chávez entendió pronto la importancia de no aparecer ante el mundo como un militar más que gobierna autocráticamente. Mientras hubiese elecciones, él era un demócrata. A muy pocos fuera de Venezuela parecían interesarles los aburridos detalles acerca de listas de electores sigilosamente falseadas, el ventajismo descarado, el uso masivo del dinero del Estado para comprar votos o discriminar a la oposición o el hecho de que los árbitros electorales fuesen activistas del partido del Gobierno.

Fue así como Chávez se volvió un maestro en el paradójico arte de destruir la democracia a punta de elecciones. Sigilosamente.

Los venezolanos han votado diecinueve veces desde 1999, y el chavismo ha ganado en diecisiete ocasiones. Y después de cada elección, la Constitución era violada un poco más, los tribunales y organismos de control más cooptados, los contrapesos institucionales más debilitados y las libertades más coartadas. El mundo no dijo nada.

El torrente de petrodólares que entró al país durante la larga bonanza petrolera de 2003 a 2014 se vio amplificado por un masivo endeudamiento que hoy llega a 185.000 millones de impagables dólares. El dinero se usó con dos propósitos: subsidiar el consumo de las clases populares y la corrupción de la oligarquía chavista. Mientras tanto, la economía real se desbarrancaba. Con la desaceleración económica y el colapso de los servicios públicos (seguridad, salud, educación, entre otros) fue menguando la popularidad del Gobierno, lo cual lo forzó a cambiar de táctica: ahora toleraría derrotas electorales, pero no la pérdida de poder. Así, poco después de perder el control de una institución pública por la vía electoral, Chávez procedía arbitraria e ilegalmente a quitarle recursos y poderes.

Cuando Caracas eligió a un alcalde de la oposición, Chávez primero le retiró sus principales competencias y luego Maduro terminó encarcelándolo. Cuando los votantes le dieron el control de la Asamblea Nacional a la oposición, el Tribunal Supremo, abarrotado de chavistas, bloqueó cada uno de sus actos. Ahora el Gobierno habla con desparpajo de eliminar por completo la Asamblea.

El compromiso de Hugo Chávez con la democracia duró exactamente lo que su mayoría electoral.

Algo parecido ocurrió con los medios de comunicación. Chávez entendió que cerrar medios independientes dañaría su reputación internacional. Pero para la revolución bolivariana la libertad de expresión es una amenaza inaceptable. La solución fue comprar los medios de comunicación independientes a través de empresarios privados. Los nuevos propietarios inmediatamente los transformaron en vehículos para la propaganda oficial. Decenas de periodistas fueron silenciados y la libertad de prensa en Venezuela se convirtió en una farsa: la disidencia desapareció de los medios que llegan a la mayoría de la población. La retórica chavista de solidaridad con los más desfavorecidos también resultó ser fraudulenta. Los discursos de amor a los pobres encubrían el saqueo del país por parte de Cuba y la inconmensurable corrupción de militares y de la burguesía bolivariana o boliburguesía. Un revelador ejemplo de esta corrupción son los cien mil millones de dólares en ingresos petroleros que desaparecieron del Fondo de Desarrollo Nacional, donde estaban depositados. El Gobierno jamás rindió cuentas. Las acciones del régimen revelan un cruel desprecio por los pobres. Al tiempo que las protestas de gente desesperada por el hambre son reprimidas con inusitada violencia, líderes chavistas aparecen ebrios en vídeos que circulan por las redes sociales encallando sus lujosos yates. Mientras niños recién nacidos mueren por la carencia de medicinas, el Tribunal Supremo leal al Gobierno censura a la Asamblea por haber solicitado asistencia humanitaria internacional. Las autoridades no tienen respuestas para la crisis y su indiferencia al sufrimiento del pueblo es indignante.

Es válido suponer que saquear al país con las mayores reservas de petróleo del mundo debería ser suficiente incluso para la más voraz élite cleptocrática; pero no. El régimen también está profundamente implicado en el narcotráfico. Las agencias antidrogas tienen a decenas de altos cargos del Gobierno venezolano en sus listas de capos de redes de traficantes.

A finales del año pasado, dos sobrinos de la primera dama fueron grabados en Haití ofreciendo cientos de kilos de cocaína a compradores que resultaron ser agentes de la DEA. Los sobrinos están tras las rejas en Nueva York, esperando su juicio. Su tía, la esposa del presidente, ha acusado a Estados Unidos de haberlos secuestrado. Uno pensaría que el mundo ya debería haber perdido la paciencia con estas aberraciones. Y eso ha comenzado a suceder, pero muy tímidamente. La comunidad internacional reitera solemne su preocupación por Venezuela, pero estas declaraciones no han tenido consecuencias.

Lo mínimo que podemos hacer para honrar la memoria de los miles de venezolanos asesinados y los millones hambrientos es hablar claro: la fachada democrática del chavismo se ha derrumbado; la cruel y ladrona dictadura que solía esconderse tras ella está al descubierto. La izquierda del mundo que se dice progresista no puede seguir callada ante la tragedia de Venezuela. La ideología no puede seguir justificando el silencio cómplice.

12 de julio de 2016

El Brexit y Trump: la política como brujería

El ganador se lo lleva todo. Esta es una de las tendencias en los países en los que la desigualdad económica se ha agudizado: unos pocos ganadores (el famoso 1 por ciento) se lo llevan todo. O, para ser más precisos, los ganadores captan una altísima proporción de los ingresos y acumulan la mayor parte de la riqueza del país.

Esta pronunciada desigualdad económica es uno de los factores que contribuye a fomentar otra de las tendencias del mundo de hoy: la desconfianza. Todas las encuestas que sondean los índices de confianza en diferentes países revelan que ese valor está en caída libre. La gente confía muy poco en el Gobierno, la empresa privada, las organizaciones no gubernamentales o los medios de comunicación. Y peor aún, instituciones que antes estaban fuera de toda sospecha, ahora no logran eludir la ola de suspicacia que azota a las demás. En los últimos años, por ejemplo, las crisis económicas y de gobierno han socavado la confianza de la opinión pública en «los expertos», y los múltiples escándalos sexuales y financieros han hecho menguar la credibilidad de la Iglesia católica. Según estos sondeos, en todas partes, y cada vez más, la gente tiende a confiar principalmente en familiares y amigos.

Salvo excepciones. A veces, una población por lo general escéptica decide depositar toda su esperanza en ciertos líderes o movimientos políticos. Es una reacción bipolar: todo o nada. Con la confianza está pasando algo parecido a lo que ha sucedido con la economía: el ganador se lo lleva todo. De pronto, aparecen individuos que logran despertar una fe que rompe todas las suspicacias. Hemos visto cómo la confianza de la gente en ciertos líderes se mantiene a pesar de su comprobada propensión a tergiversar la realidad, adulterar estadísticas, hacer promesas a todas luces incumplibles, lanzar acusaciones infundadas o, simplemente, mentir. No importa que su mendacidad se haga evidente.

Donald Trump es un buen ejemplo de esto. Los medios de comunicación publican un recuento diario de las afirmaciones de Trump que, al verificarse, resultan falsas. Esto, sin embargo, no hace mella en el entusiasmo de sus seguidores. Muchos simplemente creen que quienes mienten son los periodistas que dicen revelar la falsedad de las afirmaciones del candidato. Para otros, los hechos no importan. Trump les ofrece esperanzas, protección y reivindicaciones que conforman un paquete irresistible, y del cual ellos no se van a desencantar por datos y hechos incómodos.

Algo parecido acaba de pasar con el Brexit. Uno de los espectáculos más insólitos del día después del referéndum en el que los británicos votaron la salida de su país de la Unión Europea fue ver y oír a los líderes del Brexit negar las promesas y los datos en los que basaron su campaña. No, el monto de dinero que envía Reino Unido a Europa es menos de lo que ellos dijeron. No, ese monto no se va a ahorrar ni va a ser invertido en mejorar el sistema de salud. No, el salir de la Unión Europea no va a reflejar en la llegada de menos inmigrantes. No, no tienen idea de cómo van a llenar los vacíos institucionales y regulatorios que se crean con esta decisión. Todas estas negativas balbucearon frente a los micrófonos los líderes del Brexit el día de su victoria. Los mismos líderes que tan solo unas horas antes, y durante meses, mantuvieron todo lo contrario. De nuevo, ni los hechos ni los datos importan. Datos y hechos son para los expertos y «la gente de este país está harta de los expertos». Esto último lo dijo Michael Gove, uno de los líderes de la campaña a favor del Brexit (y ahora candidato a primer ministro), cuando, antes del referéndum, un periodista lo confrontó con las devastadoras conclusiones de un grupo de reconocidos expertos que incluía varios premios Nobel.

Y estos son solo dos ejemplos de muchos otros que hemos visto en España, Italia y otros países de Europa, así como en América Latina.

Se ha puesto de moda hablar de un mundo posfactual. Uno en el que a pesar de la revolución de la información, el *big data*, internet y demás avances, los hechos y los datos no importan. Las emociones, las pasiones y las intuiciones son las fuerzas que guían las decisiones políticas de millones de personas. Esto no es nuevo. La política sin emociones no es política. Pero las decisiones de gobierno en las que los datos no importan no son decisiones de gobierno, son brujería.

Como pronto descubrirán los británicos, guiarse solo por las emociones y las intuiciones e ignorar la realidad inevitablemente resulta en un inmenso sufrimiento humano.

4 de julio de 2016

El Brexit y el Stalingrado italiano

Para entender mejor la potencia de las fuerzas que impulsan el huracán Brexit es útil recordar lo que pasó en 1994 en Sesto San Giovanni, un suburbio al norte de Milán. En sus años de apogeo económico la zona se llenó de fábricas, obreros y combativos sindicatos comunistas, hasta tal punto que se hizo famoso como el «Stalingrado de Italia». Desde el fin de la Segunda Guerra Mundial, cada vez que había una elección local, regional, nacional o europea, más del 80 por ciento de los habitantes de Sesto/Stalingrado votaban por el Partido Comunista o por su candidato. Esto cambió en 1994, cuando en el Stalingrado de Italia ocurrió un terremoto político tan inesperado como el Brexit. Era un año más de la crisis que afectó duramente al sector industrial italiano. Ese también fue el año en que Silvio Berlusconi, aliado con los partidos de derecha, se presentó como candidato, enfrentándose directamente a la izquierda y —específicamente— a los partidos de origen comunista.

Más del 80 por ciento de los habitantes de Sesto San Giovanni votaron por Berlusconi.

La crisis económica, la corrupción de los políticos y la desesperanza llevaron a los votantes comunistas a darle una patada a la mesa y elegir a alguien que simbolizaba la antítesis de sus candidatos tradicionales. Pero aparte de darse el gusto de protestar contra todo y contra todos los políticos «de siempre» a través de su voto, fue muy poco lo que los habitantes del Stalingrado italiano lograron ayudando a Berlusconi a llegar al poder. Convertido en primer ministro, el empresario ni produjo el «nuevo milagro italiano» con el cual había ilusionado a sus electores, ni mejoró las condiciones de los trabajadores, ni hizo gran cosa contra la corrupción, otra de sus promesas que llevó a tantos a creer en él. En muchos sentidos, elegir a Silvio Berlusconi como primer ministro fue un autogol que se marcaron los italianos (¡cuatro veces!).

Los británicos acaban de hacer lo mismo.

Quizá el ejemplo más temprano y más ilustrativo del autogol británico nos lo ha ofrecido el Gobierno local de Cornualles. El 56,5 por ciento de quienes votaron en ese condado del sureste de Inglaterra lo hicieron a favor del Brexit, lo que quiere decir que allí el entusiasmo con la ruptura con Europa es mayor que el promedio de Reino Unido. Pero la celebración de esa victoria les duró poco. La misma mañana en que se supo el resultado favorable a la salida de la Unión Europea, el Consejo de Cornualles emitió un llamado urgente exigiendo que se les garanticen los sesenta millones de libras anuales que durante diez años ha recibido de Europa. Y Cornualles no será el único caso de autogol. Una sorprendente estadística revela que las regiones de Reino Unido que más exportan a Europa fueron las más proclives a votar a favor del Brexit. Cabe suponer que en esas zonas será donde más puestos de trabajo se van a perder al disminuir las exportaciones. Otro triste ejemplo lo ofrece la doctora Anita Sharma: «He dedicado mi carrera a la investigación sobre el cáncer, que ha sido posible gracias a los fondos de la Unión Europea. Espero que los que votaron a favor del Brexit entiendan la devastación que esto va a causar en la medicina». Reino Unido y Alemania son los países que más subvenciones europeas reciben para la ciencia.

La respuesta más común a este tipo de observaciones es que el voto a favor del Brexit está motivado más por el temor al «exceso» de inmigrantes y su impacto social y cultural que por cálculos económicos. Sin embargo, otra paradoja que revelan las estadísticas es que esa inquietud es más anticipatoria que real. Las regiones donde más concreta y real es la experiencia con los inmigrantes votaron a favor de permanecer en la Unión Europea.

«Recuperemos el control» es el eslogan que hábilmente utilizó la campaña a favor del Brexit. Esta es la ilusión —retomar un presunto control perdido— que se vendió bien en Reino Unido y que se va a vender bien en otros países de Europa por la cohorte de «terribles simplificadores», demagogos y oportunistas que hoy proliferan en el continente. Los devastadores resultados de esta búsqueda de «control» tardaron solo horas en aparecer. El más dramático es que la devaluación de la moneda, que provocó la vertiginosa caída de la libra esterlina a niveles de 1985, ya ha hecho contraer drásticamente la economía.

«Recuperar el control» le está resultando prohibitivamente costoso a los británicos. Y más aún porque es una ilusión falsa. En el mundo de hoy el control que prometen los demagogos no existe. Quizá esta sea una de las muchas lecciones que dejará el Brexit. Otra lección —que está por verse— es si las sociedades aprenden de los errores que otros cometen.

27 de junio de 2016

Autogoles europeos

«Europeísta: 1. adj. Que simpatiza con Europa. 2. adj. Partidario de la unidad o de la hegemonía europeas».

Basándome en esta definición del diccionario, soy un europeísta. Sí, ya sé. Esta no es una causa fácil de defender en estos tiempos. La lista de carencias, frustraciones e hipocresías del «proyecto europeo» es larga. La conocemos.

No obstante, a pesar de sus graves y obvios defectos, sigo creyendo que una Europa más fuerte es indispensable no solo para los ciudadanos del Viejo Continente, sino para todos los habitantes del planeta. Y para que Europa sea fuerte es necesario que esté más integrada y cada vez más capaz de actuar en concierto.

Mi europeísmo se basa en la convicción de que el mundo sería mejor si los valores europeos predominaran sobre los que hoy definen la Rusia de Vladímir Putin, la China de Xi Jinping o tantas otras partes del mundo donde la democracia y la libertad no son pilares fundamentales.

Pero los vientos que soplan en estos tiempos apuntan más a la desintegración del continente que a su integración; a un futuro con menos Europa que con más Europa. La posible salida de Reino Unido de la Unión Europea, en caso de que el Brexit gane el referéndum de esta semana, sería solo un ejemplo extremo de los autogoles que se están metiendo los europeos. La proliferación de políticos ultranacionalistas y con propuestas antiinmigrantes es otro lamentable, pero muy real, ejemplo de estos autogoles.

Sobre todo esto arrojan interesantes luces recientes encuestas de opinión pública en Europa llevadas a cabo por el Pew Research Center. En siete de las diez naciones en las que se hicieron los sondeos, más de la mitad de los encuestados opina que su país debe concentrarse en atender sus propios problemas y dejar que los demás países se las arreglen como puedan con los suyos. En Grecia es donde esta opinión es más popular (83 por ciento de los encuestados) seguida por Italia (67 por ciento) y Francia (60 por ciento). España es el país donde esta opinión es comparativamente menos popular (40 por ciento).

En general, los europeos creen que su país de origen es hoy menos importante de lo que era hace una década. El 52 por ciento de los italianos, 50 por ciento de los españoles, 46 por ciento de los franceses y 40 por ciento de los británicos piensan que Italia, España y Reino Unido, respectivamente, han perdido influencia en el mundo. La excepción son, por supuesto, los alemanes: el 62 por ciento de los encuestados consideran que Alemania es hoy más importante.

La percepción de que el peso de su país en el mundo está en declive es consistente con la percepción de gran vulnerabilidad y graves amenazas a la seguridad nacional que sienten muchos europeos. El terrorismo del Estado Islámico encabeza la lista de riesgos en nueve de los diez países encuestados. Para casi todos los españoles (93 por ciento) y la gran mayoría de franceses (91 por ciento) e italianos (87 por ciento), el Estado Islámico es el principal peligro.

Las otras dos amenazas más frecuentemente mencionadas son el cambio climático (66 por ciento en promedio y un temor que comparte más de la mitad de los encuestados en todos los países sondeados) y la inestabilidad económica global (60 por ciento). Cabe destacar que la percepción del cambio climático como una de las más graves amenazas ha venido aumentando. Eso pensaba en 2013 el 64 por ciento de los españoles, mientras que ahora lo piensa el 89 por ciento. En Francia, esa percepción pasó del 64 por ciento entonces al 73 por ciento hoy, y en Italia del 56 por ciento al 72 por ciento.

Sorprendentemente, la crisis provocada por la masiva llegada de refugiados no suscita grandes temores. En Holanda, el 64 por ciento no califica la crisis como una gran amenaza y lo mismo piensan el 76 por ciento de los suecos y el 58 por ciento de los españoles. En contraste, el 73 por ciento de los polacos, el 69 por ciento de los húngaros y el 65 por ciento de los italianos sí consideran la reciente ola de migrantes una seria amenaza. Pero, en general, en la decena de países estudiados, más de la mitad de los encuestados no cree que constituya un riesgo mayor.

Quizá uno de los hallazgos más inesperados de estos sondeos es el apoyo del que aún goza la Unión Europea. El 74 por ciento de los encuestados desea que este organismo tenga más protagonismo internacional. Los tres países donde esta esperanza es mayor son España (90 por ciento), Francia (80 por ciento) e Italia (77 por ciento). Incluso más de la mitad de los británicos (55 por ciento) también quiere esto.

¡Qué sorpresa!

Es bueno saber que hay más europeístas de lo que a veces parece.

18 de junio de 2016

Las convulsiones de América Latina: tres mitos

El mundo no está interpretando correctamente los cambios que están ocurriendo en América Latina. En particular, se han popularizado tres ideas que, si bien tienen algún asidero en la realidad, no reflejan de forma adecuada lo que está sucediendo en la región.

1. América Latina repudió a la izquierda y giró a la derecha. No es así. Los votantes latinoamericanos no han experimentado una profunda mutación ideológica, sino una profunda desilusión económica. Los gobiernos de izquierda que rigieron los destinos de América Latina desde comienzos del siglo XXI contaron con el dinero generado por los altos precios internacionales de las materias primas que exportan para estimular masivamente el consumo. Esto, resulta obvio, los hizo muy populares. Al caer el precio de las exportaciones y, por lo tanto, la capacidad del Estado para seguir financiando el consumo colapsó el apoyo popular a esos mandatarios. La familia Kirchner dejó el poder en Argentina y su candidato perdió las elecciones. En Brasil, Dilma Rousseff está fuera y Lula da Silva, desprestigiado. En Venezuela, el sucesor de Hugo Chávez, Nicolás Maduro, preside una inédita catástrofe económica y política. En Perú, Pedro Pablo Kuczynski, un empresario, será el próximo presidente. En Bolivia, Evo Morales fue derrotado en su intento de cambiar la Constitución para poder optar a un nuevo periodo presidencial.

Pero estas élites políticas de «izquierda», ahora desplazadas, no estarán fuera de juego para siempre. Las correcciones a la política económica que se verán obligados a hacer los nuevos gobiernos latinoamericanos serán impopulares y crearán oportunidades para los políticos que sepan capitalizar la nostalgia por los buenos tiempos de Chávez, Kirchner y Lula.

2. Se acabó el populismo. No. La propensión de los políticos a decir lo que los votantes quieren oír nunca se acaba. Esta es una práctica de la izquierda y de la derecha, de laicos y religiosos, de verdes e industrialistas. Ningún político se puede dar el lujo de desdeñarla y por eso el populismo existe en todas partes, de Estados Unidos a Sudáfrica. El populismo se vuelve un problema cuando los políticos pierden todo reparo en proponer lo que saben que no podrán cumplir, en promover seductoras políticas que en la práctica son tóxicas o en lanzar iniciativas que dividen a la sociedad. Y, por supuesto, un problema aún mayor es que la deshonestidad de unos cuantos políticos populistas es la ingenuidad de los millones de seguidores que se creen sus atractivas mentiras.

La abundancia económica que vivió América Latina a comienzos de este siglo permitió que el populismo «de siempre» se transformara en «superpopulismo», alcanzando así los niveles sin precedentes que vimos en la Venezuela de Chávez y en la Argentina de los Kirchner. Ese populismo desbocado es lo que se acabó. No porque la gente ya no crea en las malas pero atractivas ideas promovidas por los populistas, sino porque ya no hay dinero para financiarlas. Así, volverá el populismo «normal».

3. América Latina por fin está luchando contra la corrupción. En parte sí. Pero… no hay duda de que la defenestración política de la presidenta de Brasil tiene mucho que ver con el gigantesco escándalo de corrupción que ocurrió durante su mandato y el de su predecesor, Lula da Silva. El presidente de Guatemala también fue destituido y está en la cárcel acusado de corrupción. En México, la Administración Peña Nieto está muy debilitada por los escándalos que implican a varios de sus principales líderes. Michelle Bachelet en Chile también se ha visto afectada por un escándalo que ha alcanzado a su hijo y a su nuera. En Argentina, la expresidenta Cristina Fernández y personas de su entorno más cercano enfrentan graves acusaciones.

Las marchas multitudinarias de protesta contra la corrupción se han hecho comunes en muchos países latinoamericanos. El repudio popular a la corrupción también ha servido de apoyo a nuevos protagonistas que están marcando una diferencia en esta lucha: jueces, fiscales y magistrados valientes que se están enfrentando con éxito a los corruptos, incluso a los que por su poder político o económico parecían intocables.

Esta nueva intolerancia a la corrupción es tan bienvenida como los éxitos de los jueces «cazacorruptos». Pero hay que tener cuidado. La lucha contra la corrupción no debe depender de la buena voluntad o de la valentía de individuos, sino de instituciones y reglas que desincentiven la corrupción, eliminen la impunidad y aumenten la transparencia en los actos de gobierno. Publicar los presupuestos públicos en internet y permitir que todos sepan cómo se gastan los dineros de la nación, reducir el número de decisiones discrecionales que pueden tomar los funcionarios o desarrollar un marco legal eficiente y confiable son ejemplos de maneras más serias de luchar contra la corrupción que apostar a la aparición de un presidente honesto o un juez valiente.

13 de junio de 2016

Regalar dinero: ¿idea inevitable?

Hoy los suizos decidirán en un referéndum si el Estado le va a dar a sus ciudadanos alrededor de 2.500 euros cada mes. ¿A cambio de qué? De nada. Esta consulta es muy importante. No porque la propuesta vaya a ganar (según las encuestas, no tendrá los votos necesarios), sino porque puede ser la precursora de una tendencia mundial. De hecho, en varios países ya se está probando la idea de garantizar un ingreso mínimo y sin condiciones a los ciudadanos. En Finlandia, el Gobierno seleccionó al azar a diez mil adultos a quienes durante dos años pagará 550 euros mensuales. El objetivo es medir el impacto que tendrá ese ingreso en la propensión a trabajar y otras decisiones de vida que toman los beneficiarios. Si esta prueba tiene éxito, la intención del Gobierno finlandés (¡que es de derecha!) es extender este esquema a nivel nacional. Experimentos parecidos se están llevando a cabo en Canadá, Holanda o Kenia.

Los defectos y problemas de esta idea son obvios. Tener un ingreso garantizado puede desestimular el trabajo. Darle una compensación material a una persona sin que a cambio haya producido algo de valor es una propuesta cuestionable tanto desde el punto de vista económico como social y ético. Los riesgos de corrupción y clientelismo político que traen consigo iniciativas de este tipo son altos. Finalmente, no es una idea barata. Este tipo de subsidios pueden transformarse en una pesada carga para el Estado y crear gigantescos y crónicos déficits en el presupuesto público.

Sin embargo... puede ser una idea inevitable.

No hay duda de que la globalización y las nuevas tecnologías han creado inmensas oportunidades para la humanidad. De la disminución de la pobreza a nivel mundial a los avances en medicina o el empoderamiento de grupos sociales históricamente marginados, el progreso es obvio. Pero es igual de obvio que la globalización y las tecnologías que reemplazan a trabajadores por máquinas también tienen efectos nocivos. La destrucción de puestos de trabajo, la compresión de salarios y, en algunos países —sobre todo en Estados Unidos y Europa— el aumento de la desigualdad, tienen diversas causas. Pero sabemos que tanto la globalización como la automatización contribuyen a crear condiciones que nutren mucho el populismo y el tóxico extremismo político que estamos viendo en tantos países.

Para muchos, la respuesta es que, si bien las nuevas tecnologías destruyen industrias, también crean otras que producen tantos o más empleos que los que desaparecen. Ya está sucediendo. No obstante, a medida que se acelera el cambio tecnológico y se popularizan robots que, a bajo costo, pueden hacer muchas de las tareas que hoy desempeña un trabajador, crece la preocupación de que las nuevas industrias y los nuevos puestos de trabajo no aparecerán ni en la cantidad ni al ritmo necesarios para compensar las pérdidas de empleo y la reducción salarial. Ante esta situación, las respuestas que da el mundo son tres.

1. Más educación y capacitación para los trabajadores desplazados. Esto es prioritario. Pero la realidad es que, si bien hay éxitos ocasionales en este ámbito, el resultado de los esfuerzos de formación ha sido decepcionante. En la mayoría de los países —aun en los más avanzados— los presupuestos dedicados a capacitar a los trabajadores desplazados han sido poco generosos, los programas diseñados para ello son poco eficaces y las burocracias encargadas de implementarlos suelen ser ineficientes. Cambiar esto es urgente.

2. Más proteccionismo. Donald Trump, por ejemplo, es solo uno de los políticos que hoy proliferan en el mundo y que prometen proteger el empleo reduciendo tanto el número de inmigrantes que compiten con trabajadores locales como el volumen de productos importados, que, por ser más baratos, desplazan la producción nacional. No es difícil imaginar a uno de estos demagogos prometiendo

que, de ganar las elecciones, prohibirá el uso de robots y otras tecnologías «mataempleos». Que estas propuestas no son una solución y que, en muchos casos, ni siquiera se pueden aplicar no parecen ser obstáculos para que millones de personas se entusiasmen con las promesas de los populistas. Temo que algunos países acabarán adoptando estas malas ideas.

3. Más ingresos mínimos garantizados. Así es. Regalar dinero a cambio de nada. Puede ser una idea descabellada. Pero en un mundo en el que nueve robots de bajo costo pueden hacer el trabajo de ciento cuarenta obreros (¡en China!), hay que estar abierto a examinar todas las opciones. Aun aquellas que puedan parecer —o ser— descabelladas. Unos niveles altos y permanentes de paro son inaceptables e insostenibles. Por ello hay que probarlo todo, entendiendo siempre que gobernar raras veces implica escoger entre una política maravillosa y otra espantosa. Lo más usual es que quienes gobiernan se vean obligados a escoger entre lo malo y lo terrible.

5 de junio de 2016

Un test y varios robots

Comencemos con un test. ¿El texto a continuación fue publicado
a) en 1961; b) en 1987, o c) la semana pasada?

«El número de puestos de trabajo que se pierden debido a máquinas más eficientes es solo parte del problema. Lo que más preocupa a los expertos es que la automatización puede impedir que la
economía produzca suficientes nuevos empleos [...]. En el pasado,
las nuevas industrias contrataban a muchas más personas de las que
perdían su trabajo en las empresas que cerraban por no poder competir con las nuevas tecnologías. Hoy, esto ya no es cierto. Las nuevas industrias ofrecen comparativamente menos empleos para trabajadores no cualificados o subcualificados, es decir, la clase de
trabajadores cuyos puestos están siendo eliminados por la automatización».

¿La respuesta correcta? A) 1961.

La cita es de un artículo de la revista *Time* de febrero de ese año.
Pero podría haber sido publicado la semana pasada. Y en 1970, 1987,
1993 o en cualquier momento del último medio siglo. La preocupación por las tecnologías que destruyen puestos de trabajo se ha hecho
crónica. Y, hasta ahora, infundada. Gracias a las nuevas tecnologías
aparecieron nuevas industrias que crearon más empleos de los que se
perdieron por razones tecnológicas y aumentaron tanto la producti-
vidad como los ingresos de los trabajadores. Esto ya lo había pronos-
ticado en 1942 el economista Joseph Schumpeter, quien llamó a este
fenómeno «destrucción creativa». Según él, «en la economía se da un
proceso de mutación industrial que incesantemente revoluciona la

estructura económica desde dentro destruyéndola, para luego crear una nueva».

Y así ha sido. Hasta ahora.

Pero hay quienes creen que «esta vez es diferente» y que la destrucción de puestos de trabajo derivada de los revolucionarios cambios tecnológicos es de tal magnitud y ocurre a una velocidad sin precedentes. Opinan que las nuevas industrias y ocupaciones que seguramente van a aparecer ni llegarán a tiempo ni serán suficientes para dotar de un empleo y de un salario digno a los millones de trabajadores desplazados por las nuevas tecnologías. En las últimas semanas he tenido la oportunidad de visitar diferentes centros de innovación y conversar con algunos de los líderes mundiales en el campo de la tecnología de la información y la robótica. Como siempre, en este ambiente se respira un optimismo contagioso. Pero también encontré mucha preocupación acerca del impacto de las nuevas tecnologías y muchas dudas sobre la capacidad de la sociedad, de la economía y de la política para adaptarse a ellas.

El jefe de una conocida empresa tecnológica, que me pidió que no divulgase su nombre, me dijo: «Pronto lanzaremos al mercado un robot que podrá llevar a cabo muchas de las tareas que ahora se le dan a quienes tienen educación secundaria o menos que eso. El robot solo va a costar veinte mil dólares. Y no somos los únicos; nuestros competidores en distintas partes del mundo están en lo mismo. Cuando estos robots baratos, confiables y eficientes se popularicen, no tengo idea de cuáles serán los trabajos que se le podrían ofrecer a personas que no tengan habilidades y destrezas superiores a las que se aprenden en la escuela secundaria. Pero también creo que esta revolución tecnológica es imparable. No sé cuál es la solución».

En otro ejemplo, por estos días Uber ha anunciado el inicio de las pruebas de coches sin conductor. Y no es solo Uber. Google, Mercedes-Benz, General Motors, Toyota y Tesla son solo algunas de las decenas de empresas que están invirtiendo en esta tecnología. Los vehículos sin conductor son tan inevitables como el robot de veinte mil dólares.

Sobre esto, Andy Stern, el anterior presidente del sindicato estadounidense SEIU, ha dicho que la popularización de los vehículos sin conductor destruiría millones de empleos. «En Estados Unidos hay tres millones y medio de conductores de camiones y por eso veo la posibilidad de que se dé la mayor dislocación del mercado laboral en la historia de la humanidad», afirma.

Pero Marc Andreessen, uno de los más respetados inversionistas de Silicon Valley, y fundador entre otras empresas de Netscape, tiene una opinión por completo diferente y mucho más optimista. Según él, «los robots no van a producir desempleo sino que van a desatar nuestra creatividad. Defender la idea de que un enorme grupo de personas no va a tener trabajo porque no tendremos nada que ofrecerles es apostar en contra de la creatividad humana. Y a mí siempre me ha ido bien cuando he apostado a favor de la creatividad humana».

Andreessen tiene razón. Pero necesitamos con urgencia aplicar la máxima creatividad para hacer menos traumática esta transición. Cómo garantizar un cierto nivel de ingreso para quienes sufren las consecuencias negativas de esta revolución tiene que formar parte de cualquier conversación sobre el maravilloso potencial de las nuevas tecnologías.

29 de mayo de 2016

Obama, el decepcionado

No hay duda de que Barack Obama termina su presidencia habiendo decepcionado a muchos de quienes, con sus votos, lo llevaron a la Casa Blanca en 2008.

Las decepciones son muchas y varían con cada grupo. Para algunos es que Obama no haya clausurado la cárcel en Guantánamo, para otros es el uso de los drones, o no haber intervenido militarmente en Siria, haberlo hecho en Libia o haber pactado con Irán. También el no haber mandado más banqueros a la cárcel, o haber dejado que la desigualdad en Estados Unidos siga tan alta y los salarios tan bajos. Y la lista, por supuesto, sigue.

El presidente responde enfatizando sus logros, comparando la mejor situación actual que deja con las graves crisis que heredó y señalando las restricciones financieras, políticas e internacionales que limitaron su capacidad para hacer más. No hay duda de que Obama vivió de manera muy directa las limitaciones que tiene el poder en estos tiempos. Y ello lo ha llevado a tener su propia lista de decepciones. No es solo que el presidente ha decepcionado a muchos, sino que muchos también lo han decepcionado a él.

Últimamente, Barack Obama se ha dado a reflexionar muy públicamente sobre su experiencia presidencial. En largas sesiones con periodistas y en discursos cargados de introspección, el presidente ha dejado entrever algunas de sus desilusiones.

Quizá el más obvio de sus desengaños es con algunos líderes de países aliados. David Cameron y Benjamin Netanyahu son dos ejemplos. En una importante entrevista con Geoffrey Goldberg en la revista *The Atlantic*, Obama fue muy cándido en culpar a Cameron en particular, y a otros líderes europeos como Nicolas Sarkozy, por dejar que Libia se convirtiera en el desastre que hoy es. Según Obama, la estabilización y reconstrucción de Libia después de haber derrocado a Muamar el Gadafi, era una tarea que le correspondía a Europa y que, una vez más, el continente ignoró irresponsablemente, esperando que Washington viniera al rescate. La incapacidad de Europa para desempeñar un papel internacional proporcional a su peso en el mundo es una de las desilusiones más claras que se lleva Obama de su paso por la Casa Blanca. Él ya lo sabía, pero lo confirmó viviendo en persona el fracaso de Europa para actuar como el poder global que es en negociaciones que son críticas para su propio futuro.

El primer ministro israelí también ha sido una constante fuente de irritación para su homólogo estadounidense. Obama está convencido de que él ha sido un aliado leal, generoso y confiable de Israel y que, en cambio, Netanyahu ha sido un socio desleal, desagradecido y desdeñoso. La determinación de Netanyahu de permanecer en el poder como sea en la huracanada política interna de su país lo ha llevado a asumir conductas inaceptables para quien dice ser un aliado. Su famoso discurso ante el Congreso de Estados Unidos, en la víspera de las reñidas elecciones israelíes (orquestado a espaldas de la Casa Blanca, en coordinación con los líderes del Partido Republicano), y que Netanyahu utilizó para denunciar la política de Obama, es solo uno de los múltiples ejemplos que seguramente han reducido la simpatía que el presidente tiene por Bibi.

Los líderes de los principales países árabes, y en especial de Arabia Saudí, también están en la lista de los desencantos del presidente estadounidense. Obama ha sido muy explícito con respecto a la urgencia con la cual el mundo árabe debería encarar las disfunciones y fallas que impiden que cientos de millones de sus jóvenes puedan aprovechar las oportunidades del mundo de hoy sin por ello abandonar su fe y sus tradiciones. O la necesidad de superar el milenario enfrentamiento entre suníes y chiíes que causa inenarrable violencia y sufrimiento. Obama sabe que sus exhortaciones en este sentido han llegado a oídos sordos. Y que de esta sordera se nutre una de las principales fuentes de inestabilidad del mundo contemporáneo.

Pero quizá la mayor frustración del presidente de Estados Unidos es con las élites de su país. Élites cada vez más fragmentadas y cuya necesidad de defender sus privilegios las hacen incapaces de actuar con una visión de país y de largo plazo. En esto no son únicas y reflejan una tendencia mundial observable cada vez en más países.

En el caso Estados Unidos, Obama ha sido explícito al señalar que son los círculos políticos que no saben qué hacer para detener a Donald Trump los mismos que durante años legitimaron la miope narrativa que hoy encarna el virtual candidato presidencial del Partido Republicano. Son los grupos que prometieron que hacer fracasar la presidencia de Obama era su prioridad, que sembraron dudas sobre la verdadera nacionalidad del presidente o la posibilidad de que fuese un musulmán radical infiltrado en la Casa Blanca, que su reforma sanitaria llevaría a la creación de «paneles de la muerte» que decidirían qué ancianos tendrían derecho a cuáles tratamientos médicos o que, como repetía Marco Rubio, el verdadero propósito de Obama es debilitar a Estados Unidos.

Ante todo esto, cualquiera se sentiría desilusionado.

11 de mayo de 2016

Un milagro en Barcelona

«Suceso o cosa rara, extraordinaria y maravillosa». Así define la palabra «milagro» el *Diccionario de la lengua española*.

La semana pasada presencié un suceso raro, extraordinario y maravilloso al mismo tiempo. Asistí por primera vez a la fiesta de Sant Jordi en Barcelona.

Todos los años, el 23 de abril, las Ramblas de la capital catalana se llenan de rosas, libros y gente.

La celebración del día de San Jorge, patrón de esa región, es, por supuesto, muy antigua. Vinculada a la leyenda del santo, en el siglo XV se popularizó la costumbre según la cual ese día los hombres le dan a su amada una rosa roja. A partir de los años treinta, la festividad coincidió con la celebración del Día del Libro. Y entonces se inició la práctica de que, a cambio de la rosa, las mujeres regalan un libro a su amado.

Afirmar que estas costumbres han calado no le hace justicia a lo que sucede en Barcelona ese día. Allí, el sábado 23 de abril se vendieron un millón seiscientos mil libros y cerca de seis millones de rosas. Casi mil librerías instalaron puestos en las Ramblas, por donde se estima que pasearon más de un millón de personas. Cientos de autores, muchos venidos de otros países, firmaron ejemplares de sus libros a sus lectores. Ese sábado las librerías facturaron cerca de veintiún millones de euros, cifra que equivale al 10 por ciento de sus ventas de todo el año.

La multitud de personas, de parejas de jóvenes y de ancianos, familias completas, madres con sus bebés y gente muy variada y de todas las edades interesadas en libros, en conversar con sus autores favoritos —o con otros de los que nunca habían oído hablar— o en simplemente en pasear por calles llenas de rosas y de libros creó un ambiente maravilloso. En otras partes del mundo, los eventos al aire libre que atraen a millones de personas suelen ir acompañados tanto de un alto consumo de alcohol como de una cierta inseguridad. No en Sant Jordi. No vi a nadie pasado de copas ni con actitudes amenazantes o agresivas. Y si bien, al igual que el resto de Europa, España está en nivel alto de alerta ante la amenaza de nuevos atentados terroristas, ese peligro parecía estar lo más distante de la mente de quienes tomaron las calles. Ese día la criminalidad callejera, la violencia o el terrorismo no existían. Esta es una fiesta de convivencia y cultura como es raro encontrarla en otras partes.

Tan es así, que Markus Dohle, uno de los participantes extranjeros, me comentó que su sueño sería tener un evento como el de Sant Jordi en Manhattan, donde él vive. «¿Te imaginas Broadway llena de tiendas vendiendo libros?», me dijo. No es un deseo desinteresado. Dohle es el jefe máximo de Penguin Random House, uno de los imperios editoriales más grandes del mundo, y sus oficinas principales están en Broadway. Dohle no fue el único visitante extranjero que vivió con envidia la experiencia de Sant Jordi. Muchos de quienes venimos de otros países nos imaginamos la posibilidad de promover algo igual de ambicioso en nuestras ciudades. Hay muchas ferias y festivales de libros. Algunas hasta son más grandes. Pero en ninguna se respira el ambiente de alegría y civilización que se da en Sant Jordi. Por eso sorprende lo relativamente poco conocido que es este evento fuera de España. La oportunidad de convertirlo en un destino internacional se debe aprovechar.

Otra de las razones por las que sentí que en Barcelona se estaba viviendo un milagro es que, en teoría, la pasión por el libro, y concretamente por el libro de papel, ya no debería existir —o al menos no con la fuerza que percibí en Sant Jordi—. Hoy se nos dice que los libros impresos están en vías de extinción. Que no pueden competir en costo y comodidad con los libros electrónicos, y que en el futuro solo serán piezas decorativas o reliquias de museo. Los expertos también nos dicen que las redes sociales y otras revoluciones en las tecnologías de la información y la comunicación hacen que nuestra atención esté cada vez más fragmentada y que tengamos constantes distracciones, todo lo cual no conduce a la lectura. En esta época dominan los ciento cuarenta caracteres de un trino en Twitter, no las quinientas páginas de un buen libro. ¿Quién tiene tiempo hoy en día para leer libros?

Pero pareciera que de nada de esto se han enterado los apasionados lectores que concurrieron a Sant Jordi. Ellos siguen leyendo. Y en papel. Y, así, todos los años crean una «cosa rara, extraordinaria y maravillosa».

Esta semana no me siga en Twitter. Lea un libro.

5 de mayo de 2016

Una historia panameña
(y no es la que usted imagina)

Se le aguó la fiesta a Panamá. En vez de estar celebrando la ampliación de su icónico canal, el pequeño país centroamericano ha consolidado su imagen como el lugar que utilizan los poderosos del mundo para esconder dinero. Alguien entregó a los medios de comunicación la información secreta de miles de empresas con base en Panamá que servían para mantener el anonimato de sus propietarios. Su publicación seguramente tendrá un impacto igual o mayor al que tuvieron los documentos filtrados por Wikileaks o de Edward Snowden.

Pero hay otra interesante historia panameña que nada tiene que ver con lo que se ha dado en llamar Papeles de Panamá. Tiene que ver, en cambio, con comercio internacional, dictaduras, internet, calentamiento global y… China.

Comienza con la decisión de Panamá, en 2006, de duplicar la capacidad del canal que le ahorra 12.700 kilómetros de navegación a los barcos que transitan entre Asia y Europa. En vista del aumento del comercio mundial, que ha triplicado su volumen desde los años cincuenta, las autoridades panameñas pensaron que era una buena idea ampliar el canal para que más barcos y más mercancía pasaran por él y aumentar así los ingresos del país. Esta suposición parecía muy segura cuando el comercio internacional crecía cada año al doble de la tasa a la que se expandía la economía mundial. Pero ahora se ha desacelerado: 2015 fue el quinto año seguido en que el crecimiento del comercio internacional cayó por debajo de su promedio histórico, una tendencia que no se había visto desde la década de 1970 y que continuará este año. En 2007, los flujos internacionales de fondos,

398

bienes y servicios llegaron a ser el 53 por ciento de la economía global. En 2014 cayeron al 39 por ciento.

¿Es esta desaceleración de las exportaciones e importaciones entre países simplemente una mala racha transitoria? En parte sí. Pero, según el Fondo Monetario Internacional, el menor dinamismo del comercio entre países también se debe a causas más estructurales y permanentes. Si bien hay varias razones para este declive, dos muy importantes son China e internet.

El gigante asiático, además de crecer menos, está intentando pasar de una economía basada en las exportaciones y la manufactura a una en la que el consumo interno y los servicios tengan más peso. Adicionalmente, las fábricas chinas están fabricando más productos intermedios que antes importaban. Ambas cosas reducen el comercio internacional de China. Pero hay más. Mientras el comercio de productos se desacelera, el flujo internacional de información digital está en pleno auge: se ha duplicado tan solo entre 2013 y 2015. La consultora McKinsey estima que, en 2016, los individuos y las organizaciones mandarán veinte veces más datos a otro país que en 2008. Una de las innovaciones que tiene enormes consecuencias sobre el comercio mundial es la tecnología de impresión en tres dimensiones. Hoy se pueden mandar por correo electrónico instrucciones para que una impresora en cualquier parte del mundo manufacture, por ejemplo, una pieza de avión. General Electric calcula que, para el año 2020, enviará cien mil partes alrededor del mundo a través de internet y no de barcos.

Pero el canal de Panamá no solo enfrenta una menor demanda potencial de sus servicios, también más competencia. Wang Jing, un empresario chino, anunció en 2013 que construiría un canal alternativo a través de Nicaragua. Esta obra requeriría el mayor movimiento de tierra de la historia del planeta e implica enormes riesgos para el medio ambiente. Su financiamiento era y sigue siendo misterioso y su viabilidad, dudosa. Pero la limitada democracia que hay en Nicaragua permite al presidente Daniel Ortega ir adelante y dar su entusiasta apoyo a Wang, un empresario tan opaco como el proyecto que promueve.

Obviamente, de construirse, el canal nicaragüense le quitaría mercado y rentabilidad al panameño. Pero pocos creen que llegue a ser una realidad.

Lo que sí es una nueva e imparable realidad es el calentamiento global que está derritiendo el Ártico y permitiendo que los barcos de carga naveguen a través de lo que solía ser una barrera de hielo infranqueable. El uso de esta ruta del norte es aún poco frecuente, pero de seguir la actual tasa de deshielo, en el futuro un barco de carga podrá ahorrarse por esta vía dos semanas de navegación para ir de Shanghái a Hamburgo. O el costo de pagarle a Panamá por usar su canal.

Es así como el pequeño istmo centroamericano se ha vuelto un interesante laboratorio en el que se pueden observar los efectos de las grandes tendencias globales que moldean el mundo de hoy —de la corrupción en China al cambio climático o internet.

Y allí también se confirma, una vez más, el mensaje central de Pedro Navaja, el protagonista de la canción del salsero panameño Rubén Blades: «La vida te da sorpresas».

17 de abril de 2016

El mayor peligro es el continuismo

El populismo nunca se va a acabar, ni en América Latina ni en el mundo. El populismo es de derechas y de izquierdas, de los políticos ambientalistas y de quienes niegan el cambio climático, de los proteccionistas y de quienes promueven la apertura económica. Se encuentra entre los políticos más religiosos y entre líderes laicos.

Mientras haya personas que quieran oír promesas que les hagan sentirse bien, habrá políticos que les dirán lo que quieren oír. En un mundo de cambios tan acelerados, de nuevas amenazas difíciles de entender, y lleno de incertidumbres, quienes prometen seguridad y certezas, dan garantías y alivian ansiedades, atraen seguidores.

El problema con el populismo que existió en América Latina en la primera década y media del siglo XXI es que fue amplificado por la bonanza económica que vivió la región. Ahora la bonanza terminó y, con su final, también se acabó la posibilidad de financiar el hiperpopulismo que se vivió en Venezuela o Argentina y, con menores excesos, en el resto de la región.

No hay duda de que los resultados de las elecciones presidenciales en Argentina, de las legislativas en Venezuela, la derrota del referéndum a través del cual Evo Morales buscó continuar en la presidencia de Bolivia, así como la caída del apoyo popular a Rafael Correa, se deben a la fatiga de los votantes con regímenes que los han gobernado por más de una década.

Pero hay más. La mala situación económica también disminuyó la tolerancia de la población hacia la corrupción. La separación de la presidencia de Guatemala por vías institucionales de Otto Pérez Molina, las masivas protestas populares que piden la renuncia de Dilma Rousseff y los escándalos de corrupción que acosan a Lula da Silva y a los presidentes de México y de Chile son también señales de que la impunidad de los corruptos es menos tolerada en América Latina.

Con todo, es importante entender que una amenaza mayor que el populismo es la reelección presidencial. Si un Gobierno es inepto, indecente o insensible a los clamores de la gente, en las siguientes elecciones los votantes lo reemplazarán. Pero un mal presidente que se las arregla para perpetuarse en el poder perpetúa el mal gobierno.

Esta regla sagrada de la democracia, la alternancia, ha venido siendo violada en América Latina. Los presidentes que llegan al poder por los votos pero rápidamente se las arreglan para trampear normas, controlar el tribunal electoral, comprar legisladores, jueces y magistrados, o usar fondos públicos para su reelección, se han convertido en un fenómeno frecuente en la región.

Un truco común es promover cambios en la Constitución del país. Suele presentarse como una iniciativa para luchar contra la corrupción y la exclusión social, modernizar el Estado y otros objetivos loables. Pero el verdadero objetivo es concentrar poder en el Ejecutivo, alargar el periodo presidencial y permitir la reelección del presidente.

América Latina ha entrado en una etapa en la que los gobiernos ya no tendrán tanto dinero para programas populistas. Ojalá también entre en una en la cual ningún presidente pueda ser reelecto. Esto puede representar costos, pero serán siempre menores que los de tener presidentes que gobiernan para prolongar su estadía en el palacio presidencial. Presidentes de América Latina: un periodo y después fuera del Gobierno. Para siempre.

10 de abril de 2016

Zika, ISIS y Trump

No podrían ser más diferentes. El zika es un virus, el ISIS es un grupo terrorista y Trump es... Trump. Los tres han sorprendido al mundo. Y resulta que tienen más en común de lo que parece a primera vista. Son la versión siglo XXI de antiguos fenómenos: las epidemias, el terrorismo y la demagogia.

La epidemia del zika comenzó en 2015, el ISIS (el acrónimo en inglés del Estado Islámico) nació en 2014, y Donald Trump anunció su candidatura a la presidencia de Estados Unidos en 2015.

No obstante, ninguno de los tres es nuevo. El virus del zika fue identificado por primera vez en 1947 cuando se detectó en un mono en una selva en Uganda. Los líderes del ISIS tienen una larga trayectoria en otras organizaciones terroristas islamistas. Y ya en 1987, Donald Trump anunció a los medios de comunicación que pensaba ser candidato a la presidencia de Estados Unidos. Ese plan no prosperó, pero en 2000 participó como candidato presidencial en las elecciones primarias del Partido Reformista.

Si bien epidemias, terroristas y demagogos los ha habido siempre, sus recientes manifestaciones han cogido al mundo por sorpresa. Y sin respuestas para contrarrestar sus nefastos efectos.

Se sospecha que el virus del zika se transmite principalmente a través del mosquito *Aedes aegypti*. En febrero, la OMS declaró que tanto el súbito aumento ocurrido en Brasil de recién nacidos con defectos craneales (microcefalias) así como de personas afectadas por el síndrome de Guillain-Barré (una rara condición que afecta al sistema nervioso), constituían una preocupante emergencia internacional de salud pública. El *Aedes aegypti* es bien conocido por las autoridades sanitarias y por los científicos, pero el nuevo virus que transmite, el zika, no. Se están haciendo cuantiosas inversiones para prevenir los brotes y contener la epidemia. También se han intensificado las investigaciones científicas para encontrar vacunas y una cura a la enfermedad. Pero la realidad es que la comunidad internacional no está preparada para enfrentar la epidemia y es mucho lo que se desconoce de esta amenaza o sobre la manera de combatirla. Es un viejo virus que ha adquirido una nueva potencia.

Exactamente lo mismo puede decirse del terrorismo islamista. Existe desde hace mucho tiempo, pero su letalidad ha venido aumentando hasta alcanzar extremos inéditos. Comparado con las más recientes atrocidades de Boko Haram o del ISIS, los horrendos actos terroristas de Hezbolá o Hamás hasta podrían parecer reticentes. Incluso para Al Qaeda, la violencia del ISIS resulta inaceptable. El comando central de la organización que lideró Osama bin Laden emitió un comunicado distanciándose del ISIS y aclarando que no tiene vínculos con ellos. «Al Qaeda no es responsable de los actos del ISIS», insiste el comunicado.

Las tácticas y actuaciones del ISIS no solo han sorprendido a Al Qaeda. Su crueldad, eficacia y métodos de reclutamiento y financiación y su novedoso uso de redes sociales, así como sus tácticas militares, también tomaron por sorpresa a gobiernos con larga experiencia en lidiar con el terrorismo islamista. «El ISIS es diferente» es el resignado y reiterado reconocimiento que se oye en las agencias de seguridad de los países amenazados.

Eso mismo dicen de Donald J. Trump los líderes del Partido Republicano que intentan bloquear su candidatura y los analistas políticos que nunca imaginaron que el empresario pudiese llegar tan lejos: «Trump es diferente». Al igual que el ISIS lo ha hecho con respecto al terrorismo, las actuaciones de Trump en la política estadounidense no tienen precedente. Y no solo se trata de lo inusitados que son sus amenazantes mensajes y agresivas propuestas. Trump también ha cambiado las maneras tradicionales de financiar las campañas presidenciales, el uso de los medios de comunicación o la relación con el *establishment* de su partido. Su habilidad para hacer que millones de personas le crean promesas incumplibles o que se entusiasmen con la idea de que basta con que sea presidente para que todo vaya mejor, son realidades que tienen perplejos a los analistas.

Otro factor que el zika, el ISIS y Trump tienen en común es que los tres son, en parte, fruto de la globalización. Según reporta la revista *Science*, el virus llegó a Brasil desde la Polinesia francesa y la facilidad de viajar y el aumento de turistas con motivo del Mundial de Fútbol hizo que se propagara rápidamente. Ya hay brotes del zika en treinta países y territorios de las Américas.

Por su parte, el ISIS le debe a la globalización la facilidad con la que puede reclutar yihadistas en Europa, enviar terroristas entrenados de regreso a Occidente, vender petróleo o manejar sus finanzas internacionalmente o recolectar donaciones en todo el mundo.

¿Y que sería Donald Trump sin los mexicanos que, según él, «invaden» a Estados Unidos, los once millones de «extranjeros ilegales» que él promete extraditar o los trabajadores chinos que tienen a millones de estadounidenses desempleados?

En muchos sentidos, Trump, el magnate republicano, es tan antiglobalización como sus adversarios de la izquierda.

El zika, el ISIS y Trump son la continuación de viejos fenómenos. Pero en su versión actual son manifestaciones repotenciadas —y más peligrosas— de los fenómenos que representan. Y para las cuales no estamos preparados.

9 de abril de 2016

Los números del terrorismo

En mi artículo de la semana pasada —publicado antes de los recientes ataques en Bruselas— escribí sobre los mitos del terrorismo yihadista en Estados Unidos. Quizá el más sorprendente de los datos que allí mencioné es que, desde el 11 de septiembre de 2001 hasta hoy, solo cuarenta y cinco personas fueron asesinadas por terroristas islamistas en Estados Unidos. En comparación, en Bruselas los terroristas se cobraron treinta y una vidas en un solo día y los ataques de noviembre pasado en París mataron a ciento treinta inocentes. En 2014 hubo un total de 37.400 asesinatos perpetrados por terroristas en todo el mundo.

Para ofrecer cierto contexto sobre la tragedia de Bruselas, en este artículo amplío el foco del análisis al resto del mundo. Los datos provienen principalmente de START, el Consorcio Nacional para el Estudio del Terrorismo, un centro de investigación de la Universidad de Maryland, y de una compilación de Anthony Cordesman, experto del Centro de Estudios Estratégicos e Internacionales de Washington.

Para comenzar, cabe señalar que, si bien el terrorismo ha existido siempre, en el siglo XXI tanto el número de los ataques como el de las víctimas han aumentado considerablemente. En los últimos quince años, los atentados terroristas han pasado de menos de dos mil a casi catorce mil. Y las víctimas mortales se han multiplicado por nueve.

Pero este aumento no ha ocurrido ni en Norteamérica ni en Europa. Cinco países —Irak, Pakistán, Afganistán, Nigeria y Siria— concentran el 57 por ciento de los atentados desde el comienzo del siglo. La mayoría de los ataques no fueron contra blancos en el mundo occidental, sino entre musulmanes chiíes y suníes.

Si bien la letalidad ha aumentado, son poco frecuentes las acciones que causan más de cien muertes. Donde más veces se ha sobrepasado este número en un solo ataque es en Irak (29 veces), Nigeria (13), Pakistán (6), India y Siria (4 en cada uno). Más del 90 por ciento de los atentados terroristas alcanza sus objetivos más inmediatos, el asesinato de civiles, policías, militares o funcionarios. Esta alta tasa de éxito se debe a la proliferación del uso de explosivos caseros que con frecuencia son activados por terroristas suicidas, otra práctica que también ha aumentado de forma considerable. El 58 por ciento de todos los ataques se realiza con explosivos y un 34 por ciento con armas de fuego; el restante 10 por ciento se debe a otros métodos. Solo el 4 por ciento emplea tanto armas de fuego como explosivos, pero los expertos esperan que esta combinación aumente, ya que su letalidad es casi tres veces mayor que la de los ataques en los que solo se usan armas de fuego.

Entre 2000 y 2014, el 40 por ciento de todos los atentados terroristas fue perpetrado por grupos que no pudieron ser identificados. El 60 por ciento restante corresponde a un muy pequeño número de organizaciones: el Estado Islámico, Boko Haram, los talibanes, Al Qaeda en Irak y Al Shabab son autores del 35 por ciento de todos los ataques que ocurrieron en el mundo en los últimos quince años. Entre 2013 y 2014, el ISIS perpetró más de setecientos cincuenta ataques. Uno de los blancos preferidos de los terroristas son los medios de transporte, especialmente autobuses y trenes (concentran el 62 por ciento de los atentados en esta categoría).

El terrorismo está aumentando y también se está globalizando. Sus protagonistas, sus objetivos, sus tácticas y su manera de organizarse están cambiando. También las capacidades de los estados occidentales para hacerle frente. En algunos aspectos, las sociedades han fortalecido sus defensas contra los terroristas. En otros aún son muy vulnerables, tal como han evidenciado los ataques en Bruselas.

Las consecuencias de esas acciones terroristas en Europa (y Estados Unidos) son devastadoras, hasta el punto de que hacen tambalear importantes principios como la libre circulación o la privacidad de las comunicaciones. También impactan en el gasto público, los viajes, la convivencia y la integración dentro y entre países. En otras latitudes, los grupos terroristas llegan a amenazar la viabilidad de ciertos países y moldean las luchas geopolíticas.

En España, ETA mató a cerca de mil personas en cinco décadas. Pero las consecuencias políticas y sociales de sus actos terroristas aún se están pagando.

No hay recetas simples para enfrentarse a la amenaza del terrorismo. Es un fenómeno diverso que no tendrá una solución única. Pero dentro de esta complejidad hay una estadística que vale la pena tener en mente. La tasa promedio de homicidios en todo el mundo en 2014 fue de 6,24 muertos por cada cien mil habitantes, mientras que los muertos por terrorismo fueron 0,47. Esto quiere decir que, ese año, por cada trece homicidios hubo una persona asesinada por un terrorista.

Los números del terrorismo son relativamente bajos cuando los comparamos con otras causas de muerte. Pero sus consecuencias son desproporcionadas.

El terrorismo no es la amenaza más letal del siglo XXI. Pero está cambiando el mundo.

27 de marzo de 2016

Los mitos del terrorismo yihadista

Desde los ataques del 11 de septiembre de 2001, los terroristas han asesinado a 93 personas en Estados Unidos. Casi la mitad, 45, fueron víctimas de yihadistas. Las restantes 48 murieron a manos de terroristas que nada tenían que ver con el islam. Fueron asesinatos motivados por el odio contra médicos y enfermeras que practican abortos, por el fanatismo paranoide en contra del Gobierno o por la ideología neonazi.

El análisis de más de 330 personas sentenciadas en Estados Unidos desde el 11-S por crímenes relacionados con el terrorismo yihadista revela un perfil que contrasta con las creencias más comunes acerca de quiénes son estos terroristas. Cuando cometieron esos crímenes tenían, de media, veintinueve años. Un tercio de ellos estaban casados y otro tercio tenían hijos. Habían alcanzado el mismo nivel educativo que el promedio de la población estadounidense y la incidencia de problemas mentales en este grupo era menor que la del promedio del país. Otro dato importante es que todos los atentados letales de motivación islamista fueron perpetrados por ciudadanos o por residentes legales en Estados Unidos.

En resumen: los terroristas islamistas que han actuado en Estados Unidos después del 11-S son personas ordinarias. Y no llegaron de afuera. Son estadounidenses que han vivido siempre, o la mayor parte de su vida, en ese país. Además, vale la pena señalar que, en Estados Unidos, es tres mil veces más probable que una persona muera asesinada de un disparo de sus compatriotas, sin motivaciones ideológicas, que por un yihadista.

Estos datos de Estados Unidos provienen de *Yihad*, un reciente libro de Peter Bergen, experto en terrorismo islamista que saltó a la fama en 1997 por haber sido el productor de la primera entrevista televisada a Osama bin Laden. El libro ofrece una detallada disección de lo que Bergen llama «terroristas cosechados en casa». Estos son los estadounidenses que se radicalizan, convirtiéndose en soldados de una guerra santa contra los no creyentes, particularmente contra Occidente, y que se inspira en una extrema y distorsionada interpretación del islam. Particular preocupación generan los llamados «lobos solitarios», terroristas que actúan solos y sin haber tenido mayor contacto con redes internacionales o con otros sospechosos. Su aislamiento crea enormes dificultades para detectarlos antes de que cometan un acto terrorista.

La gran pregunta es: ¿por qué? ¿Qué hace que personas que, a primera vista, no muestran mayores diferencias con el resto de la población, decidan convertirse en yihadistas? No se sabe. Entre los expertos no hay consenso en la respuesta.

Algunas cosas, sin embargo, están claras. La radicalización de la violencia yihadista tiene determinantes y contextos diferentes en cada país. El joven francés que asesina inocentes y luego se suicida gritando «Allahu akbar» ha tenido una experiencia vital diferente a la del correligionario que ha hecho lo mismo en Estados Unidos. En Francia, por ejemplo, menos del 10 por ciento de la población es musulmana pero el 70 por ciento de su población penitenciaria lo es. Este no es el caso de Estados Unidos, aunque es el país con el mayor porcentaje de su población encarcelada. La integración de los musulmanes en la vida económica y social estadounidense es más armónica que en otros países.

Otra característica frecuente —mas no universal— entre los yihadistas es la existencia de un episodio detonador: alguna frustración personal, graves dificultades económicas, el desconsuelo por alguna pérdida de un ser querido o un fracaso amoroso.

Pero no todas las personas que pasan por algo así se vuelven terroristas.

Al yihadismo también se llega a través de procesos psicológicos más complejos y menos evidentes. La Asociación Americana de Psiquiatría ha publicado en su boletín mensual un interesante artículo que recapitula los resultados de las investigaciones más recientes sobre el tema. Los psiquiatras centran su explicación en la necesidad que tienen todos los adultos jóvenes de lograr un cierto «alivio existencial». Y añaden: «Esto implica descubrir quién es uno, adónde pertenece, qué valora, qué le da sentido a la vida, qué puede aspirar a ser y cómo puede demostrarle al mundo su valía... Para los jóvenes marginados y que a veces están en transición entre una sociedad y otra, el proceso de formación de su identidad puede ser una tarea desesperanzadora». Concluyen los psiquiatras: «Las razones por las cuales los jóvenes se unen a organizaciones terroristas tienen poco que ver con ser pobre, musulmán o psicópata y más con las vulnerabilidades de la naturaleza humana, que son exacerbadas por ciertos aspectos de las sociedades occidentales [...]. Para los jóvenes occidentales que están en transición y se sienten marginados, solitarios, perdidos, aburridos, espiritual y existencialmente desposeídos y abrumados por demasiada libertad, el ISIS y otras ideologías superficiales pero contagiosas seguirán siendo muy tentadoras como soluciones instantáneas a las profundas dificultades inherentes a la condición humana».

Esta visión psicológica no aporta muchas ideas prácticas acerca de cómo prevenir el terrorismo yihadista. Pero, al menos, desenmascara los prejuicios que pasan por hechos incuestionables y nos hace ver lo peligroso que es adoptar políticas basadas en presunciones falsas.

19 de marzo de 2016

Las sorpresas del Mediterráneo

Grecia, Turquía, Siria, Líbano, Israel y Egipto definen un área tan bella como históricamente importante y cargada de conflictos. Allí nacieron el lenguaje escrito y las matemáticas, las burocracias y la democracia, el cristianismo, el islamismo y el judaísmo, así como el Imperio bizantino, entre muchas otras ideas e instituciones que forman parte indeleble del acervo de la humanidad. Pero las naciones situadas al este del Mediterráneo también han conformado, y siguen conformando, un vecindario muy peligroso. Guerras civiles, insurrecciones, invasiones, hambrunas, genocidios, sequías, piratas y mercenarios han hecho de la región una de las más inestables del planeta.

Así, una de las sorpresas que hoy nos depara el Mediterráneo oriental es que, en este muy moderno siglo XXI, la inestabilidad de la zona ha alcanzado niveles dignos del Medioevo. En el más reciente número de la revista *Foreign Affairs*, el analista Kenneth Pollack escribe: «El Oriente Próximo moderno no ha sido un lugar tranquilo, pero nunca ha estado tan mal como ahora [...]. Oriente Próximo no había visto tanto caos desde las invasiones de los mongoles en el siglo XIII».

Como sabemos, en estos tiempos de globalización, los conflictos también tienden a globalizarse y es así como unas aisladas protestas callejeras en ciudades sirias escalaron hasta tornarse en una terrible guerra civil que contribuyó a procrear entre otros al Estado Islámico y el mayor número de personas desplazadas en Europa desde la Segunda Guerra Mundial. Pero mientras todo eso ocurre, el Mediterráneo oriental nos ha dado otra sorpresa que ha pasado más desapercibida que las tragedias que lo ensangrientan: bajo su lecho marino se han descubierto algunos de los mayores yacimientos de hidrocarburos del mundo, especialmente gas.

A comienzos de este siglo, los precios del petróleo rondaban los cien dólares por barril y eso estimuló a las empresas de energía a explorar en zonas que antes no eran económicamente atractivas. Los costos de exploración y producción eran altos, pero los precios también. Además, una serie de innovaciones tecnológicas en la búsqueda de gas y petróleo, así como avances en los métodos para explotar depósitos situados a decenas de kilómetros por debajo del lecho marino, hicieron que zonas antes intocables se volvieran comercialmente atractivas. Los nuevos esfuerzos dieron resultados. Comenzaron lentamente: se encontraron yacimientos interesantes, pero no particularmente grandes. En los últimos años, sin embargo, ha habido un boom de descubrimientos de yacimientos con enormes reservas de gas y petróleo. Según el US Geological Survey, la cuenca del Levante, que se extiende desde Egipto, al sur, hasta Turquía, al norte, contiene 122 trillones de pies cúbicos de gas y 1.700 millones de barriles de petróleo. Hay quienes calculan que hay el doble de gas y unos 3.800 millones de barriles de petróleo.

Estos son volúmenes enormes. Por ejemplo, los campos Tamar y Leviatán, descubiertos en las costas de Israel, son más grandes que la mayoría de los campos de gas del mar del Norte y sus reservas podrían suplir a toda Europa durante dos años. Y estos son solo dos yacimientos. El pasado mes de agosto, en las costas de Egipto se descubrió el campo Zohr, un yacimiento de gas equivalente a 5.500 millones de barriles de petróleo. En las aguas de Chipre también ha habido hallazgos y los esfuerzos exploratorios en el resto de la cuenca se han acelerado.

Estos descubrimientos cambian el mapa energético de la región y de Europa. Y tienen consecuencias geopolíticas enormes. Egipto, Israel y Líbano podrán exportar energía. Además, la cercanía a Europa de estas nuevas fuentes de hidrocarburos constituye una grave amenaza para Rusia. Su economía depende de manera crítica del gas que le vende a Europa y corre el riesgo de que sus competidores mediterráneos le quiten los clientes europeos. El impacto de estas nuevas riquezas en esta región tan propensa al conflicto es difícil de ponderar.

En el Levante nada es sencillo. Además de conflictos armados, guerras civiles y gobiernos precarios, hay prolongados litigios entre Líbano e Israel por la delimitación de sus fronteras, y entre Turquía y Grecia con respecto a Chipre. Estas disputas dejan en el limbo la soberanía de enormes zonas marinas.

Pero la amenaza más grave al potencial energético del Mediterráneo oriental es la caída de los precios del petróleo. Si los nuevos precios —entre 40 y 50 dólares por barril— se establecen como la norma, los recién descubiertos yacimientos de la cuenca del Levante no tendrán mayores consecuencias. En cambio, si los precios suben y nuevas tecnologías siguen abaratando los costos de producción, la energía del Mediterráneo oriental tendrá un impacto mundial que ahora es inimaginable.

12 de marzo de 2016

China: el enredo no es solo económico

En mi anterior columna describí las dificultades económicas por las que atraviesa China. El menor crecimiento económico en veinticinco años, la masiva fuga de capitales, inmensas deudas imposibles de cobrar y una fuerte caída de la bolsa de valores son algunos de los síntomas de que la economía del gigante asiático no anda bien. Las convulsiones macroeconómicas siempre generan turbulencias en otros ámbitos. A continuación, algunos de los raros microacontecimientos, que tienen macroimplicaciones para China, su Gobierno, su población e, inevitablemente, para todos nosotros.

1. El Partido Comunista reprime a la clase obrera. En enero de 2011 hubo ocho paros laborales en China. Este enero, 503. De acuerdo con el Boletín Laboral chino, en 2015 hubo 2.774 huelgas, el doble que en 2014. El aumento de la conflictividad ha llevado al Gobierno a reprimir fuertemente a los líderes de los trabajadores. Los observadores internacionales han alertado de que, si bien las organizaciones laborales chinas siempre han sufrido ataques sistemáticos y presiones del Gobierno (auditorías fiscales, violencia mafiosa, acosos policiales), la represión ha arreciado. Como señala un artículo en *The Washington Post*, el régimen parece decidido a acabar con el activismo laboral para siempre. «Es una cruel ironía que el Partido Comunista reprima a los trabajadores», concluye.

2. Empresarios que se evaporan. A Guo Guangchang lo llaman el Warren Buffet chino. Es un milmillonario que controla la empresa privada más grande de China, Fosun. En diciembre pasado, Guo desapareció. Se dijo que estaba «colaborando con ciertas investigaciones

de las autoridades». Días después, y sin mayores explicaciones, reapareció dirigiendo la asamblea de accionistas de Fosun.

A Yang Zezhu, uno de los más conocidos líderes del sector financiero chino, le fue mucho peor que a Guo. En enero, se tiró por una ventana. Dejó una nota explicando que su suicidio se debía a que el organismo disciplinario del Partido Comunista lo estaba investigando por «razones personales». Estos son solo dos ejemplos de un sorprendente número de importantes empresarios que han «desaparecido», han dimitido súbitamente, han emigrado o han sido detenidos. La lista incluye a lo más granado del sector empresarial. Se sabe que una de las prioridades del presidente Xi Jinping es la lucha contra la corrupción. Y la desaparición y detención de empresarios es, sin duda, una manifestación de esta cruzada. Pero igualmente refleja que la lucha anticorrupción sirve también para eliminar posibles rivales y consolidar el poder.

3. Los libros también desaparecen... Me refiero a los libros de contabilidad. Hace poco, la policía tuvo que usar dos retroexcavadoras para extraer de un hueco muy profundo mil doscientos libros con la contabilidad de uno de los fraudes financieros más grandes de China. Ding Ning, de treinta y cuatro años, es el fundador de Ezubao, una de las casas de inversión más conocidas. La empresa prometía un 15 por ciento de rendimiento anual a quienes depositaran allí su dinero. Así lo hicieron novecientas mil personas. Y perdieron 7.600 millones de dólares que, según se sabe ahora, Ding usó para fines propios. El de Ezubao es el más grande y visible de los fraudes que plagan al sector financiero chino. Pero no es el único.

4. Y editores, libreros y escritores... El editor Lee Bo, de sesenta y cinco años, ciudadano británico con residencia en Hong Kong, también se desvaneció en diciembre. Su esposa denunció a la policía que Lee había sido secuestrado y llevado a Pekín. Unos días después retiró la denuncia y explicó que su marido había viajado voluntariamente para ayudar a la policía china en una investigación. Otras cuatro personas asociadas a la editorial de Lee están desaparecidas desde el año pasado. Pequeño detalle: la empresa es conocida por publicar libros que son críticos con los dirigentes chinos.

Otro editor, Yiu Man, de setenta y tres años, ultimaba la publicación de *El padrino Xi Jinping*, un libro crítico escrito por el disidente Yu Jie. Pero no pudo publicarlo porque fue condenado a diez años de prisión. ¿Su crimen? El Gobierno lo acusó de haber llevado unos bidones de pintura industrial desde Hong Kong a Shenzhen sin pagar aranceles. Naturalmente, la represión a los editores hace que los libros críticos desaparezcan y sus autores se exilien, se escondan o dejen de escribir.

5. Y las palabras y los números. El profesor Frank Fukuyama acaba de identificar las palabras que desaparecieron de la edición china de su último libro. Entre otras: «Mao», «las protestas en Tiananmén», «la gran hambruna», «corrupción» y «el imperio de la ley». También hay una larguísima lista de palabras que no aparecen en los buscadores de internet o que se borran cuando se escriben en redes sociales. También se han desvanecido datos estadísticos indispensables para evaluar la situación económica. Otros han sido claramente adulterados.

En resumen: censura, propaganda, ocultamiento de información, hostigamiento y encarcelamiento de disidentes, activistas, empresarios y quienquiera que proteste contra el régimen. Estas son algunas de las respuestas de Pekín a las consecuencias sociales y políticas de su crisis económica. Los gobiernos suelen agravar las crisis con sus reacciones. Este es un ejemplo.

27 de febrero de 2016

¿Y si China se enreda?

Durante treinta y cinco años, la economía china creció, en promedio, a más del 10 por ciento anual. Esto significó que, cada siete años, los ingresos del gigante asiático se duplicaron. Así, China es hoy un país distinto al que fue durante siglos. Esta transformación no solo la representan sus modernas ciudades, su enorme sector industrial, sus exportaciones o el hecho de que sea la segunda economía más grande del mundo. El cambio más importante es que quinientos millones de chinos han dejado de ser pobres. En 1981, al comienzo de las reformas económicas, el 85 por ciento de la población vivía en condiciones de miseria, mientras que ahora los pobres son el 7 por ciento de la población.

Además, el progreso de China se irradió al resto del mundo: se convirtió en el principal comprador de materias primas, uno de los grandes exportadores de productos manufacturados, el mayor comprador de los bonos de deuda emitidos por gobiernos y empresas del mundo occidental y en un importante inversor, especialmente en países menos desarrollados. Hoy se le puede aplicar a China lo que tantas veces se dijo de Estados Unidos: si China estornuda, el mundo coge un resfriado. O más concretamente: lo que pasa en China le afecta a usted. Y en estos tiempos la economía china no solo estornuda, sino que está enferma.

Los síntomas son muchos. El más obvio es que en 2015 su economía creció a la tasa más baja en veinticinco años. Y desde hace cuatro años, el crecimiento es más lento que el año previo. Luego vino un colapso en la bolsa de valores y una caótica devaluación de la moneda. A esto le siguió una masiva fuga de capitales. Solamente en enero salieron 110.000 millones de dólares de China, mientras que durante todo 2015 el flujo neto de capitales al exterior fue de 637.000 millones de dólares, un monto sin precedentes y un grave indicador de desconfianza. Una población que en promedio ahorra el 30 por ciento de sus ingresos ve cómo el valor de su moneda cae y prefiere guardar sus ahorros fuera del país y en otras monedas.

Pero el síntoma más preocupante es la inmensa y creciente deuda que se ha venido acumulando. Esta deuda, que en 2007 equivalía a una vez y media el tamaño de toda la economía china, se ha triplicado. El principal endeudamiento se registra en los gobiernos locales, que financiaron la construcción de una enorme cantidad de obras de infraestructura (edificios, carreteras, aeropuertos) injustificables y que han quedado sin usar o sin terminar. Ahora el Gobierno central estará obligado a absorber estas pérdidas, lo cual aumentará el déficit fiscal.

¿Qué pasó? ¿Cómo llego la exitosa economía china a complicarse tanto? La respuesta se resume en dos palabras: bonanza y crisis. Cuando una economía crece a gran velocidad durante tres décadas, también aumenta el derroche y el despilfarro, las malas inversiones, la corrupción y muchos errores que la bonanza permite tapar o ignorar. Por otro lado, la crisis mundial que se desató en 2008 llevó a las autoridades chinas a lanzar el mayor estímulo económico jamás conocido. El objetivo era impedir que los problemas de Estados Unidos y Europa contagiasen su economía: había que mantener el alto crecimiento a cualquier costo. Y así fue: el gasto público se disparó, al igual que el crédito y la inyección de dinero en la economía. Este esfuerzo tuvo éxito en impedir que la economía china cayera, pero alimentó las distorsiones que hoy la plagan.

¿Qué va a pasar? China tiene que moverse de una economía basada en la inversión (sobre todo en infraestructura) y las exportaciones de manufacturas a un modelo cuyos motores sean el consumo doméstico y el crecimiento del sector servicios. Ello requiere que el Gobierno lleve adelante reformas que a corto plazo son impopulares, pero que pondrían al país en una senda sostenible.

Lamentablemente, no parece que esto vaya a ocurrir muy pronto. El primer ministro, Li Keqiang, acaba de ordenar una intensa campaña de «información» cuyo objetivo es explicar que la economía está bien y que los problemas son principalmente de «comunicación». Pero la censura y la propaganda no alivian las dificultades; más bien las suelen agravar.

Entonces, ¿se enreda China? Sí. Ya está enredada. Y se va a enredar aún más. El pacto social entre el Partido Comunista y la población hasta ahora ha sido que, a cambio de más empleos y mejores salarios, la gente acepta pasivamente la falta de libertad.

Este pacto será difícil de mantener. Los problemas económicos agotarán la paciencia política del pueblo chino.

20 de febrero de 2016

El mundo en números

El mundo está cambiando a tal velocidad que nos es difícil procesar, interpretar y digerir la magnitud de esas transformaciones ni de anticipar sus consecuencias.

Un informe del banco Goldman Sachs ofrece una arbitraria pero reveladora muestra cuantitativa de los cambios que ocurrieron entre 2010 y 2015.

En ese periodo, la oferta mundial de petróleo aumentó un 11 por ciento y su precio cayó un 60 por ciento. El precio del hierro bajó todavía más, 77 por ciento, y el de la comida 30 por ciento. ¿Qué precios aumentaron? Entre otros, los del cacao (11 por ciento) y el litio (27 por ciento). Estas subidas son impulsadas por la demanda de una nueva y más numerosa clase media que come más chocolate y compra más teléfonos móviles con baterías de litio. Los usuarios de estos teléfonos pasaron de un 19 por ciento de la población mundial a un enorme 75 por ciento, y su precio cayó un 58 por ciento. Casi toda la humanidad tendrá pronto acceso a la telefonía móvil, contribuyendo así a la ya muy veloz digitalización de la vida cotidiana.

En 2010, Facebook tenía 600 millones de usuarios activos al mes. Hoy, 1.600 millones de personas lo utilizan mensualmente. YouTube recibía 24 horas de vídeos cada minuto, mientras que el año pasado eran 400 horas. En eBay se vendían seis trajes por minuto en 2010 y ahora se venden 90, en tanto que el número de viajeros que se alojaron en habitaciones y casas ofrecidas a través de Airbnb saltó de 47.000 a 17 millones. Los artículos disponibles en Wikipedia aumentaron en 20 millones (de 17 a 37).

En esos cinco años también asistimos a una revolución energética. No solo se desplomó el precio del petróleo y Estados Unidos superó a Arabia Saudí y a Rusia como productor de crudo. El precio de una bombilla LED cayó un 78 por ciento, el de una batería de Li-Ion un 60 por ciento y el costo de la energía solar un 37 por ciento. La eficiencia en el uso de combustible de un camión Ford (F150) aumentó en 29 por ciento. En 2010, la compañía más valiosa del mundo era Petrochina. En 2015 fue Apple.

También ocurrieron profundos cambios en el mundo del trabajo. Los salarios siguieron estancados en los países más avanzados, mientras que en China aumentaron en un 54 por ciento. Muchos piensan que el desempleo y los bajos salarios se deben a la automatización y a que los robots están desplazando a los trabajadores. En efecto, en Estados Unidos, el número de robots industriales vendidos en los últimos cinco años creció un 89 por ciento, pero el número total en uso es aún muy bajo y el impacto sobre el empleo no es significativo. Pero lo será.

Y esta preocupación por empleos e ingresos lleva a señalar otros cambios importantes que ocurrieron en el pasado quinquenio. La desigualdad económica siempre ha existido, pero en los últimos cinco años adquirió una enorme visibilidad. Entre otras cosas porque, si bien a nivel mundial ha disminuido, en los países más avanzados se ha agudizado, convirtiéndose en un tema central del debate nacional en todas partes, lo cual es bueno. El peligro, por supuesto, es que este problema en manos de demagogos suele llevar a la adopción de políticas que, en vez de reducir las inequidades, las aumentan. Sin duda, el asunto requiere de urgente y eficaz atención.

Otro trabajo recién publicado también arroja interesantes luces sobre las grandes transformaciones en curso. Se trata del *Informe anual de riesgos globales*, que edita desde hace una década el Foro Económico Mundial. Este informe se basa en las percepciones de 750 reconocidos expertos de diferentes ámbitos y países sobre los principales riesgos que enfrenta el mundo. Durante varios años, la crisis económica ocupó el primer lugar de las preocupaciones. Ya no. En la edición de 2016, el cambio climático (que en los últimos tres años estuvo entre los cinco mayores riesgos) emerge como el peligro más grave y de mayor impacto. Le siguen la proliferación de armas de destrucción masiva, los conflictos por la escasez de agua y los movimientos migratorios involuntarios. Señala el informe que hoy ya hay sesenta millones de desplazados (de formar un país, los refugiados serían el vigésimo cuarto más poblado del planeta). El informe también le da mucha importancia a la cibercriminalidad, que ya provoca 445.000 millones de dólares de pérdidas anuales y crece a gran velocidad.

Pero junto con el calentamiento global quizá el cambio más importante de los últimos años es el aumento de nuestra capacidad para alterar la biología. En 2010, especificar la secuencia de un genoma costaba 47.000 dólares. Cinco años más tarde, se hace por 1.300 dólares. Y el precio sigue bajando.

¿Es esto un riesgo o una oportunidad?

13 de febrero de 2016